KB184937

AI시대 대학생의
에듀테크 활용전략

한천우 · 하정혜 · 유정록

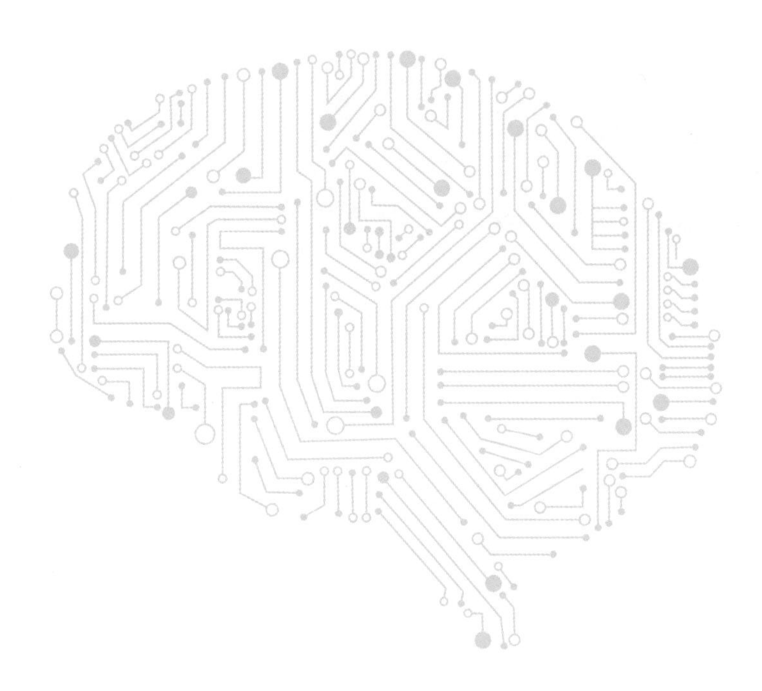

들어가며

오늘날 우리는 인공지능(AI)과 디지털 기술의 발전이 삶의 모든 측면을 근본적으로 변화시키는 시대를 살아가고 있다. AI와 빅데이터, 사물인터넷(IoT), 클라우드 컴퓨팅 등으로 대표되는 4차 산업혁명은 이제 우리의 생활뿐만 아니라 학습 방식까지도 크게 변화시키고 있다. 이와 같은 변화의 흐름 속에서, 교육 분야는 특히 중요한 변곡점을 맞이하고 있다. 전통적인 교육 방식은 시대의 요구를 충분히 반영하지 못하고 있으며, 학습자들에게 더 많은 도전과 기회를 제공할 수 있는 새로운 교육 방식이 필요해졌다. 이러한 시점에서 에듀테크(EduTech)는 미래 교육의 핵심으로 자리 잡게 되었다. 에듀테크는 교육과 기술의 융합을 통해 학습의 경계를 확장하고, 학습자 개인의 필요와 능력에 맞춘 맞춤형 학습을 가능하게 한다. AI를 비롯한 다양한 기술을 활용해 학습자들은 자신의 학습 진도를 스스로 조절하고, 개인화된 학습 환경에서 학습할 수 있다. 교육 환경은 현대 교육이 직면한 다양한 도전을 극복하는 데 중요한 역할을 한다. 특히, 에듀테크는 학습자의 학습 경험을 향상시키고, 학습자들이 보다 주도적이고 창의적으로 학습할 수 있는 기회를 제공한다.

대학 교육에서 에듀테크의 활용은 매우 중요한 의미를 가질 수 있으며, 그 중요도는 더욱 증가할 것으로 기대할 수 있다. 특히, 미래 사회의 주역으로 성장할 대학생들을 과거의 전통적인 방식으로만 교육해서는 시대가 요구하는 교육을 이룰 수 없을 것이다. 4차 산업혁명 시대가 요구하는 창의적이고 협력적인 사고력, 그리고 실제 문제를 해결할 수 있는 역량을 갖추기 위해서는 디지털 도구와 플랫폼을 적극적으로 활용한 교육이 필수적이며 에듀테크는 이러한 목표를 달성하는 데 효과적인 도구가 된다. 디지털 기술을 활용하여 학습자들은 시간과 공간의 제약을 넘어 다양한 학습 환경에서 지식을 습득하고, 실시간으로 학습자 간의 지식과 경험을 공유할 수 있다. 특히, 온라인 토론, 참여형 학습 활동, 협업 프로젝트와 같은 다양한 학습 방식은 학생들이 단순히 지식을 습득하는 것을 넘어 실제 문제를 해결하는 능력을 키우는 데 큰 도움이 된다. 전통적인 강의형 교육에서 벗어나 학습자들이 적극적으로 참여하고, 협력하며, 자신의 아이디어를 표현하는 능력을 배양하는 것은 현대 교육에서 필수적인 부분이다. 이와 같은 과정은 학습자가 학습의 주체로서 자신감을 가지고 학습에 임하게 하며, 자기주도적 학습 역량을 강화하는 환경을 제공한다.

이 책은 이러한 배경을 바탕으로 AI와 에듀테크의 발전이 가져온 현대 교육의 변화를 이해하고, 이를 학습 현장에서 효과적으로 활용할 수 있는 구체적인 방법을 제시하는 것을 목표로 한다. 단순히 이론적인 내용을 전달하는 데 그치지 않고, 다양한 에듀테크 도구와 플랫폼을 활용한 실습과 사례를 통해 학습자들이 직접 적용하고 경험할 수 있는 기회를 제공한다. 학습자들은 이 책을 통해 에듀테크 도구의 활용법을 익히고, 참여형 학습 설계, 협업과 토론 촉진, 그룹 프로젝트 운영 등 여러 학습 전략을 체계적으로 습득할 수 있을 것이다. 이는 단순히 이론적 지식으로만 머무르는 것이 아니라, 실무적으로 적용할 수 있는 역량으로 전환될 것이다. 또한 이 책은 기술의 활용법만을 가르치는 데 그치지 않고, 미래 지식 사회에서 요구하는 창의적 사고와 문제 해결 능력을 함양하는 데 중점을 둔다. AI와 에듀테크를 기반으로 한 교육 환경에서 학습자들은 주어진 틀을 벗어나 스스로 사고하고, 문제를 해결하는 방법을 터득할 수 있게 된다. 이는 학습자들이 급변하는 시대에 유연하게 적응하고, 미래의 리더로 성장하는 데 필요한 중요한 자질이 될 것이다.

마지막으로, 이 책을 통해 학습자들은 에듀테크의 개념과 실제 활용법을 체계적으로 익히고, 이를 바탕으로 자신만의 학습 방법을 확립하며, 나아가 미래 사회에 필요한 전문 역량을 갖추게 될 것이다. AI와 에듀테크가 주도하는 새로운 교육 환경에서, 참여형 학습과 협업, 창의적 사고를 강조한 이 책은 학습자들이 미래의 변화에 유연하게 대응할 수 있는 리더로 성장할 수 있도록 돕는 중요한 지침서가 될 것이다. AI 시대의 교육은 더 이상 선택이 아닌 필수이다. 이 책이 여러분의 학습 여정에서 든든한 동반자가 되어, 미래 지식 사회를 선도할 인재로 성장하는 데 있어 큰 도움이 되기를 바란다.

저자일동

차·례

CHAPTER 01 에듀테크의 이해

CHAPTER 02 디지털 리터러시의 이해

CHAPTER 03 데이터 플랫폼의 활용

CHAPTER 04 인공지능 에듀테크의 활용

CHAPTER 01

에듀테크의 이해

1 AI시대의 교육 패러다임의 변화

2 에듀테크란?

3 에듀테크 교육환경과 학습자

4 에듀테크 플랫폼 활용 사례

에듀테크의 이해

1 AI시대의 교육 패러다임의 변화

2016년 1월, 스위스 다보스에서 열린 세계경제포럼(WEF)에서 클라우스 슈밥 의장은 '4차 산업혁명(The 4th Industrial Revolution)'을 공식적으로 언급하며, 이후 이 개념은 전 세계적으로 큰 주목을 받기 시작했다. 4차 산업혁명은 주로 기술 혁신에 의해 촉발되는 산업과 사회의 급격한 변화를 의미하며, 이 개념은 학계는 물론 정치권, 언론, 기업 분야에 이르기까지 폭넓게 확산되었다(염명배, 2018). 이러한 변화는 단순한 기술 발전을 넘어 사회 전반에 걸친 구조적인 변화를 가져왔고, 특히 교육 분야에서도 새로운 패러다임이 요구되고 있다. 세계경제포럼은 이러한 4차 산업혁명 시대에 맞는 양질의 교육을 제공하기 위해 초·중등학교에서 적용할 새로운 교육 모델의 필요성을 강조하며, 그 대안으로 '교육 4.0(Education 4.0)[1]'을 발표했다.

교육 4.0은 미래 사회에 적합한 글로벌 인재를 양성하기 위한 새로운 교육 프레임워크로, 세계경제포럼은 이와 관련된 보고서[2]를 통해 ① 글로벌

1 교육 4.0(Education 4.0): 교육내용과 경험을 4차 산업혁명 시대 대비하여 미래의 수요에 맞춘 글로벌 프레임워크

2 Schools of the Future: Defining New Models of Education for the Fourth Industrial Revolution

시민 역량, ② 혁신과 창의적 역량, ③ 기술 역량, ④ 대인관계 기술, ⑤ 맞춤형 자기주도학습, ⑥ 접근성을 고려한 포용적 학습, ⑦ 문제기반 협력 학습, ⑧ 평생학습 및 학생중심학습의 여덟 가지 주요 특징을 제시했다. 이 보고서는 세계경제포럼이 주도한 글로벌 협의 과정에서 논의된 내용을 바탕으로 하며, 4차 산업혁명에 대응하는 교육 혁신의 방향을 명확히 하고 있다. 교육 4.0은 이러한 특징들을 바탕으로, 학생들이 주도적으로 학습하고, 기술과 창의성을 바탕으로 한 새로운 교육 방향성을 제시한다. 구체적인 내용은 다음과 같다(한국과학기술기획평가원, 2020).

학습내용 측면에서의 변화 방향

① 글로벌 시민 역량

- **핵심 내용:** 글로벌 이슈의 상호연결성에 대한 이해를 바탕으로 인식을 확대하고, 지속가능성을 높여 글로벌 커뮤니티에서 적극적인 역할을 하는 데 초점을 둠.
- **필요성:** 민·관 협력을 통해 교과과정으로 글로벌 이슈 학습과 관련된 국가 표준을 설정하고, 학생에게 다양한 기회를 제공.
- **효과:** 가상현실, 증강현실 기술을 바탕으로 전 세계 학생들이 세계 각지에서 직면한 과제를 상호 연결하여 문제해결 아이디어 교환, 글로벌 과제에 대한 학습이 가능.

② 혁신과 창의적 역량

- **핵심 내용:** 복잡한 문제해결력, 분석적 사고, 창의력, 시스템 분석 등 혁신에 필요한 기술을 육성.
- **필요성:** 상향식(Bottom-up)의 능동적인 학습 방법과 학생과 교사의 상호작용이 가능한 교육방법으로의 전환과 교육시스템 개발.

- **효과**: 플레이풀 러닝(playful learning)과 같은 비정형 놀이활동을 통해 학생들의 자연스러운 호기심 확대, 시행착오를 통한 학습, 새로운 해결책을 위한 탐구가 가능하며, 핀란드, 뉴질랜드, 에스토니아에서 조기유아교육으로 채택되어 적용되고 있음.

③ 기술 역량

- **핵심 내용**: 프로그래밍, 디지털 기술 활용에 대한 책임성, 기술 사용 등 디지털기술 개발에 기반을 둠.
- **필요성**: 학교가 디지털 학습 인프라를 구축하고, 향후 노동시장에서 필요한 통찰력을 갖추기 위해 민·관 협력이 중요.
- **효과**: 학생에게 코드아카데미와 Code.org와 같이 프로그래밍 교육을 지원하고, 애니메이션, 게임, 음악, 예술 등을 제작하게 함으로써 디지털 기술의 활용력 확대.

④ 대인관계 기술

- **핵심 내용**: 공감, 협력, 협상, 리더십, 사회적 인식 등 대인관계 정서 지능에 초점을 둠.
- **필요성**: 문화의 다양성을 강조하는 교육과 더불어 미래 노동시장에 필수적인 대인관계 기술개발을 위한 새로운 표준 설정.
- **효과**: 스카이프, 기타 화상회의 플랫폼 기반으로 상호작용을 통해 전 세계 학생들은 커뮤니케이션 역량을 습득할 수 있음.

학습경험 측면에서의 변화 방향

⑤ 맞춤형 자기주도학습

- **핵심 내용**: 각 학습자의 다양한 개별 요구에 기반한 학습으로 학습자가 자신의 속도로 진행할 수 있을 만큼 충분히 유연한 시스템으로 전환.

- **필요성**: 교사의 개별 피드백이 가능하도록 학급 규모를 축소하고, 학생들에게 프로젝트기반 학습 활용 등 맞춤형 학습 방법 제공.
- **효과**: 중국의 17zuoye과 케냐 등 일부 아프리카의 M-Shule는 학생의 역량 수준에 따른 개인화된 학습계획을 제공하는 플랫폼을 갖추고 있음.

⑥ 교육기회 확대 및 포용적인 학습

- **핵심 내용**: 저소득층, 장애인 등을 포함하여 모든 사람이 교육에 접근할 수 있는 시스템으로 전환.
- **필요성**: 시각 장애가 있는 학생들을 위한 텍스트 음성 변환 기술, 학생과 교사를 연결하고 세계 각지의 학습자원을 연결하는 통신 기술 및 디지털 교육용 프로그램의 활용.
- **효과**: 에듀테크 회사인 랩스터(labster)와 프라실랩스(praxilabs)는 통신기술을 바탕으로 온라인 가상 실험실을 제공하여 과학시설이 미비한 학교에 실습환경 제공.

⑦ 문제기반 협력 학습

- **핵심 내용**: 개방형 접근방식(open-ended approach), 동료 협업, 기업 수요를 반영한 프로젝트 및 문제기반 학습으로 전환.
- **필요성**: 프로젝트 및 문제기반 학습은 실생활 문제에 대해 협력을 바탕으로 다양한 해결책을 찾음.
- **효과**: 가상현실, 증강현실 및 클라우드 기반 학습을 통해 장소의 제약 없이 다양한 학생과 협력 학습이 가능.

⑧ 평생학습 및 학생중심학습

- **핵심 내용**: 미래의 일자리 붕괴에 대응하기 위해 학습자 중심 접근방식(student-centred approaches), 탐구중심 개방형 접근방식(inquiry based and open-ended approach)을 활용하여 보유 역량을 지속적으로 향상시키고,

개인의 필요에 따라 새로운 기술을 습득하는 시스템으로 전환.

- **필요성**: 기술 발전으로 기존의 일자리가 사라지고 새로운 직업이 생겨나므로 급변하는 미래 사회와 일자리 구조 변화에 대응하기 위함.
- **효과**: 학생 스스로 학습 교재, 학습 시기를 선택할 수 있게 하는 온라인 학습 도구를 바탕으로 학습자 중심의 교육이 가능.

표 1-1 AI시대의 교육 패러다임의 변화

구분	교육 1.0	교육 2.0	교육 3.0	교육 4.0
교사의 역할	지식의 원천	지식의 원천과 안내자	협동적인 지식창조의 조정자	지식 활용의 멘토, 사회정서적 모델
내용의 배열	전통적 저작권 있는 내용	공개된 교육자료	교육기관 및 학문영역을 초월하여 생산·유통되는 자료	빅데이터 기반, 분산·연결형 지식
학습 활동	전통적 숙제, 글쓰기, 시험, 교실 내 그룹 활동	테크놀로지를 활용한 협력적 학습 활동 (대부분 교실 내 활동에 국한)	국가, 기관, 학문 구분을 넘어 개방적이고 융통적 활동·사회 관계망	맞춤형 프로그램 기반 개별화 학습, 정보탐색·프로젝트 수행 / 형성평가
학생의 행동	수동적이고 흡수적인 학습	점차 능숙해지면서 학습 과정의 주체성 획득	능동적이고 적극적 자기주도학습, 자료·학습 기회의 협동적 창조·선택	네트워크적 소통 및 학습, 관계형 학습
테크놀로지	학교 내 컴퓨터 학습 운영시스템 통한 e-러닝	다른 기관과의 협력 속에서 e-러닝	개인 및 분산 학습 환경 속에서의 e-러닝	스마트학습 보조장치, 가상/증강현실 기기, 유비쿼터스, 뉴미디어 활용
직업세계 특성	농경사회, 숙련노동	제조업, 기계 조작	정보화 사회, 정보탐색·창의적 활용	AI 기반 직종과 인간 기반 직종의 양극화
협업의 수준	소그룹 협동 작업	집단 속 독자적 작업	개별화 및 전략적 협업	자동화된 협업, 특정 인간 역량을 활용 협업
과업의 성격	다양한 과업의 수행	반복적 과업의 수행	비정규적, 일/노동 혼선형 과업	놀이·학습·과업의 혼재, 가상세계의 과업 증가
도구 사용	손 도구 사용력	기계 도구 활용	정보통신 기기의 활용	인공지능 의존형, 인공지능 협업형

출처: 박휴용(2023). 인공지능 기반 교육의 원리와 실제. pp.14-15.

ChatGPT의 등장은 도서관이나 서점 등 물리적 장소에 직접 가서 서적이나 기사를 찾아가며 정보를 얻었던 1세대 검색(Search 1.0)과 인터넷 검색 엔진에 주제 키워드를 입력해 정보를 얻었던 2세대 검색(Search 2.0)과 차별화된다. 즉, 3세대 검색(Search 3.0)의 등장이라고 할 수 있다. 이러한 정보 검색의 진화 과정을 시기, 정보 취득처, 한계, 검색 범위, 필요 인프라, 검색자의 역할 등의 특성으로 보면 〈표 1-2〉와 같다(양지훈, 윤상혁, 2023).

표 1-2 정보 검색(Search)의 진화 과정

구분	검색(Search) 1.0	검색(Search) 2.0	검색(Search) 3.0
시기	1990년대 이전(인터넷 보급 이전)	1990년대부터 2010년대 (디지털 검색이 보편화되고 대중화되는 시기)	2020년대 이후(ChatGPT 보급 이후)
정보 취득처	물리적 장소(도서관이나 서점 등)	검색 엔진 서비스(구글, 네이버 등)	생성 AI 서비스(ChatGPT 등)
한계	정보를 찾기 위해 물리적으로 방문해야 하고, 책과 기사를 수동으로 선별해야 하므로 비용과 시간 많이 듦	유효 정보를 찾기 위해 키워드를 잘 개발해야 하고 검색 결과를 정렬하고 정리해야 함	사실 확인 필요, 시의적 내용이나 개인마다 의견이 다른 내용에 대해서는 답이 어려움
검색 범위	상대적으로 적은 정보 원본에 대해서만 검색이 가능	정보의 범위를 크게 확장하였지만, 여전히 인간 검색자가 이용하는 검색 엔진과 연결된 정보로 한정됨	자연어 처리와 기계를 이용한 AI 지원 검색 학습 알고리즘을 통해 광범위한 검색, 사용자 피드백과 기타 데이터를 기반으로 검색 기준을 지속적으로 개선
필요 인프라	도서관, 서점 등 물리적 접근 필요	디지털 기기 및 인터넷에 대한 액세스 필요	디지털 기기 및 인터넷 연결뿐 아니라 강력한 컴퓨팅 리소스 및 AI 플랫폼에 대한 액세스 필요
검색자의 역할	유효 정보 자료를 선별하는 데 검색자의 노력과 전문성이 필요	검색 키워드를 주제에 맞게 체계적으로 구성. 검색 결과 중 유효한 정보만 정리	기계 학습 알고리즘을 통해 도출된 결과를 검색자가 해석하고 확인

출처: 양지훈, 윤상혁(2023). ChatGPT를 넘어 생성형(Generative) AI시대로. p.63.

2 에듀테크란?

에듀테크는 교육(Education)과 기술(Technology)의 합성어로, 교육에 ICT기술을 접목해 기존 서비스를 개선하거나 새로운 서비스를 제공하는 것, 또는 교육 서비스를 개선하거나 새로운 가치를 제공하는 데 활용되는 기술을 의미한다. 이는 인공지능(AI), 빅데이터, 가상현실(VR), 증강현실(AR), 블록체인 등의 첨단 기술을 교육에 적용함으로써 학습 경험을 개선하고 학습자의 성과를 향상시키는 것을 목표로 한다.

에듀테크와 유사한 개념으로는 이러닝(e-Learning), 스마트 러닝(Smart Learning) 등이 있는데 이러한 개념은 인터넷의 급속한 확산으로 주로 디지털교과서, 온라인 학습 등을 일컫는다. 그에 반해 에듀테크는 학습 수단뿐만 아니라 데이터와 소프트웨어를 기반으로 학습자에 대한 분석, 의사소통, 정보관리 등을 용이하게 함으로써 학습성과를 향상하는 데 초점이 맞추어져 있다. 기존에도 이러닝, 스마트 러닝 등 온라인 학습에 대한 디지털 교육 전환이 진행되고 있었지만 에듀테크가 주목받기 시작한 것은 2020년 코로나19로 인한 교육환경이 온라인 비대면으로 확산한 것이 가장 큰 계기가 되었다.

우리나라 교육 역사상 처음으로 개학 연기 및 온라인 개학이 진행되었으며, 국내뿐만 아니라 전 세계 15억 명 학생의 등교가 미뤄지면서 온라인 학습 수요가 급증하게 된 것도 에듀테크의 거대 시장이 확산되는 배경이 된 것으로 파악된다(구영덕, 2022). e러닝은 전자적 수단을 활용한 학습을 의미하는데 주로 인터넷을 통한 양방향 학습 시스템을 말한다. 이는 EduTech의 범주에 속하며 EduTech는 e러닝뿐만 아니라 다양한 교육 기술과 구조를 포함한다. 따라서 시대적인 변화와 함께 e러닝은 EduTech로 진화하고 발전했다고 할 수 있다. 2010년부터는 스마트폰과 태블릿이 보편적으로 보급됨에 따라 모바일기기를 통해 교육하는 스마트러닝이 주목을 받았다. 이러닝과 스마트

러닝의 경우 학습수단(컴퓨터, 스마트폰, 태블릿 등)에 개념에 무게가 있다면 에듀테크의 경우는 학습 수단에 데이터와 소프트웨어를 기반으로 학습자에 대한 집중력 향상과 개인별 맞춤형 학습, 학습진도 조정을 용이하게 함으로써 학습성과를 향상시키는 기술에 좀 더 무게중심이 실려 있다.

표 1-3 에듀테크의 개념 및 특징

구분	개념	특징
이러닝 (199년대 말)	전자적 수단, 정보통신 및 전파·방송 기술을 활용하여 이루어지는 학습	인터넷과 컴퓨터에 교육을 접목한 온라인교육 중심
스마트러닝 (2010년대)	스마트폰, 태블릿PC, E-Book 단말기 등 스마트 디바이스와 이러닝 신기술이 융합된 개념	스마트 기기를 활용한 교육
에듀테크 (현재)	교육에 ICT기술을 접목해 기존 서비스를 개선하거나 새로운 서비스를 제공하는 것	데이터와 소프트웨어에 무게중심

출처: 공영일(2020), 에듀테크 산업 동향 및 시사점. p.19.

에듀테크가 가고자 하는 방향은 크게 세 가지로 분류할 수 있다(김지율, 2024).

첫 번째로 교육의 대중화이다. 에듀테크는 양질의 교육을 더 많은 사람들이 받을 수 있도록 하는 것에 목표가 있다. 대표적인 예로 '무크(Mooc)'라는 교육 사이트를 찾아볼 수 있다. 이는 전 세계의 우수한 대학 강의(스탠퍼드, 하버드, MIT 등)를 온라인에서 무료로 서비스하는 사이트들을 의미한다. '무크(Mooc)'처럼 교육을 대중화시키는 것이 에듀테크의 큰 방향이고 목적이다.

두 번째로 교육효과의 극대화이다. 에듀테크를 통해 학습을 보다 효과적으로 하는 데에 목표를 두고 있다. 에듀테크는 기존의 일방향의 교육에서 벗어나 1:1의 맞춤형 학습 형식을 지향한다. 즉 맞춤형 학습 형식에 알맞게 학습자 개인에게 맞는 학습평가, 학습 교육과정, 학습내용, 학습방식을 제공하여 높은 수준의 학습 효과를 만들 수 있도록 돕는 것이다. 맞춤형 학습 형식을 위하여 인공지능과 빅데이터 기술을 활용한다. 교육효과 극대화를 위해서 게임형식의 학습활동을 하기도 하고, 가상현실 기술을 활용하기도 한다.

세 번째로 교육과 일상생활의 결합이다. 많은 사람들이 에듀테크를 통해 배운 것을 실생활에 적용하고 공유할 수 있도록 하는 데에 목표가 있다. 즉, 학습활동을 하는 데에 그치지 않고 실생활에 적용하여 실행할 수 있도록 함으로써 교육의 내용을 스스로 받아들일 수 있게 하는 것이다. 예를 들어 사이트에 문제를 올리면 그 문제에 대한 풀이를 여러 사람이 올려주고 이를 모두와 공유하며 소통하거나 교육계획 수립 및 관리를 위하여 스스로의 목표를 앱을 통해 등록하여 공부한 시간이나 나만의 공부법에 대한 관리를 도와주기도 한다. 이처럼 에듀테크 프로그램은 교육이 교실 안에서 끝나는 것이 아닌, 실생활과 연결될 수 있도록 하며 여러 사람과의 공유와 소통을 통해 상호간의 학습의 장을 제공한다. 한국교육학술정보원 KERIS의 미래교육 체제 전환을 위한 에듀테크 동향 분석의 교육 분야 기술 활용 전망은 〈표 1-4〉와 같다.

표 1-4 교육 분야 기술 활용 전망

구분	내용
모바일 학습	• 네트워크, 스마트폰 등 기술의 발달로 모바일 전용과 모바일 우선 학습 모델 발전 전망
LMS	• 내용 중심에서 학습자 중심으로 변화 • 5개의 핵심영역(개인화, 상호 운용성, 조언, 학습평가, 분석, 접근성과 보편적 디자인, 협업)을 통하여 학습 지원하는 차세대 디지털 환경(NGDLE) 개념으로 발전
AI	• AI R&D 기술에 대한 투자와 활성화 • 글로벌 대기업의 AI기술 개발에 대한 비용 투자 • 교육과 일자리에 대한 AI시장 점유율 확대 전망
블록체인	• 블록체인 기술 발달로 인해 인증과 증명체계 위조 방지 • 학습자의 학습 기록 관리 용이
혼합 현실	• AR기술이 VR기술보다 교육의 접목이 더욱 용이 • HMD 기술의 발전으로 VR기술 교육 분야 활용 예상

출처: 한국교육학술정보원(2020). 포스트 COVID-19 대응 미래교육 체제 전환을 위한 에듀테크 동향 분석 교육자료. p.11.

기술의 발전으로 인해 그동안 교육이 불가능했던 영역을 가능하게 만들어 주고 있다. 시공간을 초월한 학습이나 맞춤형 학습 등 불가능했던 영역을 가능한 영역으로 바꾸고 있는 것이다. 이런 현대시대에서 교육은 기술이라는 힘을 빌려 새로운 가능성을 열어주는 패러다임으로써 발전하고 있다. 발전하는 기술을 교육에 적절하게 활용하기 위하여 한국교육학술정보원(KERIS)에서 〈표 1-5〉와 같이 교육에서의 기술 활용 트렌드를 예측하였다.

표 1-5 교육에서의 기술 활용 트렌드

교수 학습 방법론 측면	기술 활용 측면
• 인공지능 기반 학습 • 포스트 휴머니즘 학습 • 개방형 데이터 기반 학습 • 데이터 윤리에 대한 참여 • 사회 정의 교육학 • e스포츠 • 애니메이션 활용 학습 • 다감각 학습 • 오프라인 기반 네트워크 학습 • 온라인 실험실	• 적응형 학습 기술 • AI / 머신러닝 기술 • 학습 분석 기술 • 교수설계 교육공학 사용자, (UX) 경험 • 디자인 • 공개 교육 자원 • XR(AR/VR/MR/Haptic) 기술

출처: 한국교육학술정보원(2020). 포스트 COVID-19 대응 미래교육 체제 전환을 위한 에듀테크 동향 분석 교육자료. pp.12-16.

3 에듀테크 교육환경과 학습자

1 에듀테크와 교육환경

에듀테크는 획일화된 교과과정(Curriculum)과 획일화된 교육과정(The Process of Education)을 통해 담고 있는 내용을 암기하고 습득하는 형태의 교육에서 탈피하여, 학습자가 필요에 따라 자기주도적으로 체험하고 경험하며 문제해결을 할 수 있는 학습적 수단이라는 점에서 기존의 교실 중심의 학교교육과는 다른 측면에서 활용 가치가 있다고 볼 수 있다. 그뿐만 아니라 에듀테크는 여러 형태의 기술과 교육의 만남 형태를 통해서 통합적 자기주도학습이 가능할 수도 있다. 이러한 장점은 자기주도적 반복 학습을 통해 스스로 에듀테크의 하드웨어와 소프트웨어의 통합(기술과 교육의 만남)을 자기주도적으로 재활용하여 새로운 방법으로 개발할 수도 있고 이러한 새로운 접근을 통해 다양한 문제해결능력과 연관된 조합도 가능하기 때문이다. 에듀테크는 AI형 에듀테크가 일반화될 것이기 때문에 단순한 암기나 단순한 공식이나 단순한 사실에 대한 것들도 쉽게 AI형 에듀테크를 통해 습득할 수 있다. 다만 학습자는 이러한 기초적인 지식과 사실을 기반으로 창의적인 사고와 통합적 문제해결능력 그리고 통찰력을 배양할 수 있는 장점도 있다(이현청, 2019).

표 1-6 교육에 있어서 기술을 활용하는 방식 변화

	1990년대	2000년대	2010년대	2020년대
기술(기기)	데스크탑 PC	인터넷	스마트 기기	AI, 빅데이터, XR
에듀테크	EBS 학습 자료, 교육용 CD 학습	인터넷 강의	교육용 단말기, 모바일 콘텐츠	AI 튜터, 생성 AI, XR 콘텐츠
활용모습	교육에 전자기기 활용	기존의 수업을 온라인으로 이동	공간 제약이 없는 이동 학습	교육효과를 높이는 다양한 도구

출처: 교육부(2023). 에듀테크 진흥방안. 교육부 09-18 보도자료. p.2.

(1) 과거의 교육환경

과거의 교육환경은 주로 교사 주도형으로, 학생들은 수동적으로 지식을 전달받는 구조였다. 이러한 교육 모델은 오랜 세월 동안 학교의 표준 방식으로 자리잡아 왔다. 교사들은 교과서를 중심으로 수업을 계획하고 진행했으며, 칠판이나 오버헤드 프로젝터와 같은 단순한 시각적 보조 도구를 활용했다. 학생들은 교실에 모여 교사의 설명을 듣고, 그 내용을 종이에 필기하며 학습하는 것이 일반적이었다. 매체적인 측면에서 보면, 책과 필기도구가 가장 핵심적인 학습 도구였다. 교과서가 주요 학습 자료로 사용되었으며, 학생들은 집에서도 교과서를 통해 자습하거나 문제를 풀었다. 과제를 제출하거나 시험을 치를 때도 종이와 펜을 사용했으며, 이러한 방식은 디지털 기술이 대중화되기 전까지 오랫동안 유지되었다. 교사와 학생 간의 상호작용 역시 제한적이었다. 수업 시간에 주로 이루어지는 질의응답이 전부였고, 교사는 모든 학생을 대상으로 일률적인 학습을 제공하는 것이 일반적이었다. 예를 들어, 1980년대의 전형적인 학교 수업에서는 수학 수업 중 교사가 칠판에 문제를 풀고 설명을 덧붙이면, 학생들은 이를 노트에 필기하는 식으로 진행되었다. 학생이 이해하지 못했을 경우, 수업 시간 내에 질문하거나 방과 후에 따로 교사를 찾아가는 방식 외에는 도움을 받을 수 있는 방법이 거의 없었다.

(2) 현재의 교육환경

현대의 교육환경은 급격한 변화를 겪고 있다. 특히 에듀테크(EduTech, Educational Technology)의 발전은 교육 매체를 다변화하고, 학습의 패러다임 자체를 변화시켰다. 이제 학생들은 교과서뿐만 아니라, 디지털 기기를 통해 다양한 형태의 학습 자료를 접하고 있다. 태블릿, 스마트폰, 노트북과 같은 기기를 통해 언제 어디서나 학습이 가능해졌으며, 학습 자료 역시 텍스트 외에도 동영상, 인터랙티브 퀴즈, 심지어 가상현실 콘텐츠까지 다양하게 제공된다. 온라인 학습 플랫폼의 등장은 교실 밖에서도 교육이 가능하도록 만들었다. 예를 들어, '구글 클래스룸'이나 '줌'을 통한 실시간 강의는 팬데믹 기간 동안 전 세계적으로 활용되었으며, 이는 물리적인 학교 환경을 벗어나 언제 어디서든 수업을 들을 수 있게 해주었다. 또한, '코세라(Coursera)'나 '칸 아카데미(Khan Academy)' 같은 플랫폼은 개별 학습자들에게 맞춤형 학습을 제공하는 데 초점을 맞추고 있다. 인공지능(AI)은 학습자의 학습 속도와 이해도를 분석해 개별 맞춤형 문제를 제공하거나 학습을 보조하는 도구로 활발히 사용되고 있다.

현재의 교육환경에서 교사의 역할도 변화했다. 이전에는 지식의 전달자가 주된 역할이었다면, 이제는 학습 과정에서의 가이드 또는 조력자 역할을 더 중요시하게 되었다. 교사는 학생들이 스스로 학습할 수 있도록 동기 부여하고, 필요한 경우 추가적인 설명이나 피드백을 제공하는 역할을 한다. 이는 학생들이 보다 능동적으로 학습에 참여하도록 만드는 긍정적인 변화를 이끌어냈다.

구체적인 예로, 현재 많은 학교에서는 iPad나 태블릿을 수업 시간에 활용하고 있다. 수학 수업에서 학생들은 디지털 앱을 통해 문제를 풀며, 문제를 잘못 풀었을 경우 앱에서 즉각적인 피드백을 받을 수 있다. 이러한 방식은 학생들이 자신의 학습을 더욱 효과적으로 관리할 수 있도록 돕는다.

(3) 미래의 교육환경

미래의 교육환경은 현재와 비교해 더욱 혁신적인 모습으로 변할 것으로 예상된다. 기술의 발전은 계속해서 교육의 모습을 바꾸고 있으며, 특히 인공지능(AI), 가상현실(VR), 증강현실(AR), 그리고 메타버스와 같은 기술들이 교육에 활발히 도입될 것이다. 이러한 기술들은 학습자의 경험을 극대화하고, 더욱 개인화된 학습을 가능하게 할 것이다. 미래의 교육환경에서는 AI가 교사의 역할을 보조하거나, 경우에 따라서는 대체할 수도 있다. AI는 학생 개개인의 학습 데이터를 분석하여 최적화된 학습계획을 제공할 수 있으며,

각 학생의 학습 속도와 수준에 맞춰 맞춤형 교육을 진행할 수 있다. 예를 들어, 특정 과목에서 어려움을 겪는 학생에게는 AI가 자동으로 보충 자료를 제공하고, 이해도가 높은 학생에게는 더 도전적인 과제를 추천할 수 있을 것이다. 이는 모든 학생이 자신의 속도에 맞춰 학습할 수 있도록 돕는 동시에, 교육의 격차를 줄이는 데에도 기여할 수 있다. 또한, 가상현실(VR)과 증강현실(AR)은 학습의 몰입감을 크게 높여줄 것이다. 예를 들어, 역사 수업에서 학생들은 VR을 통해 실제 역사적 사건이 일어난 장소로 '가상 여행'을 떠나거나, 과학 수업에서 AR을 이용해 분자의 구조를 3D로 탐구할 수 있을 것이다. 이러한 경험은 기존의 교실 환경에서는 불가능했던 학습 기회를 제공하며, 학습자들이 더 깊이 있는 이해를 할 수 있도록 도와줄 것이다. 미래의 교육에서 메타버스(Metaverse)도 중요한 역할을 할 것으로 보인다. 메타버스는 물리적 제약을 뛰어넘어 전 세계의 학생들이 가상의 교실에서 함께 학습할 수 있는 환경을 제공한다. 예를 들어, 서로 다른 국가에 있는 학생들이 하나의 가상 교실에 모여 공동 프로젝트를 진행하거나, 글로벌 토론을 할 수 있는 기회가 주어질 것이다. 이는 교육의 글로벌화와 협업 능력 배양에 큰 기여를 할 것이다.

표 1-7 교육산업의 전통적 방식과 ICT 융합 에듀테크 구분

교육기술		주요 내용
전통적 방식	자가학습 이러닝 (Self-paced eLearning)	• 규격화된 콘텐츠, 설치용 학습 관리 플랫폼·서비스 등을 바탕으로 하는 교육용 프로그램
ICT 융합 에듀테크	인공지능 기반 교육 (AI-Based Learning)	• 디지털 교육 콘텐츠 내에 인공지능 기술을 접목시켜 개인 맞춤형 교육 서비스를 제공해주는 프로그램
	혼합현실 교육 (Mixed Reality Learning)	• 시뮬레이션 기반 교육 기법으로 가상현실(VR) 및 증강현실(AR)보다 한 단계 진화된 기술인 혼합현실(MR)을 활용한 교육 프로그램
	게임기반 교육 (Game-based learning)	• 게임기법을 사용한 교육방식으로, 자신 또는 타인과 경쟁을 통한 '게임 플레이'를 활용하는 교육프로그램 • 게임과 동일한 보상/패널티 시스템을 포함함
	인지 교육 (Cognitive learning)	• 통찰력, 기억력, 이해력, 공감능력, 문제해결능력, 추론능력 등의 향상을 목적으로 하는 행동 수정을 위한 교육 프로그램
	모바일 교육 (Mobile learning)	• 교육 목적으로 모바일 장치를 통해 접하는 지식 전달 이벤트, 콘텐츠, 도구 및 응용 프로그램
	위치기반 교육 (Location-Based Learning)	• 실제 공간정보와 AR, VR 등 가상공간에 대한 시뮬레이션 기술을 활용한 교육 프로그램
	교육 로봇 (Educational Robot)	• 프로그래밍 교육 로봇, 인공지능 기반 로봇 등 교육용 로봇을 활용한 교육 프로그램 • 코딩교육 로봇 카미봇과 AI 로봇 푸딩

출처: KOTRA(2020). 에듀테크 해외 유망 시장 동향 및 진출전략. p.4.

그림 1-1 에듀테크 관련 기술

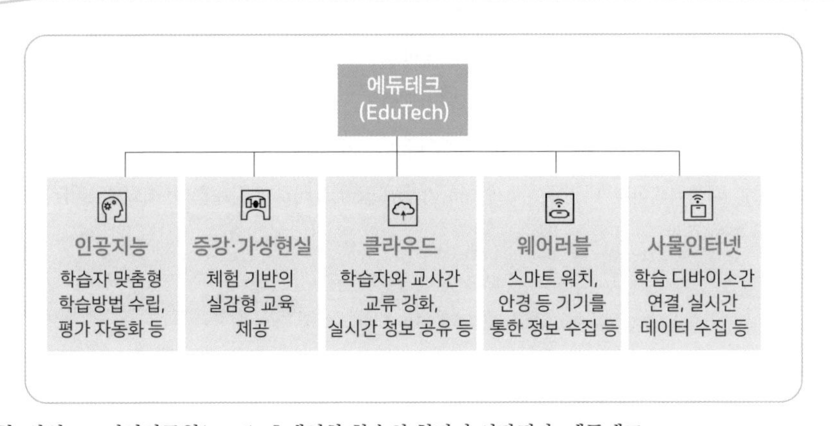

출처: 삼일PwC경영연구원(2024). 초개인화 학습의 혁명이 시작된다: 에듀테크. p.27.

● ● ● K-에듀테크, 해외에서 通했다

조선일보(2023.12.26.)

에듀테크 시장 규모가 빠르게 커지고 있는 가운데, 한국의 에듀테크 기업들이 글로벌 시장에서 두각을 보이고 있다.

▶ 에누마 https://todoschool.com

- 글로벌 시장에 '토도수학', '토도영어', 유아동 학습 패드 '토도원' 지원
- 토도수학 20여 개국 앱스토어에서 1등, 1100만 다운로드 기록
- 영어 콘텐츠는 미국 내 공교육과 협업 중
- 중국, 일본 시장에서의 선전으로 전체의 40%가 넘는 매출이 해외에서 발생

▶ 에이럭스 https://www.aluxonline.com/

- 중국, 말레이시아, 싱가포르 3개국 진출
- 현지 교육 확장, 글로벌 PRC 로봇·코딩 대회 등을 통한 세계화 전략
- 해외 시장 성장으로 전년 동기 대비 매출 40% 이상, 영업이익 5배 이상 성장
- 독일, 스페인, 이탈리아 등 유럽권을 비롯, 미국, 멕시코 대상 교구 및 콘텐츠 수출 협의 중

▶ 아이스크림에듀 https://www.i-screamedu.co.kr/

- 향후 5년 후 글로벌 사업 분야에서 70% 이상 매출 목표 수립
- 기존 콘텐츠인 홈런 교육 프로그램 외에도 대학 입시까지 넓혀 해외로 진출할 계획
- 2024년 상반기 미국에서 현지 대학 입시 플랫폼 '컬리지에이블' 출시 예정

▶ 러닝스파크 https://www.learningspark.io/

- 국내 에듀테크 기업의 글로벌 진출 지원을 위한 발판 마련 본격화
- 글로벌 교육시장 조사기관 '홀론아이큐'의 국내 유통
- 에듀테크 평가 플랫폼 '에듀테크 임팩트'와 전문가 평가 서비스 제공
- 글로벌 엑셀러레이터 '마인드셋'과 협력하여 글로벌 에듀테크 스타트업 어워즈(GES어워즈) 한국 본선 주관

출처: IT조선(https://it.chosun.com)

2 에듀테크와 학습자

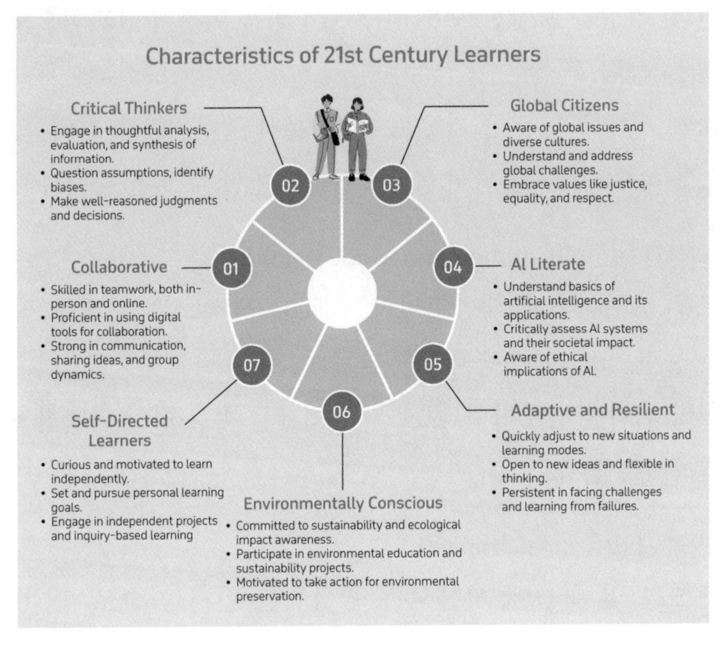

출처: https://askedtech.com/weblink/142678

AI시대 학습자를 정의하는 요소

매년 새로운 기술이 등장하고, 사회가 빠르게 변하면서 미래 학습자의 필수 역량도 지속적으로 업데이트되고 있다. 본질적으로는 비슷한 내용들을 강조하고 있지만, 사회적 변화에서 중요하게 생각되는 부분을 중심으로 반영되어 있으며 이미지에는 이 중 일곱 가지만 시각화되어 있다(AskEdTech, 2023). Med Kharbach 박사는 2023년 AI와 디지털 기술이 보편화된 세상에서 새로운 시대의 학습자를 정의하는 요소(특성)를 ① 협력, ② 창의성과 혁신성, ③ 비판적 사고, ④ 세계 시민성, ⑤ 디지털 능숙성, ⑥ AI 리터러시, ⑦ 적응성 및 회복탄력성, ⑧ 환경의식, ⑨ 자기주도성, ⑩ 윤리의식 열 가지로 다음과 같이 정리하여 발표하였다.

① 협력(Collaborative)

- 대면 및 가상을 포함한 모든 환경에서 팀을 이루어 효과적으로 작업할 수 있는 능력.
- 디지털 시대에 이는 클라우드 기반 문서 공유, 화상 회의 등 온라인 도구를 능숙하게 사용하여 공동작업을 진행할 수 있는 능력까지 포함함.

② 창의성과 혁신성(Creative and innovative)

- 새로운 아이디어에 개방적이며, 새로운 방식으로 문제에 접근할 수 있는 능력.
- 기꺼이 위험을 감수하며, 새로운 방법론을 수용하고, 다양한 솔루션을 실험하려는 경향.

③ 비판적 사고(Critical Thinkers)

- 문제해결 및 학습에 사용되는 광범위한 인지 기술로, 단순히 문제해결에 관한 것이 아니라 변화를 추구하고 비판적인 행동을 취할 수 있도록 하는 역량.
- 수동적인 학습을 넘어 적극적인 참여 및 성찰로 나아가게 해 주는 역량이 됨.

④ 세계 시민(Global citizens)

- 글로벌 시민의식, 글로벌 문제, 문화 및 관점에 대한 인식과 이해.

⑤ 디지털 능숙도(Digitally Proficient)

- PC를 다루는 이상의 디지털 능력을 의미함. 다양한 디지털 도구 및 플랫폼에 대한 포괄적인 이해와 온라인 환경을 효과적으로 탐색하는 능력이 포함됨.

⑥ AI 리터러시(AI Literacy)

- 인공지능의 기본 원리를 이해하고 다양한 분야에 응용하는 과정을 포함함.

- AI 기반 도구를 사용하는 것뿐만 아니라, 이러한 기술이 세상에 어떤 영향을 미치는지에 대한 비판적 관점을 가지는 것까지를 포함함.

⑦ 적응성 및 회복탄력성(Adaptive and resilient)

- 급격한 변화와 불확실성이 특징인 21세기 사회에 필요한 학습자 특성임.
- 적응력: 새로운 상황, 환경 또는 학습 방식에 빠르게 적응할 수 있는 능력.
- 회복탄력성: 학습의 맥락에서 실패로 인해 단념하지 않고 이를 학습 과정의 일부로 보고, 외부 및 내부적 요구사항에 대한 유연성과 조정하는 능력.

⑧ 환경 의식(Environmental Conscious)

- 지속가능성에 대한 헌신, 자신의 생태학적 영향에 대한 이해를 포함함.
- 환경에 관한 문제를 인식하고, 환경 문제 해결을 위한 노력을 지지하며, 이러한 문제를 해결하기 위해 개인적으로 헌신하고 행동하려는 의지임.

⑨ 자기주도성(Self-Directed Learners)

- 학습 여정에서 주도권을 갖고, 전통적인 교실 환경을 넘어서서 호기심과 동기를 기반으로 스스로 학습 목표를 설정하고 추구하는 능력.

⑩ 윤리의식(Ethically Aware)

- 디지털 도구와 플랫폼을 사용할 때 자신의 행동이 갖는 윤리적 의미를 이해하는 것이 포함됨.
- 데이터 개인 정보 보호, 책임 있는 기술사용과 같은 문제에 대한 이해도를 뜻함.

AI 기반 학습자 맞춤형 학습

교육에서의 AI는 단순 도구에서 더 나아가 학습 과정과 방법에서 보다 정교하게 접근하여 교사와 학습자의 학습 과정에 중점을 둔 개인 맞춤형 모니터링 도구 및 평가의 기능 등을 포함한다. 맞춤형 교육서비스 구현을 위한 데이터수집이 용이하기 위해 온라인 수업 위주로 이루어지며, 이를 통해 학생 행동, 성적, 질의응답, 영상 등과 관련된 비정형 데이터를 수집하게 된다. 향후에는 온라인 플랫폼뿐만 아니라 교실 수업에서 사용할 수 있고 학습 및 교수영역뿐만 아니라 학습 외 영역(정서, 태도 등)에서도 적용가능한 AI 기반 맞춤형 교육 서비스 개발이 필요해질 것으로 예상되고 있다.

표 1-8 맞춤형 교육서비스 유형

맞춤형 교육 서비스 유형	수업 유형	서비스 영역	설명
지능형 튜터링 시스템	온라인	학습영역	이전 수업에서 수집된 질문에 대한 답변 데이터를 기반으로 학생의 질문에 맞춤형 답변 제공
학습추천 시스템	온라인	학습영역	학생의 성적 데이터, 학습 맥락 분석 데이터를 기반으로 맞춤형 학습 자료 및 전략을 제안
적응형 평가 시스템	온라인	학습영역	지식 수준별 문항 데이터를 기반으로 개별 학생의 지식수준 맞춤형 문제를 실시간 제공
AI 기반 대시보드	온라인	교수영역	학생의 로그인·로그아웃, 학습 행동, 성적 데이터를 기반으로 교수자에게 학습분석 제공
표정 및 감정 분석 시스템	온라인	교수영역 정서 및 태도	온라인 학습 환경 속 카메라 데이터 분석을 통해 집중하지 않는 학생을 교수자에게 알람

출처: 삼일PwC경영연구원(2024). 초개인화 학습의 혁명이 시작된다: 에듀테크. p.28.

4 에듀테크 플랫폼 활용 사례

1 에듀테크의 활용 효과

교육부(2023)는 에듀테크의 활용으로 다음과 같은 효과가 있음을 보고하였다.

(1) 수업전문성 강화

- 교사가 전개하는 수업 내용과 방법이 에듀테크를 통해 확장되어 학생들에게 폭넓은 지식과 경험을 제공할 수 있으며, 이에 따라 수업 목표와 성취기준 조기 달성 가능.
- 교사의 학사지원 업무를 용이하게 하여 교사가 다수 학생을 지도함에 있어 전문성 제고 가능.

(2) 교원 업무 경감

- 행정업무와 관련하여 기대하는 에듀테크로는 빅데이터 기반 진로 지도·상담, 고교학점제 선택과목 추천, 개인 맞춤형 교육과정 설계 등으로 에듀테크가 행정업무의 많은 부분을 지원하면 교사는 가르치는 업무에 보다 집중할 수 있을 것으로 나타남.

(3) 개별 학생 맞춤 교육

- AI 맞춤형 플랫폼 활용의 초등학교 고학년 사례를 보면, 교사는 AI 기반 에듀테크가 수업 개선에 도움을 준다고(그렇다, 75%) 답했고, 학생들은 에듀테크의 개인별 반복학습 지원에 만족하는(만족, 37.5%; 매우 만족, 31.7%) 것으로 나타남.

(4) 다양한 수업 활동 지원

- 에듀테크 활용은 개별 학생의 관심과 흥미에 따라 동일 수업 목표 달성이 가능한 다양한 학습 활동을 제공할 수 있는 장점이 있어, 이를 활용해 개별 학생들의 수업 목표 달성을 앞당기고 동기화 제공 가능.

(5) 대안 교육 지원

- 에듀테크를 활용한 신개념 학교는 학교 교육의 기회를 놓쳤거나 제외됐던 학생들에게 학교 교육의 대안이 될 수 있음.

(6) 흥미유발

- 새로운 테크놀로지가 수업 현장에 적용될 때 학생들이 신기술의 새로움에 놀라서 집중하고 학습에 동기화하는 신기 효과(novelty effects)가 나타남.
- 에듀테크가 교수학습 과정에 활용되면 일시적 신기효과가 시간의 흐름에 따라 학생의 자기효능감, 학습 흥미 유발, 지속 학습 동기로 이어지도록 가교 역할을 할 수 있음.

(7) 학업 성취도 향상

- 최근 AI 기반 활용연구에서 초·중등 수학, 과학, 영어 등 여러 교과에서 에듀테크 활용은 학생들의 학업 성취도와 긍정적 상관관계가 있는 것으로 나타남.
- 수업내용의 기억력 강화, 학생들의 협업 능력 강화, 문제 상황에서 가설 만들기, 과제 완수를 위한 교사와 상호작용, 동료 학생들과의 원활한 소통 등에서 유의미한 결과가 나타남.

(8) 학습 격차 완화

- AI 맞춤형 플랫폼 활용 관련 연구 결과, 서울 지역 초등학교 6학년 수학 교과에서 저성취 학생들의 교과 이해도, 교과내용 기억 정도가

상승하였고, 고등학교 1학년 수학 교과 저성취 학생들의 교과 이해도 및 교과 효능감 또한 상승한 것으로 나타남.

표 1-9 국내 AI 기반 맞춤형 교육서비스 사례

구분	서비스명	설명
지능형 튜터링 시스템	뮤지오 (Musio)	• 다양한 주제로 지속적인 대화가 가능한 영어 학습용 소셜 챗봇 • 모바일 앱을 통해 학습 활동 안내 및 학습 진행 상황 확인이 가능하여 학습자가 학습 이력 관리를 할 수 있도록 지원
	듀오링고 (Duolingo)	• 외국어 학습을 위한 인공지능 기반 챗봇 기능 지원 • 기존의 일반적인 레벨 및 단계별 학습 방식 외에 요리사, 경찰관, 택시기사 등 특정 상황을 가정한 인물과 대화하는 방식으로 진행
	MATHia	• K6-12(중고등학생)용 수학 지능형 교육 시스템으로 학생들의 성취와 진도를 살펴보고 학생들의 학습 과정에 대한 모니터링
	AI튜터	• 주제 또는 레벨에 따라 상황을 선택하여 영어학습을 할 수 있는 AI튜터 시스템
학습추천 시스템	ALEKS	• 학생의 수준을 평가하여 그에 부합하는 맞춤형 학습 과정 제시 • 교사에게는 학생들의 능력 평가 결과를 제시하고 낙제할 가능성이 높아 학습지원이 요구되는 학생 정보 제공
	웅진빅박스	• 유튜브와 연동하여 교육과 관련된 콘텐츠를 자동으로 큐레이션 해 보여주는 기능 탑재 • 게이미피케이션을 적용하여 영어학습의 동기를 촉진하는 방식으로 교육 제공
	똑똑 수학탐험대	• 학교 교육활동에 AI 기술을 도입한 첫 사례 • 초등1-2학년 대상으로 교과서 기반 과제를 수행, 학습결과를 예측
적응형 평가 시스템	콴다	• 수학문제를 사진 찍으면 축적된 풀이 데이터를 기반으로 풀이 • 유사문제 등 연관 콘텐츠를 추천
	아이스크림 홈런	• 학생이 주도적으로 학습할 수 있도록 맞춤형 콘텐츠 추천 및 오답노트 관리 기능을 제공
	매쓰플랫	• 시중교재와 교과서 데이터와 학생별 학습데이터를 바탕으로 맞춤화된 단계별 학습지를 생성
AI 기반 대시보드	사피언스 (SAPIENS)	• AI 기반 팀 매칭 서비스를 중심으로 협업을 지원하는 플랫폼 • 다양한 주제로 팀을 개설하고 사용자의 성향과 감정 분석 등을 기초로 팀원을 매칭해 주고 전문가 멘토링을 지원
	웅진 스마트올	• 개별 학생의 교과 진도, 성취도 수준, 예측 정답률 등을 분석하여 맞춤형 학습경로를 제공 • 관리자는 학생별 학습 완료율, 개념별 평균, 정답률 등 학습 분석 결과 확인이 용이함
표정 및 감정분석 시스템	시소 (SeeSo)	• 시선 추적 데이터를 활용하여 강의별 집중도 판별은 물론 집중도 떨어진 구간은 다시 복습할 수 있도록 정량적인 지표를 제공 • 학습자 스스로를 객관화해 목표 달성을 이룰 수 있도록 지원

출처: 삼일PwC경영연구원(2024). 초개인화 학습의 혁명이 시작된다: 에듀테크. p.29.

2 에듀테크 플랫폼 활용 사례

www.askedtech.com

[투닝]

www.tooning.io

인공지능 플랫폼 투닝을 활용한 AI 영어 웹툰제작

출처: 한국교육학술정보원(2023). 에듀테크 소프트랩 우수 실증사례 공모전 우수사례집. pp.59-67.

투닝 소개

- 창작과 표현의 힘을 기를 수 있는 웹툰 창작 툴임.
- 텍스트에서 감정 정보를 파악하고, 이를 캐릭터의 표정과 동작으로 표현하는 'Text to Toon(TTT)' 기능과 텍스트의 내용을 파악하여 이미지를 연출하는 'Text to Image(TTI)' 기능을 제공하여 쉽고 빠르게 웹툰과 이미지를 디자인할 수 있음.

기능

▲ AI 학습

- 직접 텍스트를 입력하고 인공지능이 분석하여 스토리텔링을 도와 웹툰을 연출하는 과정을 통해 자연스럽게 AI에 대한 지식을 쌓을 수 있음.

▲ 학습 창작 활동

- 캐릭터뿐만 아니라 화면 구성을 위한 배경, 효과 등 다양한 리소스를 제공하기 때문에 다양한 리소스를 활용하며 창의력과 표현 능력을 기를 수 있음.

▲ 학습 자료 제작

- 국어, 영어, 역사 등 교과 수업에 활용할 수 있는 필수 13과목 템플릿을 제공하여 교과 수업 자료와 더불어 학급 행사 및 안내 자료 제작에 효과적임.

수업설계안(예시)

교과	영어	대상	중학교 1학년
인공지능 역량	인공지능 문제해결력	영어과 핵심역량	• 영어의사소통역량 • 공동체 역량 • 자기관리역량 • 지식정보처리역량
수업방식	스토리텔링 수업	에듀테크 플랫폼	투닝
교과성취 기준	• [9영02-03] 일상생활에 관한 그림, 사진, 또는 도표에 대해 설명할 수 있다. • [9영03-02] 일상생활이나 친숙한 일반적 대상이나 주제에 관한 글을 읽고 세부 정보를 파악할 수 있다. • [9영04-05] 자신이나 주변 사람, 일상생활에 관해 짧고 간단한 글을 쓸 수 있다.		

차시	학습주제	AI 도구모음	수업형태	평가 방법
1-2차시	가. AI 이해 및 AI 도구(투닝) 사용자 경험, 영어 스토리텔링에 인공지능 도구활용의 효과성에 관한 수요자 요구분석 설문실시 나. 투닝 사용법 소개 및 간단한 일상툰 1-2컷 만들기	TTT 기술	개별학습 발견학습	관찰평가 자기평가
3-4차시	가. 범교과 주제에 대한 스토리보드 작성 나. 웹툰 작품 기획서 작성	번역기 활용 자연어 처리 기술	개별학습 협동학습	관찰평가 자기평가 동료평가
5-6차시	가. 투닝을 활용한 작품 제작 및 공유	TTT 기술	개별학습 협동학습	관찰평가 자기평가 동료평가
7-8차시	가. 메타버스인 젭(Zep)에서 투닝작품 발표회 및 젭(Zep)에 작품전시 공유 및 작품 피드백 나. 투닝 활용했을 때의 영어수업 효과성 사후 설문	메타버스 젭(Zep) 구글설문지	개별학습 협동학습	관찰평가 자기평가 동료평가

출처: 한국교육학술정보원(2023). 에듀테크 소프트랩 우수 실증사례 공모전 우수사례집. pp.59-67.

[팅커캐드]
www.tinkercad.com

나는야 건축가! 3D디자인 전문가가 되어보자!

출처: 한국교육학술정보원(2022). 에듀테크 수업활용 가이드북. pp.102-103.

팅커캐드 소개

- 팅커캐드는 무료로 사용가능한 클라우드방식의 오픈소스 3D 모델링 프로그램
- 3D 디자인, 프로그래밍 및 코딩, 시뮬레이션, 3D프린팅까지 가능한 플랫폼

기능

▲ 3D 디자인
- 쉐이프 배치: 기존 쉐이프를 추가하거나 고유한 쉐이프를 가져올 수 있음.
- 객체 조정: 작업 평면을 회전하여 쉐이프를 조정하거나 뷰를 변경할 수 있음.
- 요소 결합: 사용자 지정 쉐이프를 만들어 상세하고 복잡한 모형을 제작할 수 있음.

▲ 전자 회로 설계
- 전자 장치 디자인: 전자 부품을 배치하고 배선하여 가상 회로를 처음부터 작성하거나, 스타터 회로를 사용하여 살펴보고 시험해 볼 수 있음.
- 간편한 프로그래밍: 대화식 회로 편집기를 사용하여 가상 프로젝트를 탐색하고, 연결하고, 코딩할 수 있음.
- 시뮬레이션 : 실제 회로 배선을 시작하기 전에 가상으로 구성요소가 어떻게 응답하는지 살펴볼 수 있음.

▲ 코딩
- 끌어서 놓기: 시작하려면 코드 블록을 끌어와 한꺼번에 스냅하여 작업 스택을 형성할 수 있음.
- 코드 실행: 코드를 실행하여 3D 뷰어에서 작품이 생성되는 것을 확인함.
- 변수 제어: 디자인에 편집가능한 특성을 추가하여 정적인 3D 작품을 무한하게 사용자화할 수 있는 쉐이프로 전환할 수 있음.

▲ 기타
- 모든 사용자에게 무료 제공
- 디바이스에 최적화된 컨트롤로 3D 디자인 쉽게 제작
- Tinkercad Codeblocks를 사용하여 3D 디자인 제작 가능
- STL, OBJ, SVG 등 파일을 업로드, 다운로드하거나 다른 프로그램으로 보내기 가능
- 코딩과 AR 증강현실 필터 제작 가능

작동 원리 및 사용법

- 1단계: 팅커캐드 접속 및 회원가입, 로그인을 함.
- 2단계: 팅커캐드의 기본 조작을 알아보고 학습을 시작함.
- 3단계: 팅커캐드를 통해 작품을 제작하고 저장, 기록함.
- 4단계: 작품을 업로드하고 다른 사람들과 공유함.

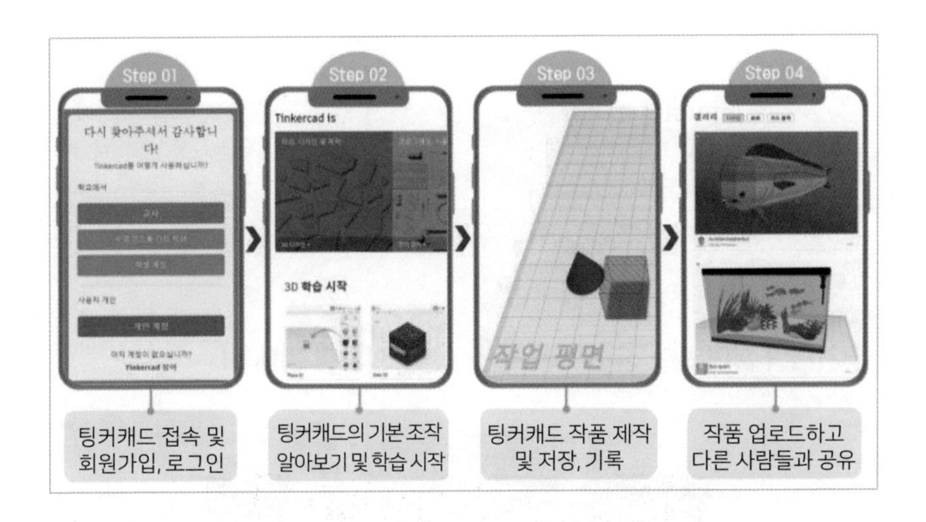

수업설계안(예시)

교과	미술	대상	초등 6학년
단원	5-1. 입체 도형으로 건축물 모형 만들기	준비물	노트북/태블릿
수업방식	이론 및 실습	에듀테크 플랫폼	팅커캐드
수업목표	건축물의 구조를 탐색하고, 입체 도형으로 건축물 모형을 만들어봅시다.		

단계	시간	학습활동	수업형태
도입	5분	• 선수 학습 내용 상기 • 학습 목표 제시	강의식
전개	30분	• 팅커캐드 소개 및 체험(10분) - 팅커캐드의 주요 기능과 활용법을 간단히 소개하고, 학생들에게 어떻게 활용할 것인지 설명 - 학생들은 쉐이프 배치, 객체 조정, 요소 결합 등의 기능을 체험해보며 팅커캐드 기능을 익힘 • 우리 집 꾸미기(20분) - 입체 도형으로 건축물 모형을 만드는 실습을 진행함 - 학생들은 앞에서 배운 기능을 활용하여 '나만의 개성을 가진 우리 집'을 꾸밈	자기 주도적 체험학습
마무리	5분	• 학생들은 팅커캐드를 통해 만든 우리 집의 특징을 발표함 • 자기평가를 통해 수업에서 얻은 경험과 성취를 돌아보고 피드백을 작성	발표 및 평가

출처: 한국교육학술정보원(2022). 에듀테크 수업활용 가이드북. pp.102-103.

[실감형콘텐츠]

https://play.google.com

https://dtbook.edunet.net

교과서가 살아있다, 교실에 나타난 공룡? 실감형 콘텐츠!

출처: 한국교육학술정보원(2022). 에듀테크 수업활용 가이드북. p.74.

실감형 콘텐츠 소개

- 실제와 유사한 경험 및 감성을 느낄 수 있게 해주는 유형의 콘텐츠.
- 입체적인 시각 효과를 구현하여 물체처럼 조작하거나 체험할 수 있음.
- 실감형 콘텐츠는 디지털 교과서와 연계된 교과 콘텐츠를 제공하는 서비스.

실감형콘텐츠 앱은 디지털교과서와 연계된 교과 콘텐츠를 제공하고 있으며, 정부 및 공공기관에서 제작한 교육용 실감형 콘텐츠를 연계하여 서비스하고 있음.

※ AR 콘텐츠 이용을 위해 AR 마커를 제공하고 있으며, AR 마커는 '에듀넷·티-클리어' 홈페이지에서 다운받을 수 있음.

https://dtbook.edunet.net/viewCntl/ARMaker?in_div=nedu&pg=makerOne

콘텐츠 사용 방법

- 디지털교과서를 전체 또는 단원별로 설치.
- 아이콘을 클릭하여 실감형 콘텐츠를 설치.
- 실감형 콘텐츠를 다운로드하고, 환경설정을 진행함.
- 검색어 입력 후 수업 활동을 실시함.

특징

- 교과서에 수록된 교과 학습 내용을 중심으로 3D 모델링 그래픽을 이용하고, 입체 시각 효과 기술을 활용하여 풍부한 학습 경험을 제공하는 콘텐츠
- AR(증강현실), VR(가상현실), 360도 사진 및 영상 자료 제작 기술을 활용
- 시각적, 공간적인 확장을 통해 현실과 같은 체험을 제공

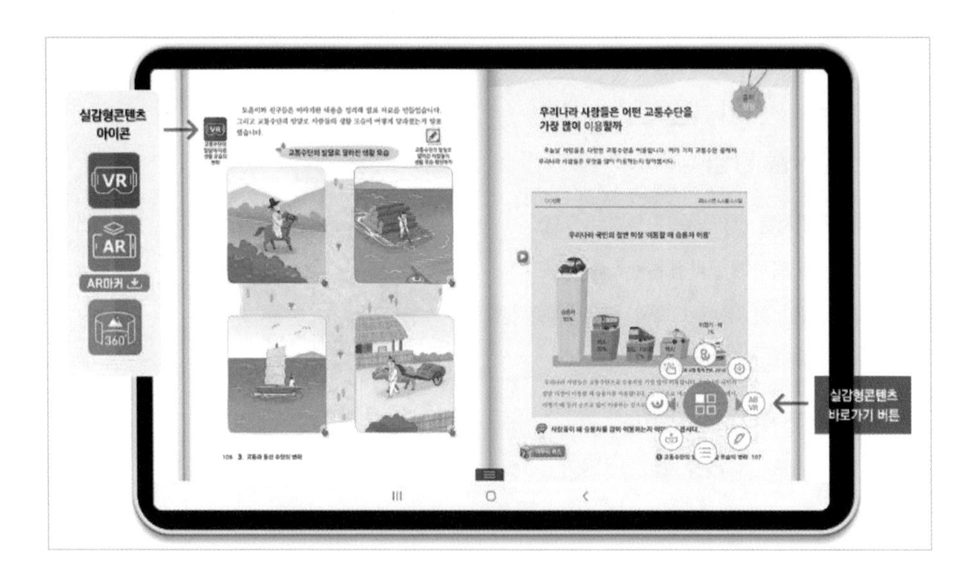

기능

▲ VR(Virtual Reality)
- 현실 공간과 완벽히 차단된 가상의 공간에서 몰입감 있는 입체적 경험을 제공.
- 현실에서 조작이 어렵거나 관찰이 불가능한 것을 학습자가 직접 체험하거나 조작할 수 있도록 함.
- 스마트폰과 HMD(Head Mount Display) 장비를 결합하여 VR을 체험할 수 있음.

▲ AR (Augmented Reality)
- 실물이나 장소에서 관련된 정보를 3차원의 형태로 즉시 보여주는 기술.
- 증강현실 콘텐츠는 조작 활동과 이동성 기반에 의한 상호작용을 제공.
- AR 마커를 카메라로 인식하면 현실 위에 가상의 물체가 겹쳐 나타남.

▲ 360도 사진 및 영상
- 컴퓨터 그래픽이 아닌 실제 환경을 간접 체험할 수 있음.
- 사용자는 시선을 자유롭게 이동하며 공간을 탐색할 수 있음.

▲ 실감형 콘텐츠 활용 수업
- 실감형 콘텐츠 VR을 통한 우리 고장 살펴보기
- 360도 사진 및 영상을 활용한 온도 변화 확인하기
- 실감형 콘텐츠 AR을 통한 오래된 유물 조작하기

실감형 콘텐츠 VR을 통한 우리 고장 살펴보기

360도 사진 및 영상을 활용한 온도 변화 확인

실감형 콘텐츠 AR을 통한 오래된 유물 조작

수업 설계안(예시)

교과	과학	대상	초등 3학년
단원	과학자는 어떻게 탐구할까요? (4) 공룡 흔적 탐구하기	준비물	노트북/태블릿
수업방식	강의식, 체험식	에듀테크 플랫폼	실감형 콘텐츠
수업목표	• 공룡의 종류와 특징을 이해하고 분류할 수 있다. • 실감형 콘텐츠를 활용하여 공룡의 생태와 구조를 체험적으로 학습한다.		

단계	학습활동	수업형태
도입	• 선수학습 상기 • 수업 목표와 및 활동 소개 • '실감형 콘텐츠' 소개	강의식
전개	• 동기 유발 - 공룡에 대한 관심을 유도하기 위해 짧은 영상 시청 - 학생들은 교사의 질문에 답하며 공룡에 대한 지식을 점검 • 실감형 콘텐츠를 활용하여 공룡의 종류와 특징 학습 - 디지털교과서에 접속하여 실감형 콘텐츠를 설치하고 설정 - 실감형 콘텐츠를 통해 공룡을 입체적으로 관찰하고 체험 - 공룡의 특징을 파악하고, 공통점과 차이점을 확인 - 특징을 바탕으로 공룡을 분류하고, 분류한 결과를 기록	강의식/체험식
마무리	공룡 분류 기준과 내용을 발표	발표

출처: 한국교육학술정보원(2022). 에듀테크 수업활용 가이드북. p.74.

CHAPTER 02

디지털 리터러시의 이해

1 리터러시의 변천

2 디지털 리터러시란?

3 디지털 리터러시의 핵심역량

4 디지털 윤리와 AI 윤리

디지털 리터러시의 이해

1 리터러시의 변천

코로나19로 인해 디지털 기기 및 관련 역량에 대한 관심이 증대하였다. 디지털 리터러시(Digital Literacy)에서 리터러시(literacy)는 글을 읽고 쓸 수 있는 능력으로 정의할 수 있다. 즉, 리터러시는 단순히 글 속의 문장을 읽고 이해하는 것에서 넘어 문단 전체의 내용과 맥락까지 이해하는 것을 포함하는 포괄적인 능력이라고 볼 수 있다(이문형, 김재웅, 2020). 초기의 리터러시는 문자로 작성된 기록물을 통해 습득한 지식 및 정보를 이해하는 능력으로 정의되었으며, 점차 문화적인 맥락까지 포함하는 의미로 개념이 확장되었다.

리터러시의 변천 과정을 살펴보면, 19세기 이전에는 인간의 가장 기본적인 능력인 읽기(reading), 쓰기(writing), 셈하기(arithmetic)의 중요성이 강조되었고, 이를 바탕으로 한 3Rs 리터러시가 등장하였다. 당시 교육과 직업에 따라 요구되는 3Rs의 수준은 고정된 범주로 나뉜 것이 아니라, 연속적인 스펙트럼 상에서 측정되어야 한다고 보았다. 이는 각 개인이 처한 상황에 따라 읽기, 쓰기, 셈하기 능력이 달리 요구될 수 있음을 의미한다. 시각 리터러시가 등장하면서, 리터러시는 단순히 정보를 이해하는 차원을 넘어섰으며, 이미지를 읽고 쓸 수 있는 시각적 사고를 통해 커뮤니케이션하는 능력까지 포함되었다. 그 후 텔레비전의 보급과 함께 '비판적'이라는 개념이 포함된 텔레비전 리터러시가 나타났는데, 이는 텔레비전 매체를 단순히 소비하는 것을 넘어서서, 그 내용과 메시지를 비판적으로 분석하고 이해하는 능력을 강조한 것이었다. 1980년대 이후, 개인용 컴퓨터의 보급과 사용이 증가하면서 컴퓨터 리터러시와 멀티미디어 리터러시가 새롭게 등장하였다. 컴퓨터 리터러시는 컴퓨터를 다룰 수 있는 기본적인 능력을 의미했고, 멀티미디어 리터러시는 다양한 미디어를 결합해 정보를 처리하고 표현할 수 있는 능력을 포함하였다. 이러한 기술적 변화는 점차 사람들에게 정보를 탐색하고 활용하는 능력을 요구하게 되었고, 이는 정보 리터러시로 발전하게 된다. 정보 리터러시는 컴퓨터와 같은 기술을 활용해 필요한 정보를 효과적으로 찾고, 평가하며, 사용할 수 있는 능력으로 정보를 활용해 다른 사람들과 상호작용하고 소통할 수 있는 능력을 포함하게 되었다. 이후 미디어를 활용해 다양한 방식으로 커뮤니케이션할 수 있는 능력을 의미하는 미디어 리터러시가 도입되었다. 미디어 리터러시는 현대 사회에서 점점 더 중요해지는 미디어 환경에서, 사람들에게 비판적 사고를 바탕으로 미디어 메시지를 해석하고 활용할 수 있는 능력을 요구하였다. 마지막으로, 이러한 여러 리터러시의 개념을 포괄하는 디지털 리터러시가 등장하였다. 디지털 리터러시는 디지털 기술과 미디어를 활용해 정보를 탐색하고, 분석하며, 관리하고, 생산하는 능력뿐만 아니라, 이를 통해 다른 사람들과 효과적으로 소통하고 협력할 수 있는 역량을 포함한다. 리터러시는 새로운 기술의 등장 및 발전으로 그 개념의 범위가 확장되었으며 리터러시의 변화 과정은 〈표 2-1〉과 같다.

표 2-1 리터러시의 변화 과정

구분	리터러시 유형	개념 및 특징
19세기 이전	3Rs (Reading, Writing, and Arithmetic)	• 가장 기본적인 능력인 읽고, 쓰고, 셈할 줄 아는 것 • 연속성(continuum)의 속성
1650년대 이후	시각 리터러시 (Visual Literacy)	• 이미지를 읽고, 쓸 수 있으며, 의미를 구성할 수 있는 능력 • 의미 구성을 위해 탐구, 반추, 비평 등의 비판적인 기술이 요구됨 • 이해, 사고, 학습, 커뮤니케이션 등을 포괄하는 통합적 의미를 내포함
1970년대 이후	텔레비전 리터러시 (Television Literacy)	• 텔레비전의 일반화 이후 능동적인 시청을 통한 비판적 시청 및 수용하는 능력 • '비판적'인 개념이 처음 논의됨
1980년대 이후	컴퓨터 리터러시 (Computer Literacy)	• 개인 컴퓨터 사용의 일반화로 컴퓨터에 대한 기초적인 이해 및 익숙하게 사용할 수 있는 능력 • 컴퓨터의 개인적, 사회적, 국가적 차원에 미치는 영향 고려
1990년대 초반	멀티미디어 리터러시 (Multimedia Literacy)	• 컴퓨터 사용을 중심으로 발달된 여러 자원 활용 능력 • 테크놀로지를 활용한 학습자의 능동적인 학습 참여 환경 제공
1990년대 중반	정보 리터러시 (Information Literacy)	• 정보를 효과적으로 활용할 수 있는 능력 • 정보의 필요성에 대한 인식 및 정보에 대한 비판적 사고 강조
1990년대 중후반	정보통신 리터러시 (ICT, Information Communica-tions Technology Literacy)	• 디지털 도구를 활용하여 새로운 지식을 창출할 수 필요한 정보를 활용해 문제를 해결하는 능력 • 커뮤니케이션의 도구로 인식됨 • 상호작용의 개념 도입
1990년대 후반	미디어 리터러시 (Media Literacy)	• 미디어를 활용한 커뮤니케이션 능력 • 전달하고자 하는 메시지의 내용에 초점을 둠
2000년대 이후	디지털 리터러시 (Digital Literacy)	• 디지털 기기를 활용한 정보에 대한 비판적 사고를 통해 상호작용할 수 있는 능력 • 단순한 기술 습득을 넘어선 다양한 활용 능력 요구됨

출처: 한정선, 오정숙(2006).

2 디지털 리터러시란?

1 디지털 리터러시의 개념과 범위

디지털 리터러시(Digital Literacy)란 디지털을 이해하고 다룰 줄 아는 디지털 활용 능력뿐 아니라, 디지털 플랫폼을 통해 얻게 되는 정보에 대한 이해, 판단, 평가, 활용 등의 활동을 포괄한다. 즉, 디지털 리터러시는 단순히 디지털 기기를 활용한 읽고 쓰기가 아니라, 정보의 제작과 업로드를 포함한 여러 종류의 미디어를 제작하고 활용하여 지식을 증진하는 활동도 포함된다(위키백과, 2024). 디지털 리터러시 개념은 그 특성상 시대적 변화, 기술의 발전, 연구 패러다임의 이동에 맞추어 계속해서 바뀌었다.

디지털리터러시교육협회(2023)에서는 디지털 리터러시를 '디지털 기술과 미디어를 활용하여 디지털 데이터, 정보, 콘텐츠를 탐색, 소비, 분석, 활용, 관리, 생산하고, 건강한 디지털 시민으로서 지혜롭게 소통하고 관계를 맺으며, 개인과 사회의 발전을 균형 있게 도모하는 역량'으로 정의하고 있다. 즉 디지털 사회에서 사람들은 소비자로서 누군가가 만들어낸 디지털 기술을 이용하고, 디지털 데이터, 정보, 콘텐츠를 디지털 미디어를 통해 일방적이고 수동적으로 소비하는 데 그치지 않아야 하며, 더 나아가 생산자로 거듭나야 한다는 점이 강조된다. 이는 디지털 사회에서 요구되는 중요한 역량으로, 개인과 사회의 발전을 위한 핵심이며, 디지털 세상에 넘쳐나는 허위 정보를 스스로 구별하고 타인의 주장에 대해 비판적으로 판단할 수 있는 능력이 필요하다. 또한, 절제와 공동체 정신을 바탕으로 자신의 디지털 활용 능력을 나와 타인에게 이롭게 사용하는 소양이 중요하다.

1997년 폴 길스터는 《디지털 리터러시》에서 "컴퓨터를 통한 다양한 유형의 정보를 이해하고 사용하는 능력"으로 디지털 리터러시를 정의했다.

디지털 리터러시
(Digital Literacy)란?

"Digital + Literacy"
디지털 시대에 필수적으로 요구되는
정보 이해 및 표현 능력

출처: 교육부 티스토리(2022). https://if-blog.tistory.com/13288

표 2-2 디지털 리터러시의 범위

개념	범위	내용	
디지털 리터러시	광의	테크놀로지 리터러시	• 미디어 리터러시 • 네트워크 리터러시 • 컴퓨터 리터러시 등을 모두 포함
		정보 리터러시	• 다양한 정보원
		커뮤니티 리터러시	
	협의	테크놀로지 리터러시	• 컴퓨터 리터러시
		정보 리터러시	• 인터넷 활용 정보원
		지식 리터러시	• 커뮤니티 활용

출처: 정영미(2018). pp. 363-364.

오늘날 인터넷, 유튜브, 소셜 미디어 등 디지털 미디어가 만연한 시대에는 이에 맞는 디지털 리터러시의 개발이 필수적이다. 특히, 다양한 디지털 미디어는 가짜 뉴스, 필터 버블, 반향실 효과와 같은 부정적 현상을 초래하고 있어, 개인의 정보 처리 능력 향상이 요구된다. 2017년 미국 정부는 디지털 리터러시를 폴 길스터의 정의에 더해 "정보를 평가, 사용, 창출하기 위해 디지털 기술과 커뮤니케이션 도구, 네트워크 활용 능력, 디지털 환경에서 미디어를 독해하고 데이터와 이미지를 재생산하며 새로운 지식을 평가하고 적용하여 효율적으로 업무를 수행할 수 있는 능력"으로 확장했다. 이러한 기술들은 현대 사회에서 필수적인 역량으로 자리잡고 있다(위키백과, 2024).

●●● 가짜 뉴스

가짜 뉴스는 뉴스로 제시된 허위 또는 오해의 소지가 있는 정보이다. 가짜 뉴스는 종종 개인이나 단체의 평판을 손상시키거나 광고수익을 통해 돈을 벌려는 목적을 가지고 있다. 가짜 뉴스는 역사적으로 항상 유포되어 왔지만, '가짜 뉴스'라는 용어는 신문의 선정적인 보도가 일반적이었던 1890년대에 처음 사용되었다. 그러나 이 용어는 고정된 정의가 없으며, 모든 종류의 거짓 정보에 널리 적용되어 왔다. 또한 이 용어는 고위 프로필 인물들에 의해 자신에게 불리한 뉴스에 적용되기도 했다. 더구나, 가짜 뉴스는 해로운 의도로 거짓 정보를 확산시키며 때로는 적대적인 외국 행위자들에 의해 특히 선거 기간에 생성되고 확산되기도 한다. 일부 정의에 따르면 가짜 뉴스는 진짜로 오해된 풍자적인 기사와 본문에서 지지되지 않는 선동적 또는 낚시성 헤드라인을 사용하는 기사도 포함된다. 이러한 다양한 종류의 거짓 뉴스로 인해 연구자들은 더 중립적이고 정보적인 용어인 '정보 장애'를 더 선호하기 시작하고 있다.

출처: Hunt, E. (2016).

●●● 필터 버블

필터 버블(filter bubble)은 개인화된 검색 결과물의 하나로, 사용자의 정보(위치, 과거의 클릭 동작, 검색 이력)에 기반하여 웹사이트 알고리즘이 선별적으로 사용자가 어느 정보를 보고 싶어 하는지를 추측하며 그 결과 사용자들이 자신의 관점에 동의하지 않는 정보로부터 분리될 수 있게 하면서 효율적으로 자신만의 문화적, 이념적 거품에 가둘 수 있게 한다.

출처: Pariser, E. (2011).

반향실 효과

반향실 효과(echo chamber)는 뉴스 미디어에서 전하는 정보가 해당 정보의 이용자가 갖고 있던 기존의 신념만으로 구성된 커뮤니케이션에 의해 증폭 및 강화되고, 같은 입장을 지닌 정보만 지속적으로 되풀이하여 수용하는 현상을 비유적으로 나타낸 말이다. "반향실"에 들어선 사람들은 자신이 지닌 기존의 관점을 강화하는 정보를 반복하여 습득할 수 있고 이로 인해 부지불식간에 확증 편향을 지니게 될 수 있다. 반향실 효과는 사회적이나 정치적인 의견이 극단화되는 현상을 증가시키며 극단주의의 배경이 되기도 한다. 반향실은 원래 소리의 잔향 효과를 위해 설치된 공간을 뜻하는 것으로 미디어 비평에 비유적으로 도입되었다.

출처: Sunstein, C. R. (2001).

2 디지털 리터러시의 요소

한국교육학술정보원은 2019년 연구보고서에서 디지털 리터러시를 이루는 기능적 요소로 정보의 탐색, 분석, 평가, 활용, 관리, 소통, 추상화, 생산 및 프로그래밍을 들고 있다(이현숙 외, 2019). 미국과 유럽의 교육 당국은 데이터의 처리, 정보의 검색과 분석, 비판적 사고, 효율적인 의사소통, 디지털 안전, 건전한 시민의식 등을 디지털 리터러시의 요소로 파악하고 있다(최숙영, 2018).

디지털 리터러시 교육의 요소는 나라와 지역마다 조금씩 차이를 보이고 있지만 크게 보아 정보와 데이터를 다루는 기술, 정보에 대한 비판적 접근과 활용, 안전과 윤리적 태도로 이루어진다. 캐나다의 브리티시 컬럼비아는 디지털 리터러시의 요소를 〈표 2-3〉과 같이 여섯 가지로 제시하고 있다(Dyck, 2021).

표 2-3 디지털 리터러시 6대 영역

특성	세부내용
연구 및 정보 리터러시	• 정보 리터러시 • 정보 처리 및 관리
비판적 사고력, 문제해결, 의사 결정	• 앞선 기술의 맞춤 활용 능력
창의성 및 혁신성	• 생각과 지식의 창의적 표현
디지털 시민의식	• 인터넷 안전 • 프라이버시 및 보안 • 관계 및 소통 • 사이버불링 • 디지털 지문 및 평판 • 자기 이미지 및 정체성 • 지적자산 공유 및 보호 • 법적, 윤리적 책임의식 • 기술을 향한 균형 잡힌 태도 • 사회에서 ICT의 역할에 대한 이해와 인식
의사소통 및 협동	• 커뮤니케이션 및 협업
기술 활용 및 개념	• 일반적인 지식 및 기능적 기량 • 일상생활에서 활용 • 정보에 근거한 의사 결정 • 자기 발전을 위해 기술의 적절한 사용 • 디지털 기술에 대한 학습과 디지털 기술을 활용한 학습

출처: Dyck(2021).

그림 2-1 디지털 리터러시의 요소

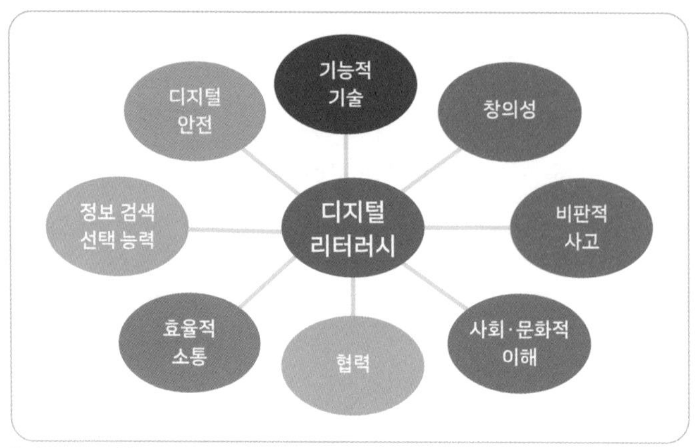

출처: https://ko.wikipedia.org/wiki

3 디지털 리터러시의 핵심역량

1 디지털 리터러시 교육의 필요성

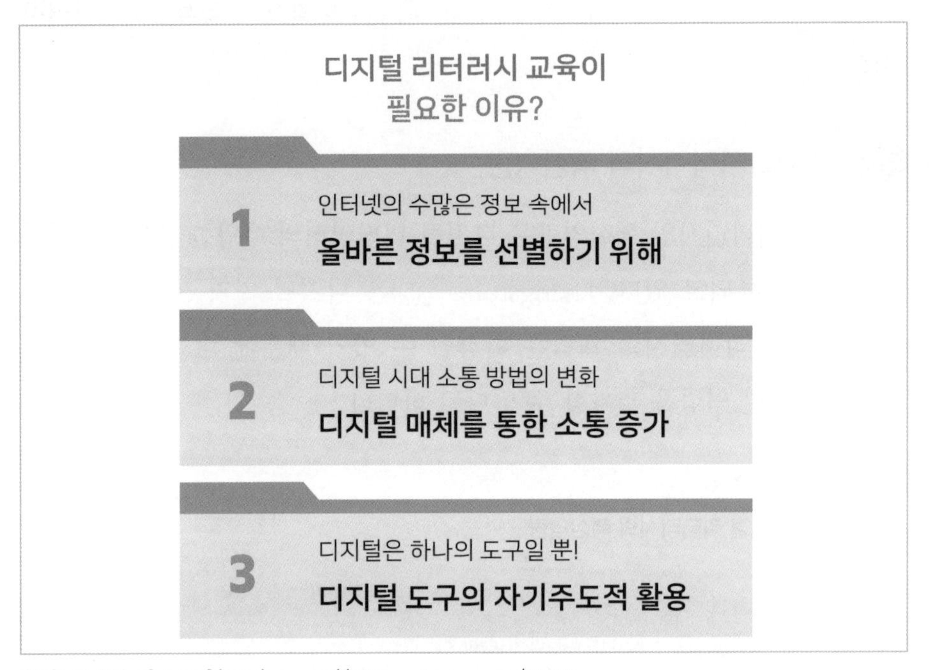

출처: 교육부 티스토리(2022). https://if-blog.tistory.com/13288

디지털 리터러시 교육이 필요한 첫 번째 이유는 인터넷의 수많은 정보 중 올바른 정보를 선별해야 하기 때문이다. 2018년, 미국 MIT 미디어랩 연구팀에 따르면 가짜 뉴스는 진짜 뉴스보다 6배 더 빠르게 확산한다고 한다. 특히, 가짜 뉴스 속에 포함된 혐오적 관점을 세상에 대한 관점을 정립하는 청소년 시기에 접하게 된다면 선입견 및 확증 편향의 문제들이 발생할 수 있다. 또한, SNS 공유로 인해 개인의 인지적 왜곡이 아닌 집단의 인지적 왜곡으로까지 커져 사회적 문제가 발생할 수 있다. 따라서 허위 정보를 가려내고 가짜 뉴스의 확산을 막기 위해서는 올바른 정보를 가려내기 위한 교육이 필요하다. 최근에는 과거에 비해 면대면 소통이 줄어든 대신 디지털 매체를 통한 소통이 증가하였다. 이처럼 온라인상의 소통은 삶의 중요한 부분을 차지하게 되어 변화된 소통의 방식에 잘 적응하기 위해서는 디지털 시대 소통 방법에 대한 수용이 필요하다. 마지막으로 미래 사회에 필요한 역량을 키우기 위해서는 디지털 도구를 자기 주도적으로 활용할 수 있어야 한다(교육부 티스토리, 2022).

2 디지털 리터러시의 핵심역량

디지털 리터러시의 핵심역량은 디지털 리터러시의 다양한 개념만큼이나 다양하게 분류되고 있다. Livingstone(2008)은 디지털 기기 또는 미디어의 변화에 따라 리터러시의 개념은 확장될 수 있기 때문에 디지털 리터러시 개념에 다양한 역량을 추가할 수 있다고 하였다.

표 2-4 디지털 리터러시의 핵심역량

구분	하위역량
유영만(2001)	• 테크니컬 리터러시(Technical literacy) • 버추얼 리터러시(Virtual community literacy) • 비트 리터러시(Bit literacy)
김민하, 안미리 (2003)	• 지식 리터러시 • 정보 리터러시 • 컴퓨터 리터러시
University of Tampere (2005)	• 컴퓨터 설치 및 운영에 대한 기본적인 지식 • 파일취급 및 조직에 대한 기본적인 지식 • 기본적인 컴퓨터 데스크탑 소프트웨어 사용 기술 • 웹, 메일 소프트웨어 기술 및 선택적 접속의 기술
한정선, 오정숙 (2006)	• 기술 및 환경 리터러시 • 정보 및 지식 리터러시 • 사회 및 문화 리터러시
강정묵 외 (2014)	• 기술 영역 • 적용 영역 • 마인드 영역(윤리적 행동)

권성호, 현승혜 (2014)	• 접근의 능력 • 이용의 능력 • 생산성의 능력
양미석, 김정겸 (2016)	• 기술적 영역 • 지식적 영역 • 태도적 영역
문영환, 홍아름, 황준석(2017)	• 기술적 활용 능력 • 정보의 이용 및 생산 능력 • 사회관계 및 참여의 능력

출처: 전지윤(2023). p.30.

디지털 역량진단 디지털배움터.kr

디지털배움터에서는 디지털 역량진단을 통해 자신의 디지털 역량 수준에 적합한 교육과정 또는 콘텐츠를 추천하여 디지털 역량을 높이는 데 도움을 준다.

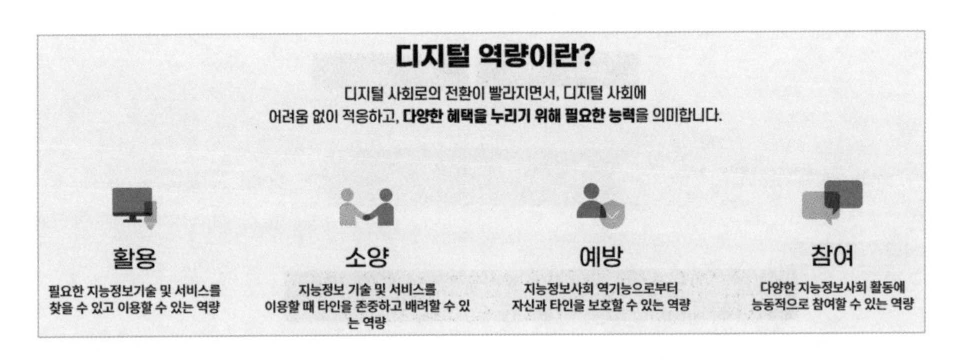

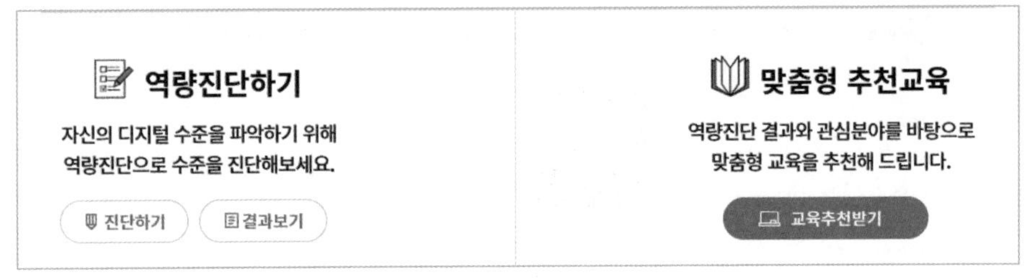

출처: 디지털배움터.kr

◐ 역량진단하기 ▶ 진단하기

자신에게 맞는 역량진단이 이루어지려면 연령, 직업, 지역 등의 정보를 저장 후 진단하는 것이 좋다. 개인의 정보를 기준으로 진단 문항이 다르게 나타난다.

STEP 1. 개인정보 확인 역량진단을 위한 인구통계학적 변수를 작성 또는 확인하십시오.
STEP 2. 역량 진단 각 문항을 읽어보고 자신에게 가장 가깝게 해당하는 답변에 체크하십시오.
STEP 3. 진단완료 역량진단을 완료하였습니다. 결과확인을 누르면 진단결과를 확인하실 수 있습니다.

본 진단에 앞서 정확한 진단 및 교육추천을 위해 연령, 직업, 거주지와 같은 간단한 개인정보를 입력받고자 합니다.
수집된 개인정보는 진단을 위해서만 이용되며, 미 입력시에도 진단은 가능하나 일부서비스에 제한이 있을 수 있습니다.

성명

성별 ○ 남자 ○ 여자

연령 만 세

직업 ⓘ 휴직인 경우에는 무직 란에 기재하지 마시고, 휴직하기 전의 직업에 기재해 주십시오.
○ 1. 무직
○ 2. 경영/관리직
○ 3. 전문직(의사,변호사 등)

정보저장 후 진단시작 정보없이 진단시작

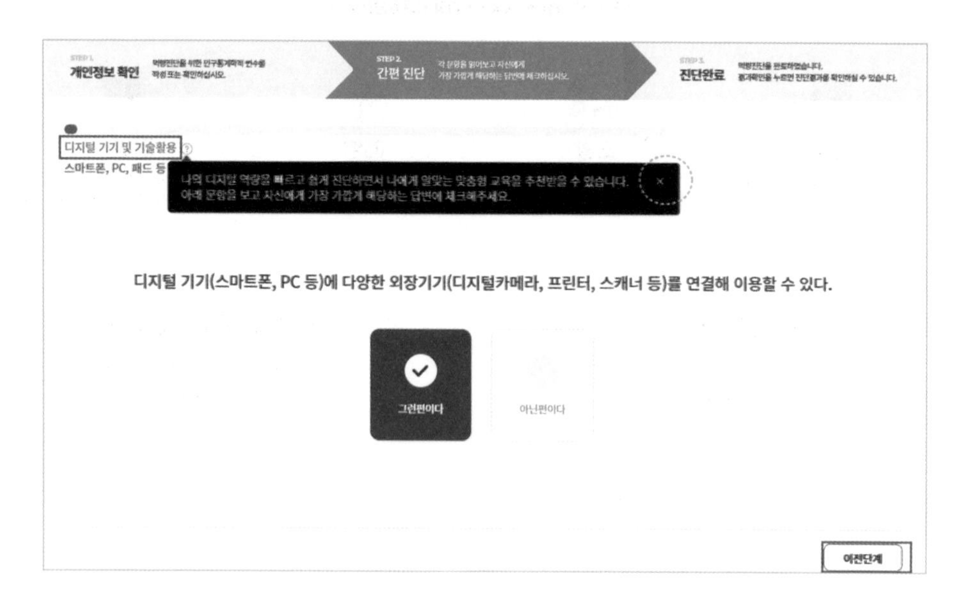

검사 화면은 역량요소, 진단문항, '그런 편이다', '아닌 편이다' 등으로 간단하게 표기되어 있다.

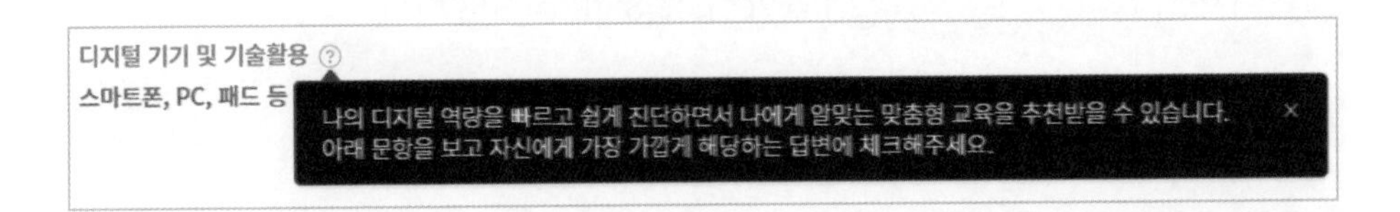

안내문은 숙지한 후, ×를 눌러 닫으면 제시하는 역량에 대한 추가 설명을 원활하게 볼 수 있다.

역량진단실시 화면(예시)

디지털 기기 및 기술활용

스마트폰, PC, 패드 등 다양한 디지털 기기를 작동하고 설치된 프로그램과 애플리케이션(응용프로그램)을 적절하게 활용하는 역량이다.

[디지털 기기 및 기술활용] **문항 예시**

- 디지털 기기(스마트폰, PC 등)에 다양한 외장기기(디지털카메라, 프린터, 스캐너 등)를 연결해 이용할 수 있다.
- 디지털 기기(스마트폰, PC 등)를 텔레비전 등 다른 기기를 연동해 사용할 수 있다.
- 비대면 원격회의 애플리케이션(구글Meet, Zoom 등)을 이용해 회의를 개최/참여할 수 있다.
- 사진, 영상 등의 파일을 클라우드 컴퓨팅 시스템(웹하드, 구글드라이브, 드랍박스 Icloud, N드라이브 등)에 업로드 또는 삭제, 공유한다.
- 새롭게 등장하는 디지털 기기에 대해 관심이 많고, 직접 사용하여 나에게 적합한 디지털 기기를 선택한다.

- 스마트 패드, 터치스크린 등을 활용하는 방법을 정리하여 타인을 지도할 수 있다.
- 엑셀 프로그램이나 가계부 애플리케이션 등을 활용하여 금전 출납을 기록할 수 있다.
- 한글, 워드, 엑셀 등 문서 작성 프로그램에 매크로 또는 비쥬얼 베이직 기능을 사용할 수 있다.

정보 검색 및 탐색

다양한 검색엔진에서 적절한 검색어 조합을 통해 원하는 정보를 검색하는 역량이다.

[정보 검색 및 탐색] **문항 예시**

- 검색엔진에서 다양한 전문검색방법(사전, 인명, 학술검색 등)을 쓸 줄 안다.
- 검색을 통해 얻은 정보가 믿을 만한 것인지 다른 자료 등과 비교해 구별할 수 있다.

- 나만의 정보/데이터 검색 팁을 활용하여 원하는 정보/데이터를 신속하게 찾는다.
- 무크(mooc), TED 등 지식채널을 이용하여 전문 정보나 콘텐츠를 검색한다.
- 소셜미디어, 동영상 제공서비스 등 여러 서비스의 검색기능을 같이 활용한다.
- 엑셀 프로그램이나 가계부 애플리케이션 등을 활용하여 금전 출납을 기록할 수 있다.
- 온라인 접속 후, 어디에서 정보를 검색해야 하는지 모를 때가 있다.
- 온라인에서 정보 검색 시, 어떤 키워드를 사용해야 하는지 어려움이 있다.
- 유용한 정보를 검색할 수 있는 해외 사이트를 발견하여 주위 사람들에게 추천할 수 있다.
- 유용한 정보를 제공하는 애플리케이션(응용프로그램)을 비교, 분석하여 다른 사람에게 추천할 수 있다.
- 정보를 검색할 때, 주로 기본 검색 기능을 사용한다.
- 찾기 어려운 정보들은 검색어 조합을 통해 다시 찾아본다.

실생활 활용

인터넷, 애플리케이션(응용프로그램), 다양한 디지털 기기를 활용하여 자신에게 필요한 서비스(공공시설 예약, 전자정부서비스, 온라인 교육 서비스 등)를 받거나 경제적 활동(금융, 쇼핑 등)을 하는 역량이다.

[실생활 활용] **문항 예시**

- 구인/구직 사이트(인크루트, 워크넷, 사람인, 알바몬 등)에서 정보 검색, 진로/적성 검사 등을 활용할 수 있다.
- 블로그나 SNS를 통해서 내가 가진 경제적 활용 팁을 공유하고 전파할 수 있다.
- 스마트폰 애플리케이션(응용프로그램)으로 주식거래를 한다.
- 스마트폰에 신용카드, 체크카드를 등록하여 결제할 수 있다.
- 스마트폰을 활용하여 각종 민원(불법주정차신고, 생활불편 등) 신고를 처리할 수 있다.
- 온라인 상에서 창업과 관련된 업무를 수행하고(쇼핑몰 창업, 홈페이지 오픈), 온라인 프로모션 등의 홍보 활동을 할 수 있다.
- 온라인으로 물품을 구매하는 데 어려움이 있다.
- 인터넷 1:1거래사이트(중고나라, 당근마켓 등)에서 거래를 할 수 있다.
- 인터넷 모바일 뱅킹(계좌조회, 이체, 납부 등)을 이용할 수 있다.
- 인터넷에서 가격 비교를 통해 저렴한 가격의 상품을 찾는다.

디지털 환경에 대한 이해 및 시민의식

디지털 시민으로서 4차 산업혁명, 디지털 시대의 환경 및 기술변화를 이해하고 온라인 환경의 다양성을 인정하며, 디지털 에티켓과 규범을 준수하고 대처하는 역량이다.

[디지털 환경에 대한 이해 및 시민의식] **문항 예시**

- 4차 산업혁명과 관련된 기술에 대한 전문성을 쌓아 현실이나 업무에 적용해보고 나만의 기술로 특화해 나가고 있다.
- AI TV, 자율주행모드 같은 인공지능 기술을 생활 속에 활용하는데 어려움이 없다.
- 나는 커뮤니티 규칙과 절차를 만들어 구성원들이 온라인 상에서 지킬 수 있도록 안내한다.
- 나의 글, 사진, 동영상 등에 대한 저작권을 침해 받았을 때, 신고하고 피해구제를 받는다.
- 내가 온라인 또는 가상 세계에서 적절하게 행동을 하고 있는지 종종 되돌아본다.

• 불법 다운로드나 스트리밍 서비스를 사용하지 않는다.
• 포털(네이버, 다음 등)이나 소셜미디어(유튜브, 페이스북 등)에서 누군가 내 권리(명예훼손, 저작권침해 등)를 침해했을 때 신고한다.
• 프로그래밍(알고리즘, 언어)에 대한 역량을 바탕으로 분야 전문가로 성장하고 있다.

디지털 저작권 준수 및 정보 평가

디지털 저작권의 중요성을 인식하고, 저작권 관련 법 또는 규정을 준수하며, 획득한 정보의 출처 확인과 수준을 판단하여 정보의 신뢰성을 평가하는 역량이다.

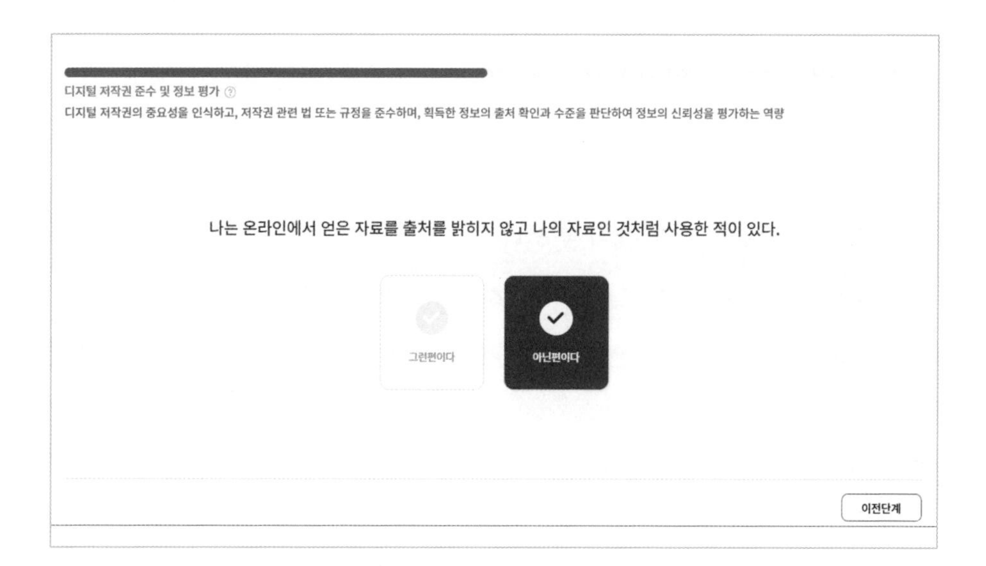

[디지털 저작권 준수 및 정보 평가] **문항 예시**

- 공공저작물을 이용하여 저작권을 침해하지 않는 자신만의 콘텐츠를 만들 수 있다.
- 메일 내용 중 스팸 메일을 구분하여 삭제할 수 있다.
- 온라인 상에서 찾은 정보와 데이터들을 비교, 분석하여 어떤 정보가 중요하고 나에게 필요한 것인지에 대한 우선순위를 판단할 수 있다.
- 온라인에서 수집한 자료를 사용할 때, 저작권에 위배되지 않는지 항상 주의를 기울인다.
- 온라인에서 얻은 정보를 대부분 믿고, 그대로 사용한다.
- 온라인을 통해 얻은 정보나 데이터를 평가할 수 있는 나만의 방법을 주위 사람들에게 가르쳐 줄 수 있다.
- 유해한 정보나 허위조작정보(가짜뉴스)라고 의심되거나 확인될 경우 신고한다.
- 타인이 만든 자료(인터넷, 도서, 논문, 기사 등 각종 저작물)의 출처를 밝히고 사용하는 방법을 잘 알지 못한다.
- 피싱(개인의 금융정보를 불법으로 유출하는 사기) 또는 가짜 사이트를 가려내서 차단할 수 있다.

디지털 보호

디지털 장치 또는 기기(PC, 모바일, 패드 등)의 보안을 위해 유해 콘텐츠나 프로그램을 차단하고 개인 정보 및 중요 데이터를 적절히 관리하는 역량이다.

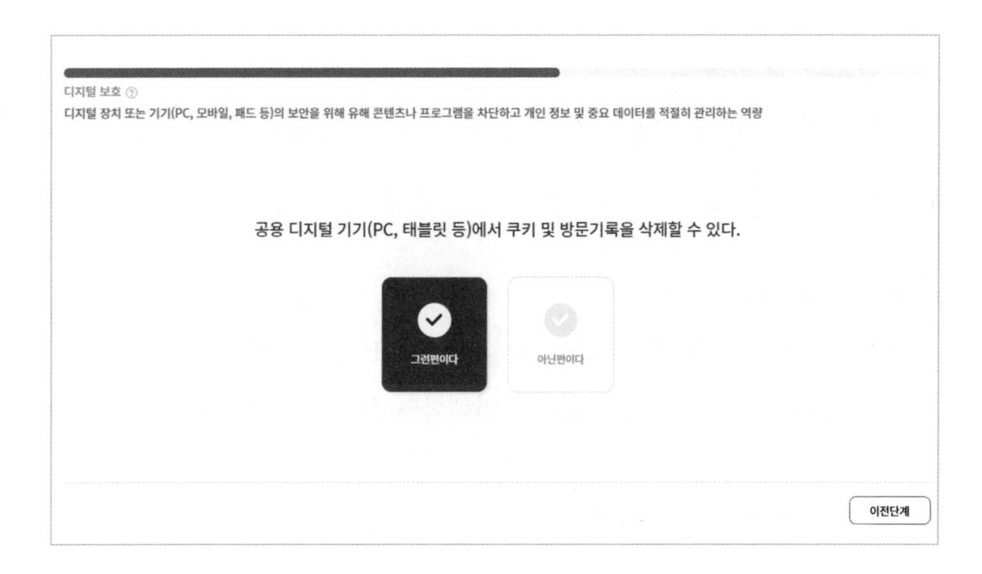

[디지털 보호] 문항 예시

- e프라이버시 클린센터[3]를 이용하여, 이용하지 않은 불필요한 웹사이트에서 회원탈퇴를 신청한다.
- 개인 정보 및 데이터 보호의 중요성에 대해 타인들을 지도할 수 있다.
- 공용 디지털 기기(PC, 태블릿 등)에서 일회용번호 등을 사용해 접속할 수 있다.
- 공용 디지털 기기(PC, 태블릿 등)에서 쿠키 및 방문기록을 삭제할 수 있다.
- 애플리케이션/소프트웨어의 특성들을 알고 있어 어떤 것을 다운로드하는 것이 안전한지 분석할 수 있다.
- 정보주체 권리 보장 및 침해 발생 시 조치사항에 대해 이해하고 실행한다.
- 지문등록, 홍채인식 등을 이용해 디지털 기기(PC, 스마트폰 등)의 보안을 강화할 수 있다.

3 개인정보포털 https://www.privacy.go.kr/

- 피싱앱/사이트(개인정보를 빼내려는 목적으로 만든 애플리케이션 및 사이트)를 구분할 수 있다.
- 필요에 따라 디지털 기기(PC, 스마트폰 등)의 암호 단계 설정을 상향, 하향 조정한다.

디지털 웰빙

디지털 기기 사용 및 온라인 게임 등 디지털 환경이 정신적, 육체적 건강에 미치는 긍정적/부정적 효과를 이해하여 건강하게 이용하는 역량이다.

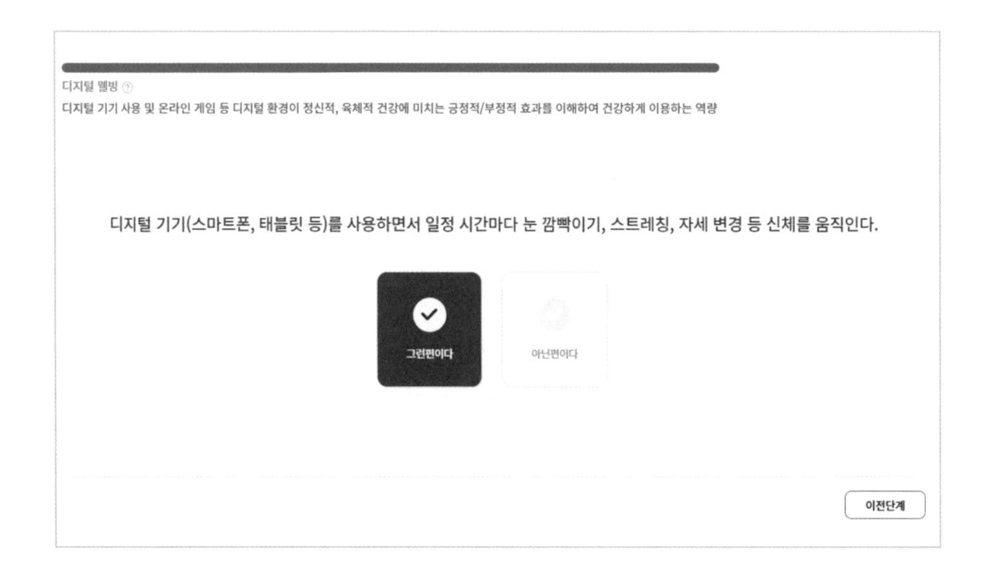

[디지털 웰빙] **문항 예시**

- 게임 중독의 증상 및 부작용에 대해 알고 있다.
- 내가 휴대전화를 비롯한 각종 디지털 기기를 과하게 사용하고 있진 않은지 스스로 점검한다.
- 디지털 기기 과의존 및 게임 중독 관련 사례를 정리하여 타인들을 지도할 수 있다.

- 디지털 기기 및 온라인 게임의 장점을 활용하는 방법에 대한 교육자료를 제작하고 활용할 수 있다.
- 디지털 기기 중독을 예방하기 위해 자발적으로 중독예방 상담 기관을 활용하거나, 자신만의 체크리스트를 만들어 사용한다.
- 디지털 기기(스마트폰, 태블릿 등)의 사용 목적을 분명히 하여 필요할 때만 사용한다.
- 디지털 환경을 긍정적으로 활용할 수 있는 방법을 지인들에게 공유할 수 있다.
- 스마트 기기(스마트폰, 태블릿 등)에 대한 과도한 의존이 어떤 부작용을 일으키는지 알고 있다.
- 온라인 게임 중독 증상을 보이는 주위 사람들에게 치료를 위한 몇 가지 방안을 제시할 수 있다.

콘텐츠 생산 및 공유

기존의 정보나 콘텐츠를 수정, 개선, 보완 또는 편집을 통해 다양하고 새로운 콘텐츠를 생산, 공유하고 온라인상에서 협업하는 역량이다.

[콘텐츠 생산 및 공유] **문항 예시**

- 네트워크 내 공유 폴더를 만들어 파일 등을 공유한다.
- 멀티미디어 프로그램 중 어느 것이 사용자의 특성에 적합한 것인가를 분석하여 추천해 줄 수 있다.
- 블루투스를 활용하여 자신의 사진, 음악, 동영상을 공유할 수 있다.
- 비대면 화상회의 툴 등을 활용해서 자료, 협업 내용을 공유하고 설명할 수 있다.
- 사진을 편집하여 동영상으로 만들 수 있다.
- 새로운 콘텐츠를 기획하고, 내가 원하는 형태(사진, 영상 등)로 개발할 수 있다.
- 영상 편집 전문 프로그램의 기본 기능(영상 자르기, 붙이기 등)을 원활하게 다룬다.
- 온라인 상에서 타인과 협업하는 것이 어렵다.
- 온라인 협업프로그램(구글독스 등)을 이용해 다른 사람들과 함께 과제나 업무를 공유할 수 있다.
- 유튜브 등 실시간 스트리밍을 통해 나의 콘텐츠를 공유할 수 있다.
- 일러스트를 활용하여 내가 원하는 디자인 작업을 할 수 있다.
- 콘텐츠 공유나 협업하는 방법과 팁을 남들에게 전수해 줄 수 있다.

사회적 참여

온라인 상에서 나의 의견을 표시하거나 비슷한 관심사를 가진 커뮤니티에 참여하여 활동하거나 커뮤니티를 개설, 운영하는 역량이다.

[사회적 참여] **문항 예시**

- 국회의원, 지방의원이나 정당 활동에 참여(국민경선참여, 선거운동)하거나 후원할 수 있다.
- 나의 의견을 게시판 글쓰기, 댓글을 통해 표명할 수 있다.
- 다양한 소셜미디어 계정을 개설하고 관리한다(페이스북, 블로그, 인스타그램 등).
- 소셜미디어(혹은 SNS)에서 새로운 사람과 관계를 맺을 수 있다.
- 온라인 상에서 다른 사람들과 관계를 맺는 것에 어려움을 느낀다.
- 정치/사회 문제에 대해 토론하거나 서명/청원 등에 참여를 유도할 수 있다.

- 참여하고 싶은 마음은 있으나 밴드나 SNS, 커뮤니티에 가입하는 것이 쉽지 않다.
- 온라인상에서 상식, 일상 문제에 대한 토론이나 의견 공유 시 적극적으로 의견을 낼 수 있다.
- 타인의 도움을 받아 나와 유사한 관심사를 가진 커뮤니티에 가입하여 활동할 수 있다.
- 나와 비슷한 생각을 가진 사람들과 의견을 공유하기 위해 커뮤니티를 만들고 회원을 모집할 수 있다.

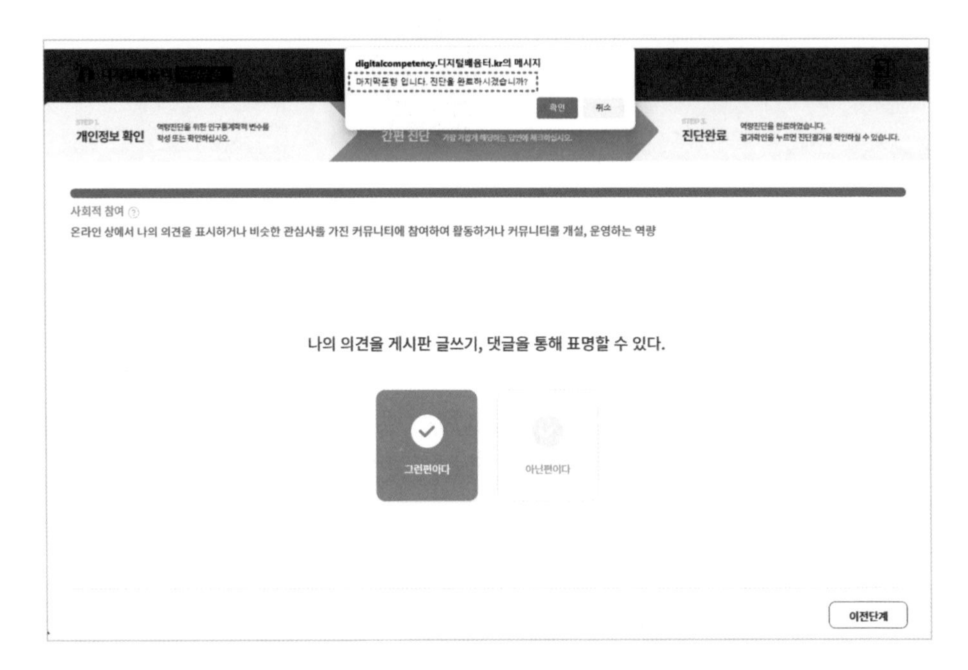

모든 진단 문항이 완료되면 '마지막 문항입니다. 진단을 완료하시겠습니까?'라는 메시지가 뜬다. 확인을 누르면 결과 창으로 이동하고, 진단 문항을 점검하고 싶다면 아래 [이전단계] 버튼을 누른다.

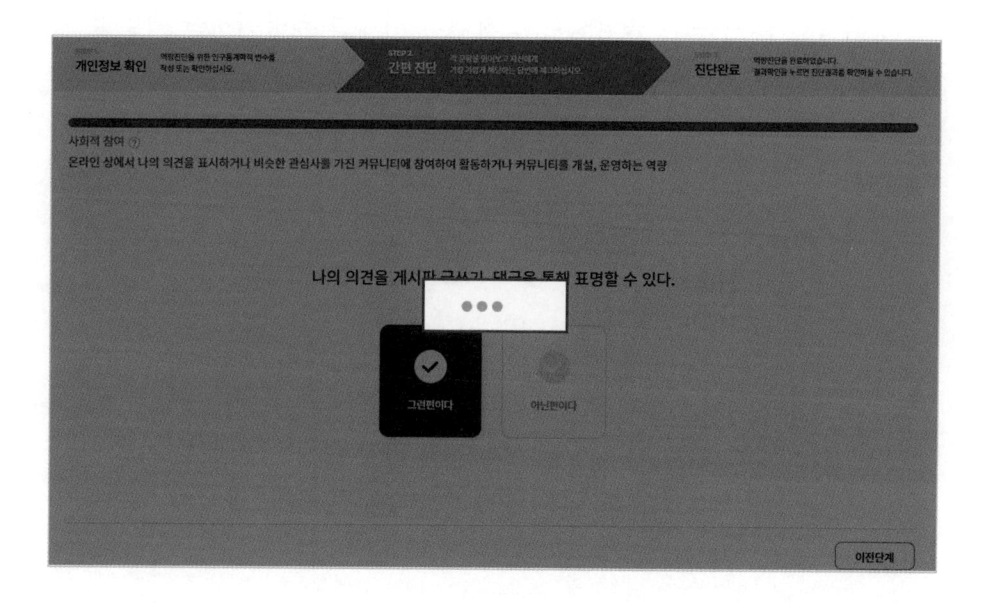

※ 브라우저는 크롬으로 역량진단하기를 추천한다. 간혹, 분석이 오래 걸리거나 위 화면에서 넘어가지 않는 경우가 발생할 수 있다.

역량진단 결과 화면(예시)

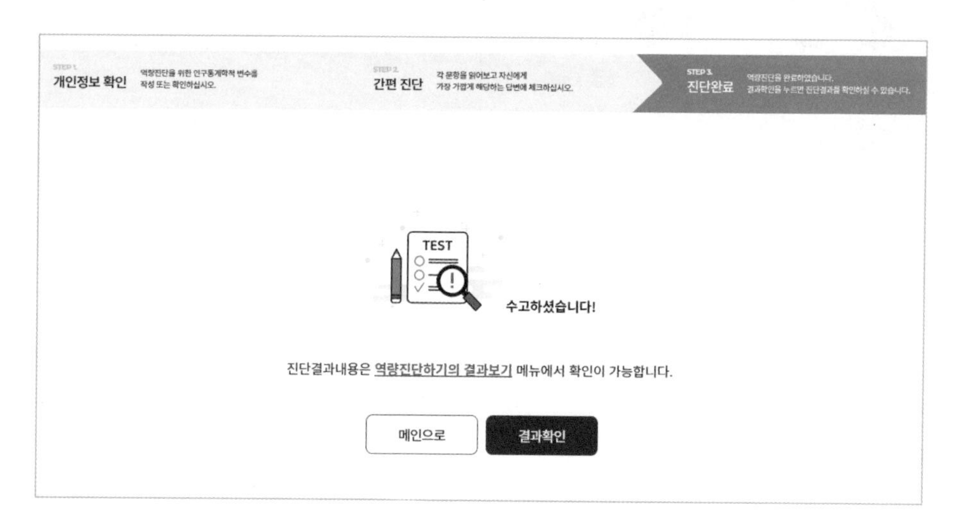

[결과확인]을 누르면 종합결과로 자신의 디지털 역량위치를 확인할 수 있다.

상세결과 [전체보기+]를 누르면 각 역량에 따른 등급 수준을 설명해 준다.

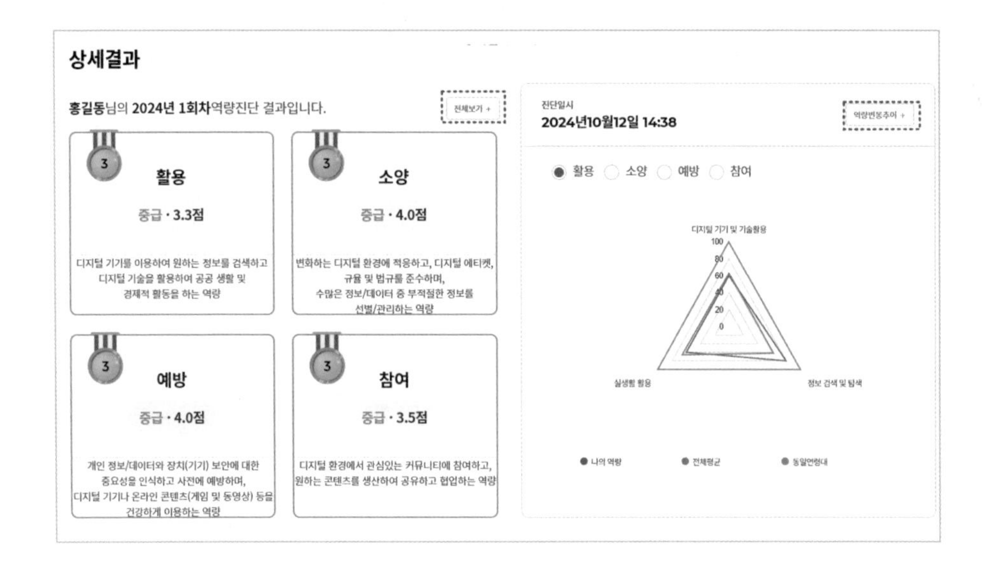

활용

홍길동님의 활용 역량군 점수는 3.3점으로 중급 등급입니다.
높은 수준에서 디지털 기기를 활용하고 문제를 해결할 수 있고, 비대면, 공유, 클라우드 등의 디지털 기술을 활용할 수 있는 수준입니다. 그리고 전문 지식이나 정보를 검색할 수 있고, 나에게 필요한 디지털 공공/경제 서비스를 적절히 선택하여 이용하는 것에서 나아가 타인에게도 도움을 줄 수 있습니다.

소양

홍길동님의 소양 역량군 점수는 4.0점으로 중급 등급입니다.
디지털 환경 변화 또는 새로운 기술에 대한 높은 이해도를 바탕으로 관련 분야 심화 학습에 대한 의지가 있고, 저작권, 유해 정보 및 데이터를 비교, 분석 및 평가하여 일상생활에서의 문제를 처리하거나 타인에게 도움을 줄 수 있습니다.

예방

홍길동님의 예방 역량군 점수는 4.0점으로 중급 등급입니다.
개인 정보/데이터와 장치(기기) 보안에 대해 중요하게 인식하여 바이러스 및 악성코드 관련 문제 발생 시 이를 적절히 해결할 수 있습니다. 개인정보 및 데이터 보호를 위해 높은 단계의 보안을 설정할 수 있으며, 디지털 과의존이나 게임 중독 증상을 보이는 타인에게 도움을 줄 수 있는 수준입니다.

참여

홍길동님의 참여 역량군 점수는 3.5점으로 중급 등급입니다.
사진, 영상 등 디지털 콘텐츠 관련 전문 프로그램을 원활하게 다루고, 콘텐츠를 제작하거나 공유하는 독창적인 팁을 타인에게 전수해 줄 수 있습니다. 다양한 온라인 커뮤니티의 일원으로 활동하거나 관리자로서 그 모임을 건강하게 이끌어 나갈 수 있는 역량을 갖추고 있습니다.

상세결과 [역량변동추이+]를 누르면 활용, 소양, 예방, 참여의 역량변동 추이가 시각적 자료로 나타난다.

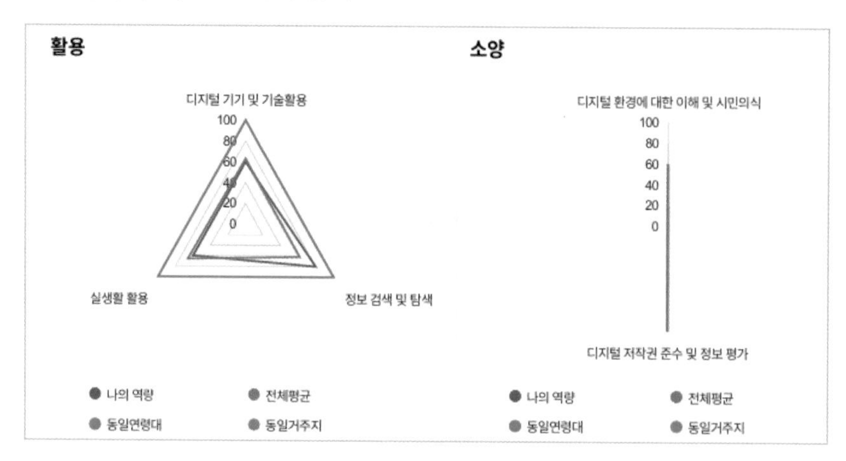

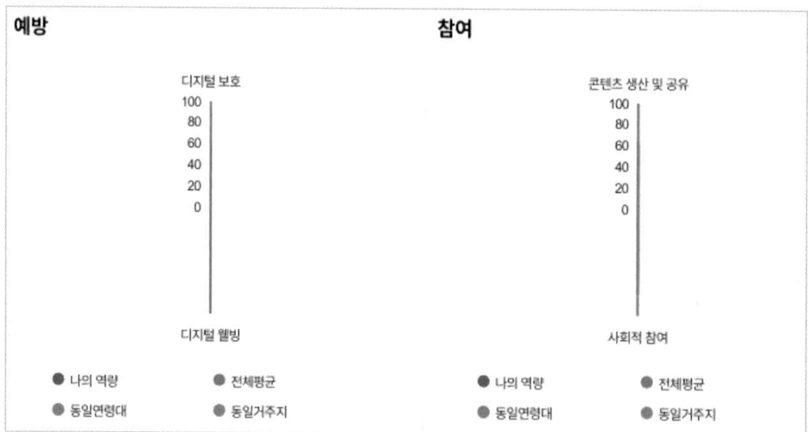

진단결과에 따라 지역을 반영한 맞춤형 온라인/오프라인 교육을 추천해 준다.

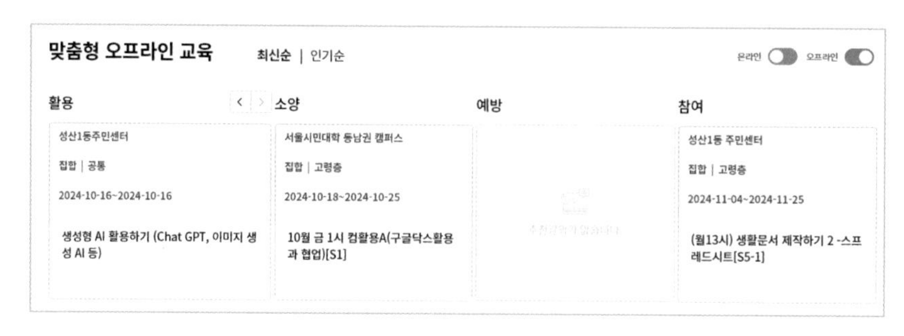

4 디지털 윤리와 AI 윤리

1 디지털 윤리

디지털 윤리(digital ethic)는 디지털 세계의 시민으로서 지켜야 할 도덕적 책임과 의무에 관한 규범적 측면으로 디지털 환경에서 개인의 권리와 책임, 새로운 형태의 정치·경제·사회·문화 활동에 참여할 때의 정의롭고 비판적인 사고, 디지털 기기와 인터넷 사용에 있어 안전하고 올바른 태도 등을 말한다.

디지털 윤리의 문제

구분	내용
스미싱	문자메세지(SMS)를 활용하여 일어나는 피싱(Phishing) 범죄
디지털 그루밍	디지털 매체를 이용해 피해자를 유인하고 심리적으로 지배하여 성착취 행위를 하고, 피해 폭로를 막는 범죄
사이버 불링	이메일, 휴대폰, SNS와 같은 가상의 사이버 공간을 통해서 특정 대상을 지속적으로 반복하여 괴롭히는 행위

출처: 서울특별시교육청(2022). 디벗 지원자료, 디지털 윤리 문제와 해결 방안.

스미싱

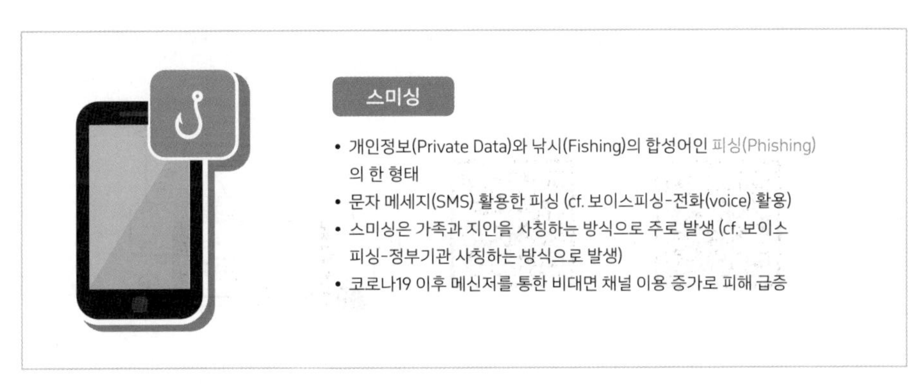

스미싱
• 개인정보(Private Data)와 낚시(Fishing)의 합성어인 피싱(Phishing)의 한 형태
• 문자 메세지(SMS) 활용한 피싱 (cf. 보이스피싱-전화(voice) 활용)
• 스미싱은 가족과 지인을 사칭하는 방식으로 주로 발생 (cf. 보이스피싱-정부기관 사칭하는 방식으로 발생)
• 코로나19 이후 메신저를 통한 비대면 채널 이용 증가로 피해 급증

스미싱 예방방법

띠링! 이 문자 뭐지!?

보이스피싱 예방 캐릭터 호치와 함께 메신저 피싱 모의체험에 도전해요!

과연 나는 메신저피싱 예방에 성공?

체험 시작하기 >

스미싱 모의체험

스미싱 예방책

- 평소 관계에서 나올 수 없는 대화 주제라면 의심해야 합니다.
- 평소 관계에서 나올 수 없는 호칭이라면 의심해야 합니다.
- 대화 상대방의 신분을 다시 한번 생각해봐야 합니다.
  (신분에 어울리지 않거나, 적합하지 않은 요청사항)
- 금융에 관한 모든 정보는 메신저를 통해 주고받는 것은 지양해야 합니다.
- 보이스톡 혹은 전화를 통해 상대방의 목소리를 확인해야 합니다.
- 전화를 걸고 끊은 흔적을 통해 안심시키는 방법도 존재하므로, 금전거래는 필수적으로 음성 확인하는 습관이 필요합니다.
- 서로 간의 관계에서 알 수 있는 간단한 퀴즈를 질문하는 것만으로도 피싱을 예방할 수 있습니다.

디지털 성범죄(디지털 그루밍)

디지털 성범죄 피해자 수 추이

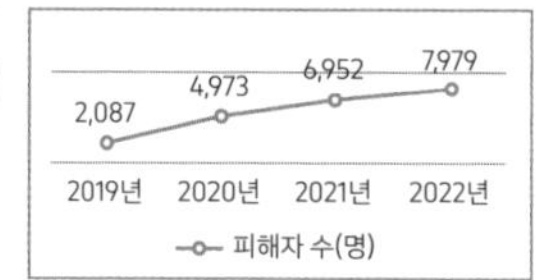

디지털 성범죄 피해자 지원 현황
(단위: %, 건. 2022년 기준)

디지털 성범죄

- 디지털 매체 및 정보통신기술을 이용한 성범죄 및 그로부터 연계된 모든 형태의 범죄를 의미
- 카메라 등을 이용한 촬영물 이용 성폭력
- 사진 합성(딥페이크)
- 정보통신망을 이용한 성적 비하나 음란물 전송 등의 성적 괴롭힘
- 디지털 매체를 이용해 피해자를 유인하고 심리적으로 지배하여 성착취 행위를 하고, 피해 폭로를 막는 디지털 그루밍

딥페이크(Deepfake)란 딥러닝(Deep learning)과 페이크 (Fake)의 합성어로 인공지능 기술을 이용해 이미지나 비디오에 등장하는 사람을 다른 누군가로 대체하는 합성 매체를 의미

먼저, 디지털 성범죄를 예방하기 위해서 디지털 성범죄 유형별 사례와 그 과정 속 특징을 알고 있어야 합니다.
특히, 디지털 그루밍은 가해자가 익명성을 악용해 피해자에게 쉽게 접근하고, 큰 강제성 없이 성 착취가 이루어지기 때문에 피해 사실을 알아차리지 못해 더 큰 범죄로 이어질 수 있습니다.

다음으로, 디지털 성범죄를 예방하기 위해서 디지털 성범죄 예방 교육 플랫폼과 디지털 성범죄 피해자 지원 센터를 적극 활용해야 합니다.

디지털 세상을 클린하게

디지털 성범죄피해자지원센터

디지털 세상을 클린하게
디지털 성범죄 예방교육 플랫폼

사이버 불링

디지털윤리 디지털윤리.kr

방송통신위원회와 한국지능정보사회진흥원은 전 국민의 디지털 역기능에 예방·대응할 수 있는 역량을 강화하고 건전한 디지털 이용문화를 조성할 수 있도록 2010년부터 디지털윤리 사업을 추진해오고 있다.

출처: 디지털윤리.kr

디지털윤리 ▶ 디지털윤리콘텐츠 ▶ 교육자료실

대상별(유아, 초등, 중등, 고등, 학부모, 성인, 고령층, 장애학생, 발달장애(초등), 발달장애(중고등), 발달장애(성인), 군인, 교사, 전체 대상, 기소유예자)로 검색할 수 있다.

유형별(교재·교구, 교재(교수학습자료), 교구, 영상, 보고서, 우수사례집)로 검색할 수 있다.

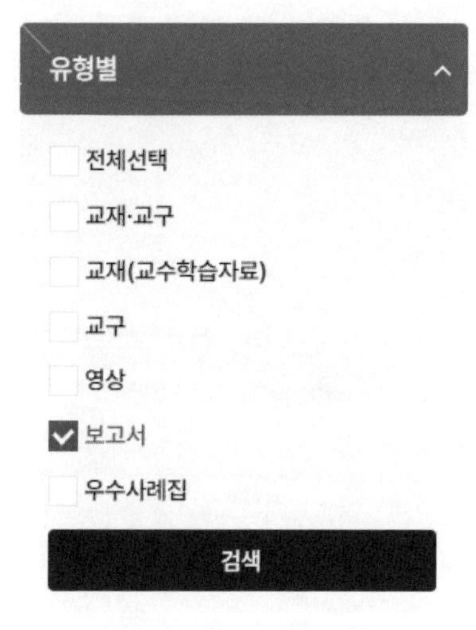

생성형
AI 윤리
가이드북
대상 초등 / 중등 / 고등 / 학부모
생성형 AI윤리 가이드북
#생성형ai #ai윤리 #허위조작정보 #저작권 #오남용 #책임성

네!
대상 성인
[웹툰] 직장 내 사이버폭력 예방
#사이버 강요 #사이버 따돌림 #사이버 명예훼손

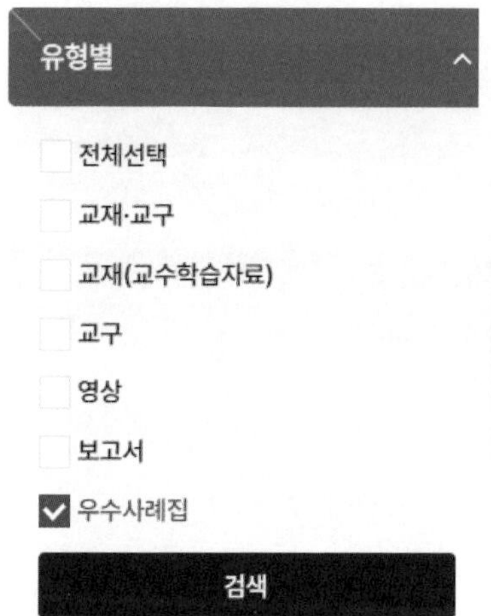

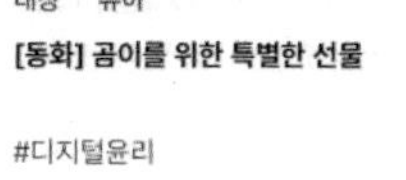

병풍 속
그림의
비밀
대상 초등
[동화] 병풍 속 그림의 비밀
#디지털윤리 #사이버폭력

디지털윤리 ▶ 디지털윤리체험관 ▶ 체험관 소개

현재 운영되고 있는 6곳의 디지털윤리체험관을 안내하고 있다.

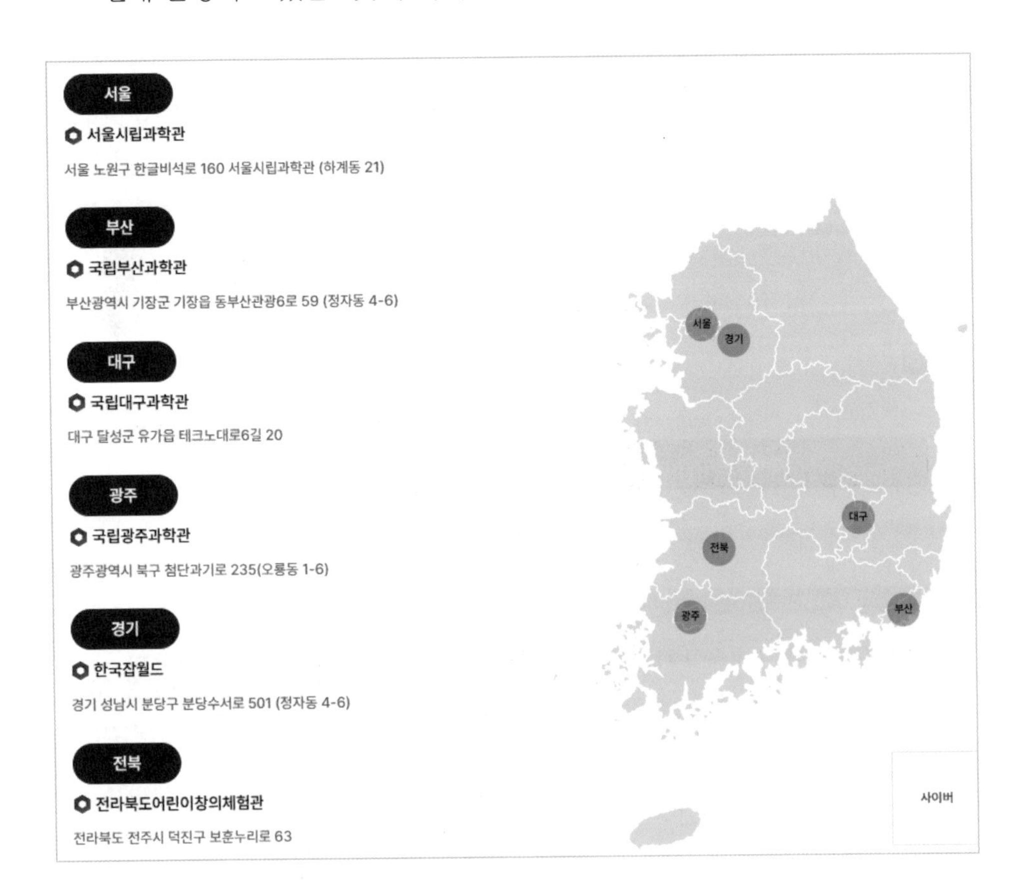

디지털윤리 ▶ 디지털윤리체험관 ▶ 체험관 소개 ▶ 사이버체험관

PC나 모바일로 디지털윤리 콘텐츠를 체험하고, 우수콘텐츠도 확인해 볼 수 있다.

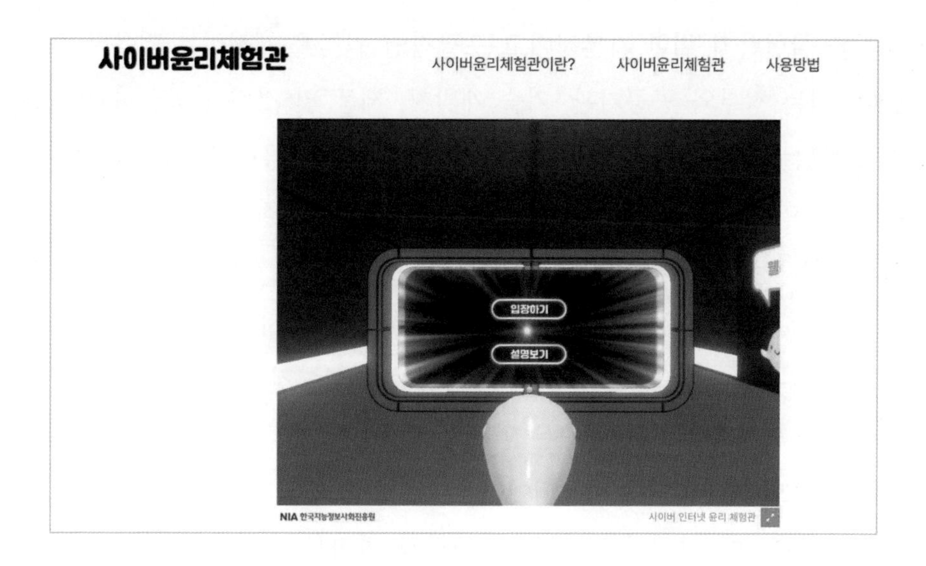

- 체험하기 버튼 클릭 시 새창으로 열린다.
- IE11 버전의 경우 호환이 되지 않을 수 있으니 크롬, 엣지를 권유한다.
- 사이버 체험관에서 만날 수 있는 다양한 디지털윤리 교육콘텐츠를 소개한다.

01 버블 슈터웰리 악플을 잡아라!

슈터 웰리 콘텐츠는 퍼즐 게임으로 색이 다른 선플 구슬을 세 개 이상 붙이고, 악플 구슬은 선플 구슬로 없애주는 콘텐츠예요. 선플로 인터넷 세상을 정화해 볼까요?

02 인터넷 바다의 파수꾼 러닝웰리

러닝 웰리 콘텐츠는 러닝 액션 게임으로 바다 쓰레기인 부정적인 단어는 피하거나 공기 방울로 청소를 하며, 긍정적인 방패 말을 먹어서 점수를 획득하는 콘텐츠로 반복 학습을 통해 방패 말을 습득할 수 있어요.

03 두리가 인터넷 친구를 사겨요

최근 스마트폰의 사용이 늘어나고 온라인 활동이 생활화됨에 따라 사이버 공간에서의 친구에 대한 올바른 개념을 인지하고 위험에 노출되지 않도록 주의점을 생각하고 판단할 힘을 기를 수 있는 콘텐츠예요.

2 AI 윤리기준[4]

(1) AI 윤리기준이란?

AI 윤리기준은 인공지능 기술의 개발과 활용 전 과정에서 사람 중심의 가치를 실현하기 위한 기본적이고 포괄적인 원칙을 제시하는 것을 목표로 한다. 이는 정부와 공공기관, 기술 개발자, 제품 및 서비스 공급자와 사용자 등 모든 사회 구성원이 공유해야 할 방향성을 제공한다. 이 윤리기준은 인공지능이 인간의 존엄성과 권리를 보호하고, 사회적 공익을 증진시키는 방향으로 나아가도록 이끄는 역할을 한다. 핵심 가치로 설정된 '인간성(Humanity)'은 인공지능이 단순히 인간의 필요를 충족시키는 도구가 아니라, 인간의 고유한 성품과 삶을 보존하고 향상시키는 것을 목표로 해야 함을 강조한다. 이를 위해 인공지능은 인간의 신체적, 정신적 건강에 해를 끼치지 않는 방향으로 개발되고 사용되어야 한다. 또한, 인공지능은 인간의 행복과 삶의 질 향상에 기여하고, 사회의 긍정적 변화를 촉진하는 데 기여해야 한다. 이는 단순한 효율성이나 경제적 이익을 넘어, 기술이 인간의 존엄성과 행복을 우선적으로 고려해야 함을 의미한다.

인공지능은 또한 사회적 불평등을 완화하는 데 기여해야 한다. 이를 위해 기술 개발자와 활용자는 인공지능이 특정 집단이나 개인에게 편향된 혜택을 주거나 차별을 강화하는 결과를 초래하지 않도록 주의해야 한다. 기술은 사회의 모든 구성원에게 공평하게 혜택을 제공해야 하며, 누구도 그 과정에서 소외되지 않도록 해야 한다. 인공지능의 사용 목적이 공익에 부합하고, 그 목적을 달성하는 과정 역시 윤리적이어야 한다. 공정성과 투명성, 책임성은 인공지능 개발과 활용의 필수적인 요소로 자리 잡아야 한다. 이와 더불어, 인공지능은 인간의 삶의 질과 사회적 안녕을 증진시키는 방향

---

4 과학기술정보통신부(2020). 사람이 중심이 되는 「인공지능(AI) 윤리기준」 마련. 보도자료.

으로 발전해야 한다. 이는 인공지능이 인간의 일상 속에 통합될 때, 사회 전반의 안전과 행복을 증진시키는 방식으로 기능해야 함을 의미한다. 특히, 인공지능이 의사결정 과정에 깊이 관여하게 되는 현대 사회에서는 이 기술이 인간의 신뢰를 받을 수 있도록 투명하고 책임감 있는 방식으로 운영되어야 한다. 더불어, 기술의 설계 단계에서부터 잠재적인 윤리적 문제와 사회적 영향을 면밀히 검토하고, 지속적으로 개선해 나가야 할 필요성이 있다. 궁극적으로 AI 윤리기준은 인공지능이 사람 중심의 가치를 실현할 수 있도록 가이드라인을 제공함으로써, 인공지능이 인간에게 유익하고 사회 전체의 발전에 기여하는 도구로 자리매김할 수 있도록 한다. 기술은 지속적으로 변화하고 발전하기 때문에, 이 윤리기준 또한 시대적 변화에 발맞추어 지속적으로 보완되고 개정되어야 한다. 이를 통해 인공지능은 신뢰할 수 있고 안전하며, 모든 사람에게 이익을 제공하는 방향으로 발전할 수 있을 것이다.

(2) AI 윤리기준

① 3대 기본원칙

인간성을 위한 인공지능(AI for Humanity)을 위해 인공지능 개발에서 활용에 이르는 전 과정에서 고려되어야 할 기준으로 3대 기본원칙을 제시한다.

① 인간 존엄성 원칙

- 인간은 신체와 이성이 있는 생명체로 인공지능을 포함하여 인간을 위해 개발된 기계제품과는 교환 불가능한 가치가 있다.
- 인공지능은 인간의 생명은 물론 정신적 및 신체적 건강에 해가 되지 않는 범위에서 개발 및 활용되어야 한다.
- 인공지능 개발 및 활용은 안전성과 견고성을 갖추어 인간에게 해가 되지 않도록 해야 한다.

② 사회의 공공선 원칙
- 공동체로서 사회는 가능한 한 많은 사람의 안녕과 행복이라는 가치를 추구한다.
- 인공지능은 지능정보사회에서 소외되기 쉬운 사회적 약자와 취약 계층의 접근성을 보장하도록 개발 및 활용되어야 한다.
- 공익 증진을 위한 인공지능 개발 및 활용은 사회적, 국가적, 나아가 글로벌 관점에서 인류의 보편적 복지를 향상시킬 수 있어야 한다.

③ 기술의 합목적성 원칙
- 인공지능 기술은 인류의 삶에 필요한 도구라는 목적과 의도에 부합되게 개발 및 활용되어야 하며 그 과정도 윤리적이어야 한다.
- 인류의 삶과 번영을 위한 인공지능 개발 및 활용을 장려하여 진흥해야 한다.

출처: 과학기술정보통신부(2020).

② 10대 핵심요건

3대 기본원칙을 실천하고 이행할 수 있도록 인공지능 전체 생명 주기에 걸쳐 충족되어야 하는 열 가지 핵심 요건을 제시한다.

① 인권보장
- 인공지능의 개발과 활용은 모든 인간에게 동등하게 부여된 권리를 존중하고, 다양한 민주적 가치와 국제 인권법 등에 명시된 권리를 보장하여야 한다.
- 인공지능의 개발과 활용은 인간의 권리와 자유를 침해해서는 안 된다.

② 프라이버시 보호
- 인공지능을 개발하고 활용하는 전 과정에서 개인의 프라이버시를 보호해야 한다.
- 인공지능 전 생애주기에 걸쳐 개인 정보의 오용을 최소화하도록 노력해야 한다.

③ 다양성 존중
- 인공지능 개발 및 활용 전 단계에서 사용자의 다양성과 대표성을 반영해야 하며, 성별·연령·장애·지역·인종·종교·국가 등 개인 특성에 따른 편향과 차별을 최소화하고, 상용화된 인공지능은 모든 사람에게 공정하게 적용되어야 한다.
- 사회적 약자 및 취약 계층의 인공지능 기술 및 서비스에 대한 접근성을 보장하고, 인공지능이 주는 혜택은 특정 집단이 아닌 모든 사람에게 골고루 분배되도록 노력해야 한다.

④ 침해금지

- 인공지능을 인간에게 직간접적인 해를 입히는 목적으로 활용해서는 안 된다.
- 인공지능이 야기할 수 있는 위험과 부정적 결과에 대응 방안을 마련하도록 노력해야 한다.

⑤ 공공성

- 인공지능은 개인적 행복 추구뿐만 아니라 사회적 공공성 증진과 인류의 공동 이익을 위해 활용해야 한다.
- 인공지능은 긍정적 사회변화를 이끄는 방향으로 활용되어야 한다.
- 인공지능의 순기능을 극대화하고 역기능을 최소화하기 위한 교육을 다방면으로 시행하여야 한다.

⑥ 연대성

- 다양한 집단 간의 관계 연대성을 유지하고, 미래세대를 충분히 배려하여 인공지능을 활용해야 한다.
- 인공지능 전 주기에 걸쳐 다양한 주체들의 공정한 참여 기회를 보장하여야 한다.
- 윤리적 인공지능의 개발 및 활용에 국제사회가 협력하도록 노력해야 한다.

⑦ 데이터 관리

- 개인정보 등 각각의 데이터를 그 목적에 부합하도록 활용하고, 목적 외 용도로 활용하지 않아야 한다.
- 데이터 수집과 활용의 전 과정에서 데이터 편향성이 최소화되도록 데이터 품질과 위험을 관리해야 한다.

⑧ 책임성

- 인공지능 개발 및 활용과정에서 책임주체를 설정함으로써 발생할 수 있는 피해를 최소화하도록 노력해야 한다.
- 인공지능 설계 및 개발자, 서비스 제공자, 사용자 간의 책임소재를 명확히 해야 한다.

⑨ 안전성

- 인공지능 개발 및 활용 전 과정에 걸쳐 잠재적 위험을 방지하고 안전을 보장할 수 있도록 노력해야 한다.
- 인공지능 활용 과정에서 명백한 오류 또는 침해가 발생할 때 사용자가 그 작동을 제어할 수 있는 기능을 갖추도록 노력해야 한다.

⑩ 투명성

- 사회적 신뢰 형성을 위해 타 원칙과의 상충관계를 고려하여 인공지능 활용 상황에 적합한 수준의 투명성과 설명 가능성을 높이려는 노력을 기울여야 한다.
- 인공지능기반 제품이나 서비스를 제공할 때 인공지능의 활용 내용과 활용 과정에서 발생할 수 있는 위험 등의 유의사항을 사전에 고지해야 한다.

출처: 과학기술정보통신부(2020).

CHAPTER 03

데이터 플랫폼의 활용

데이터 플랫폼의 활용

1 빅데이터의 활용

빅데이터에 기반한 정보화 사회의 등장을 촉발하고 지속할 수 있는 대표적 환경이 바로 플랫폼이다. 플랫폼(Platform)은 다양한 개발자와 사용자들이 유기적으로 연결되어 서로 다른 데이터와 기능을 제공하면서 상호작용할 수 있는 인터페이스나 API를 제공하는 환경을 의미한다. 여기서 API(Application Programming Interface)란 한 프로그램에서 다른 프로그램으로 데이터를 주고받기 위한 방법을 의미한다. 플랫폼은 이러한 기능들을 효율적으로 관리하고 실행하기 위한 시스템을 구성하여, 개발자들이 자신들의 애플리케이션과 서비스를 쉽게 배포하고, 홍보하고, 수익을 창출할 수 있도록 지원한다. 그렇기 때문에, 개발자나 사용자들이 플랫폼을 기반으로 자신들의 애플리케이션, 서비스, 제품 등을 제작, 배포, 활용할 수 있다. 플랫폼은 그 목적과 기능에 따라 다양한 종류가 있다. 대표적인 예로는 페이스북과 같은 소셜미디어 플랫폼, 아마존과 같은 쇼핑 플랫폼, 구글과 같은 검색 플랫폼, 그리고 애플과 같은 모바일 플랫폼을 들 수 있다. 페이스북은 사용자들 간의 소통과 정보 공유를 가능하게 하며, 아마존은 전 세계 사용자들이 다양한 상품을 구매할 수 있는 환경을 제공한다. 구글은 방대한 양의 정보를 쉽게 검색할 수 있게 해주고, 애플은 모바일 생태계 전반을 지원하는 플랫폼으로 자리 잡고 있다.

정보화 사회에서 플랫폼은 단순히 기술적인 도구에 그치지 않고, 다양한 사회적, 경제적 활동을 가능하게 하는 중요한 기반이다. 이를 통해 사람들은 효율적으로 협력하고, 다양한 분야에서 혁신을 이끌어낼 수 있다. 특히, 플랫폼은 빅데이터, 인공지능, 사물인터넷(IoT) 등 4차 산업혁명의 주요 기술들과 결합하여 새로운 비즈니스 모델과 산업을 창출하는 핵심 역할을 하고 있다. 결국, 플랫폼은 정보화 사회에서 디지털 혁신을 촉진하는 중요한 요소가 된다. 이러한 플랫폼의 원리와 구조를 이해하고, 이를 효과적으로 활용하는 역량을 갖추는 것은 미래 사회에서 성공하는 데 큰 도움이 될 것이다. 플랫폼에서 활용되는 빅데이터의 핵심기술에는 다음과 같은 것들이 있다(박휴용, 2023).

(1) 강화된 메시징 플랫폼(Enhanced Messaging Platform)

강화된 메시징 플랫폼은 기본적인 텍스트 메시징 기능을 넘어서 다양한 기능과 서비스를 제공하는 통합된 커뮤니케이션 플랫폼을 말한다. 이러한 플랫폼은 사용자들이 메시지를 주고받을 뿐만 아니라, 파일 공유, 음성 및 영상 통화, 그룹 채팅, 위치 공유, 스티커 및 이모티콘 사용 등 다양한 기능을 활용할 수 있게 해준다. 아울러 강화된 메시징 플랫폼은 아래와 같은 추가 기능을 제공할 수 있다.

① **봇(Bot) 및 인공지능(AI) 지원**: 플랫폼 내에서 사용자 질문에 응답하거나, 정보를 검색하고, 일정을 관리하는 등의 업무를 수행하는 봇이나 인공지능을 통합해준다.

② **암호화**: 사용자 간의 통신을 보호하기 위해 암호화 기술을 적용하여 정보를 안전하게 전송한다.

③ **비즈니스 기능**: 기업이나 단체들이 고객과 소통하고, 프로모션 및 마케팅 활동을 수행할 수 있는 기능을 제공한다.

④ **개발자 도구 및 API**: 개발자들이 플랫폼 위에 새로운 기능이나 서비스를 구축하고, 다른 애플리케이션과 연동할 수 있도록 API를 제공한다.

⑤ **다중 플랫폼 지원**: 웹, 모바일, 데스크톱 등 다양한 환경에서 사용할 수 있는 애플리케이션을 제공하여 사용자들이 언제 어디서든 소통할 수 있도록 해준다.

강화된 메시징 플랫폼의 예로는 WhatsApp, Telegram, WeChat, Line, Facebook Messenger 등이 있는데, 이러한 플랫폼은 사용자들이 편리하게 소통하고 정보를 공유할 수 있도록 도움을 주며, 기업들이 고객과의 관계를 강화하고 비즈니스 성장을 촉진하는 데 기여한다.

(2) 스트림 처리 플랫폼(Stream Processing Platform)

스트림 처리 플랫폼은 실시간으로 생성되고 전송되는 데이터 스트림을 연속적으로 처리, 분석, 저장하는 소프트웨어 또는 기술이다. 스트림 처리는 대량의 데이터를 효율적으로 처리하기 위해 사용되며, 다음과 같은 기능을 제공한다.

① **실시간 데이터 처리**: 데이터가 생성되는 즉시 처리하고 분석하여 사용자에게 즉각적인 피드백을 제공해 주므로, 의사결정 속도가 빨라질 수 있다.

② **데이터 파이프라인 구축**: 데이터를 수집, 전처리, 처리, 저장, 시각화하는 과정을 자동화하여 데이터 파이프라인을 구축한다.

③ **병렬 처리 및 분산 처리**: 여러 작업을 동시에 처리하거나, 데이터를 여러 노드에 분산 처리하여 처리 성능을 향상시킨다.

④ **확장성**: 시스템의 규모를 쉽게 확장할 수 있도록 지원하여 데이터 처리량이 증가하더라도 성능이 유지될 수 있게 한다.

⑤ **높은 융통성**: 장애가 발생했을 때 자동으로 복구하거나, 데이터를 여러 위치에 복제하여 시스템의 안정성을 높인다.

이러한 스트림 처리 플랫폼에는 Apache Kafka, Apache Flink, Apache Samza, Apache Storm 등이 대표적인데, 다음과 같은 다양한 산업 및 응용 분야에서 활용된다.

① **금융**: 주식 거래, 실시간 거래 데이터 분석, 거래 위험 관리 등을 보조한다.

② **사물인터넷(IoT)**: 센서 데이터를 실시간으로 처리하여, 기기 상태 모니터링, 빌딩 자동화, 스마트 시티 관리 등에 사용된다.

③ **로그 분석**: 서버나 애플리케이션 로그를 실시간으로 분석하여, 성능 문제나 보안 위협을 감지하고 대응해 준다.

④ **소셜미디어 분석**: 실시간으로 소셜미디어 데이터를 분석하여, 트렌드를 파악하고 마케팅 전략을 개발한다.

(3) 상황추론 플랫폼(Situation Inference Platform)

상황추론 플랫폼은 주어진 데이터, 텍스트 또는 다양한 입력을 기반으로 현재 상황을 이해하고 예측하는 소프트웨어 또는 기술이다. 이러한 플랫폼은 인공지능, 머신러닝, 자연어처리, 컴퓨터 비전, 데이터 분석 및 기타 기술들을 활용하여 상황에 대한 정보를 추출하고, 분석한 결과를 사용하여 미래의 상황이나 결과를 예측해 준다. 상황추론 플랫폼은 데이터를 기반으로 한 의사결정을 돕기 위해 고급 분석 기능을 제공하며, 기업과 단체들이 더 효율적이고 효과적인 결정을 내리는 데 도움을 주는데, 다음과 같은 다양한 산업 및 응용 분야에서 활용될 수 있다.

① **교통 및 모빌리티**: 교통 흐름을 이해하고 교통 체증을 예측하거나, 교통사고 위험을 평가해 준다.

② **스마트 시티**: 도시의 에너지 소비, 폐기물 관리, 인프라 관리 등을 효율적으로 관리하기 위해 도시의 상황을 이해하고 개선 방안을 제안해 준다.

③ **금융**: 주식 시장의 트렌드를 분석하고 향후 주가 움직임을 예측하는 데 사용된다.

④ **의료**: 환자 데이터와 의료 기록을 분석하여 질병 발병률을 예측하거나, 적절한 치료 방법을 추천해 준다.

⑤ **소셜미디어 분석**: 소셜미디어 플랫폼에서 발생하는 트렌드와 이슈를 감지하고, 마케팅 전략을 개발하는 데 도움을 준다.

2 AI Hub

https://aihub.or.kr

AI Hub는 AI 기술 및 제품·서비스 개발에 필요한 AI 인프라(AI 데이터, AI SW API, 컴퓨팅 자원)를 지원함으로써 누구나 활용하고 참여하는 AI 통합 플랫폼이다. AI 허브의 사용자를 위해 개발 및 활용을 위한 인프라 서비스와 AI 활성화를 위한 서비스를 제공하고 있다.

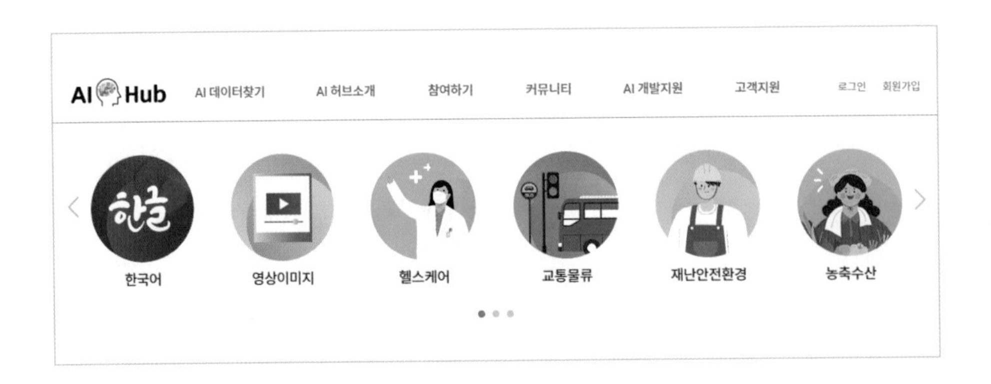

AI Hub는 AI 학습용 데이터 구축과 확산을 위한 정부 사업으로 AI 기술 개발과 서비스 제공에 필수적으로 필요한 AI 데이터와 SW, 컴퓨팅자원, 정보 등을 제공하는 목적으로 구축되었다. AI 기술 및 제품과 서비스 개발에 필요한 인프라인 AI 데이터, AI SW, API 등 관련 코드, 컴퓨팅 자원(클라우드 및 GPU 등)을 지원함으로써 AI 관련 연구자 및 산업계의 개발자들이 편리하게 AI 데이터를 활용할 수 있도록 지원하는 통합 플랫폼이다. AI Hub에서는 학습용 데이터 구축 사업을 통해 제작한 AI 학습용 데이터를 공개하고 있다. 국내 중소벤처기업, 연구소, 개인 등이 높은 비용과 투입시간으로 인해 자체적으로 확보하기 어려운 양질의 대용량 AI 학습용 데이터를 구축하고 공개한다. 최종적으로는 인공지능 산업 강국을 실현하기 위해 AI 데이터 기반을 조성하고 누구나 활용가능한 AI 데이터 활용 인프라 구축을 비전으로 국가 지능정보 데이터 인프라 구축을 목표로 하고 있다.

AI 허브소개 ▶ AI 허브란?

- 개발 및 활용을 위한 인프라 서비스

출처: https://aihub.or.kr

• AI 활성화를 위한 서비스

AI HUB MAGAZINE
AI 허브 오픈 API
AI 허브에서 제공하고 있는 인공지능 학습용 데이터를 API를 통해 다운로드 받을 수 있습니다.
AI 허브 Shell 바로가기
교육정보
다양한 교육정보를 수준별, 유형별, 연도별로 제공합니다.
교육정보 바로가기
AI 트랜드
AI-Hub에서 데이터 관련 소식과 국내외 지능데이터 구축, 개방, 유통 및 활성화 관련 최신 동향 자료를 제공합니다.
AI 트랜드 바로가기

AI 데이터찾기 ▶ 데이터찾기

- 분야별 보기에서 관심 분야를 ☑ 한다.
- 데이터 유형 보기에서 필요한 데이터 유형을 ☑ 한다.
- 구축년도별 보기에서 원하는 시기의 연도를 ☑ 한다.

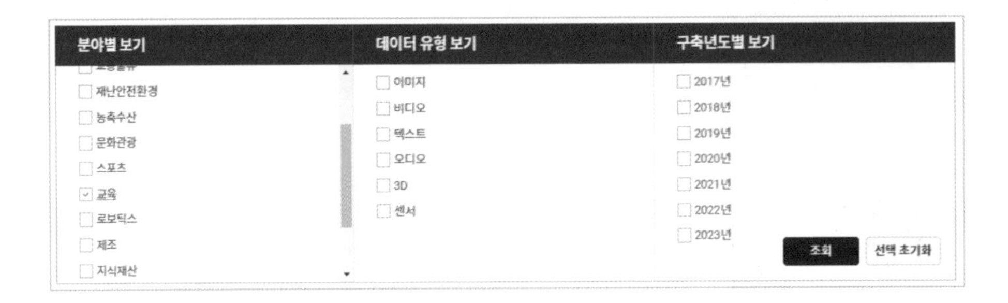

Tip 편리하게 데이터셋 활용하기

데이터셋의 원활한 활용을 위해서는 포털에 회원가입을 해야 한다. 사용할 데이터를 신청할 때마다 약관 동의에 따른 일종의 사용권 계약을 수락하게 되므로 반드시 라이선스의 범위 내에서만 데이터를 활용해야 한다.

체크한(☑ 교육) 데이터 중 관심 주제를 선택한다.

[인공지능기반 학생 진로탐색을 위한 상담 데이터 구축]을 선택한다.

소개 하위메뉴에 데이터 개요, 메타데이터 구조표, 데이터 통계, 교육활용 동영상, 저작도구, 활용 AI모델 및 코드, 데이터 성능 지표, 어노테이션 포맷 및 데이터 구조, 구축 업체가 제시되어 있다.

※ 내국인만 데이터 신청이 가능합니다.

문의하기 목록

데이터 개요

메타데이터 구조표

데이터 통계

교육활용 동영상

저작도구

활용 AI 모델 및 코드

데이터 성능 지표

어노테이션 포맷 및 데이터 구조

구축 업체

목록

파일목록(API 다운로드)에서는 파일을 받을 수 있다.

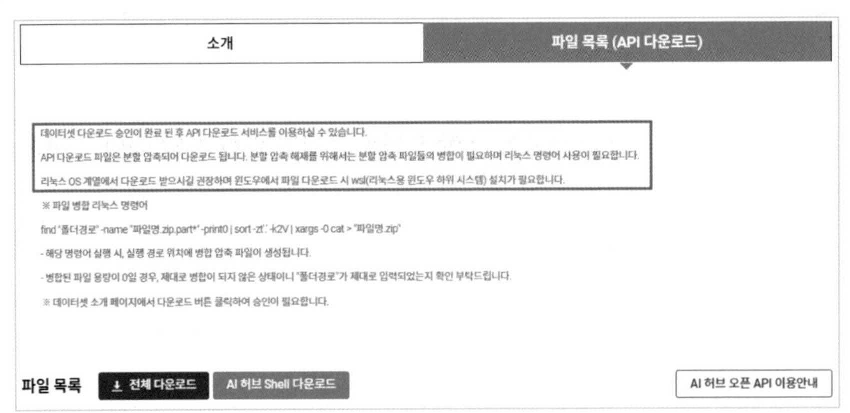

소개
파일 목록 (API 다운로드)
데이터셋 다운로드 승인이 완료 된 후 API 다운로드 서비스를 이용하실 수 있습니다.
API 다운로드 파일은 분할 압축되어 다운로드 됩니다. 분할 압축 해제를 위해서는 분할 압축 파일들의 병합이 필요하며 리눅스 명령어 사용이 필요합니다.
리눅스 OS 계열에서 다운로드 받으시길 권장하며 윈도우에서 파일 다운로드 시 wsl(리눅스용 윈도우 하위 시스템) 설치가 필요합니다.
※ 파일 병합 리눅스 명령어
find "폴더경로" -name "파일명.zip.part*" -print0 | sort -zt'.' -k2V | xargs -0 cat > "파일명.zip"
- 해당 명령어 실행 시, 실행 경로 위치에 병합 압축 파일이 생성됩니다.
- 병합된 파일 용량이 0일 경우, 제대로 병합이 되지 않은 상태이니 "폴더경로"가 제대로 입력되었는지 확인 부탁드립니다.
※ 데이터셋 소개 페이지에서 다운로드 버튼 클릭하여 승인이 필요합니다.
파일 목록
전체 다운로드
AI 허브 Shell 다운로드
AI 허브 오픈 API 이용안내

API를 다운로드 하기 전 ☐ 내용을 확인해야 한다.

- 데이터셋 다운로드 승인이 완료된 후 API 다운로드 서비스를 이용하실 수 있습니다.
- API 다운로드 파일은 분할 압축되어 다운로드 됩니다. 분할 압축 해제를 위해서는 분할 압축 파일들의 병합이 필요하며 리눅스 명령어 사용이 필요합니다.
- 리눅스 OS 계열에서 다운로드 받으시길 권장하며 윈도우에서 파일 다운로드 시 wsl(리눅스용 윈도우 하위 시스템) 설치가 필요합니다.

AI 데이터찾기 ▶ 외부데이터

외부테이터에는 외부데이터와 외부기관데이터로 구성되어 있으며 외부데이터에서는 분야별 빅데이터 플랫폼을 소개하고 있어 유용한 정보를 제공받을 수 있다. 현재 소개되는 외부데이터는 24개이며 해당 기관에서 관리하고 있다.

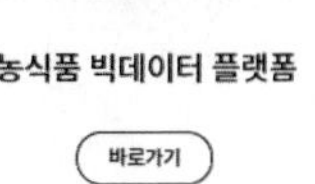

산림 빅데이터 플랫폼

바로가기

지역경제 빅데이터 플랫폼

바로가기

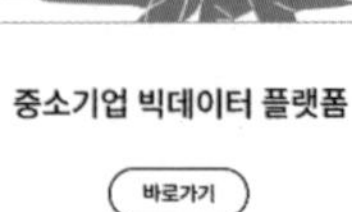

중소기업 빅데이터 플랫폼

바로가기

금융 빅데이터 플랫폼

바로가기

환경 빅데이터 플랫폼

바로가기

교통 빅데이터 플랫폼

바로가기

헬스케어 빅데이터 플랫폼

바로가기

유통 빅데이터 플랫폼

바로가기

통신 빅데이터 플랫폼

바로가기

문화 빅데이터 플랫폼

바로가기

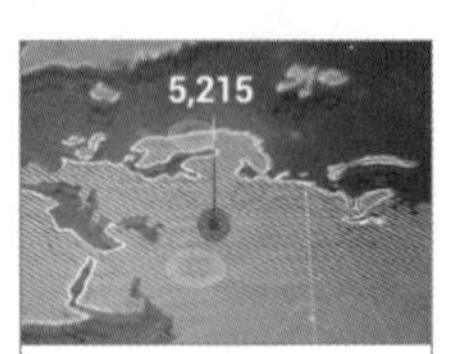

통합 데이터 지도

바로가기

모두의 말뭉치

바로가기

스마트팜코리아

바로가기

인공지능 중소벤처
제조플랫폼

바로가기

서울시 열린데이터 광장

바로가기

한국전자통신연구원(ETRI)
고령자 일상행동 영상 및..

바로가기

AI 데이터찾기 ▶ 외부기관데이터

외부기관데이터에서는 61건의 데이터셋을 제공하고 있고, 데이터 다운로드는 PC에서만 가능하다.

참여하기 ▶ 이벤트

데이터 다운로드 이벤트를 통해 빅데이터 활용 활성화를 도모하고 있다.

2024 AI허브 데이터 다운로드 이벤트 2차

이벤트 기간 : 2024년 08월 23일 ~ 2024년 09월 02일

2024 AI허브 데이터 다운로드 이벤트 1차

이벤트 기간 : 2024년 07월 15일 ~ 2024년 07월 26일

AI 허브 리뉴얼 오픈 기념 데이터 다운로드 이벤트

이벤트 기간 : 2023년 11월 13일 ~ 2023년 11월 30일

AI 허브 개방 인공지능 학습용 데이터 다운로드 이벤트

이벤트 기간 : 2023년 09월 11일 ~ 2023년 09월 30일

AI허브 Beta 개방 인공지능 학습용 데이터 다운로드 이벤트

이벤트 기간 : 2023년 08월 07일 ~ 2023년 08월 31일

AI허브 데이터 다운로드 이벤트

이벤트 기간 : 2023년 06월 26일 ~ 2023년 07월 07일

커뮤니티 ▶ 활용성과 우수사례

데이터셋 활용성과 우수사례를 소개함으로써 다양한 분야에서 데이터 기반의 효율성과 혁신을 촉진하는 데 큰 도움을 준다.

장애인의 대화 장벽, 수어 번역 시스템으로 허문다

등록일	2023-09-21
조회수	281

[심심이(주)] '나쁜 말 탐지' 고도화..AI의 비속어 사용 막는다

등록일	2023-09-20
조회수	163
첨부파일	

심심이

대표자 : 최정회

직원수 : 20명

주소 : 서울 강남구 테헤란로78기 14-14, 제나빌딩 6층

기업소개 : 스마트폰 애플리케이션 개발 및 서비스 기업

- 2021년 '윤리적 인공지능을 위한 비도덕 문장 판별 온톨로지 구축에 대한 연구' 논문을 인공지능인문학연구(JAIH)학술지에 게재
- 2021년 'A Study on the categories and characteristics of depressive moods in chatbot data(한국정보처리학회:학술대회논문집)' 등 2편, 2022년에는 '대조 학습을 통한 혐오 표현 탐지 기법(한국정보과학회 학술발표논문집)' 등 3편의 논문을 발표
- 2022년 10월 한국지능정보사회진흥원(NIA) 원장상에 추천

03 심심이(주)

대표자	최정회
직원수	20명
주소	서울 강남구 테헤란로78길 14-14, 제나빌딩 6층
기업소개	스마트폰 애플리케이션 개발 및 서비스 기업

주요성과

- 2021년 '윤리적 인공지능을 위한 비도덕 문장 판별 온톨로지 구축에 대한 연구' 논문을 인공지능인문학연구(JAIH)학술지에 게재
- 2021년 'A Study on the categories and characteristics of depressive moods in chatbot data(한국정보처리학회:학술대회논문집)' 등 2편, 2022년에는 '대조 학습을 통한 혐오 표현 탐지 기법(한국정보과학회 학술발표논문집)' 등 3편의 논문을 발표

[네이버] '하이퍼클로바' 모델 학습 활용 사례 - 감성 대화 데이터 열공..사람을 위로합니다

등록일	2023-09-19
조회수	142
첨부파일	

"감성 대화 데이터 열공..사람을 위로합니다"

네이버 '하이퍼클로바' 모델 학습 활용 사례

분야: 한국어

유형: 텍스트

활용 데이터명: 감성 대화 말뭉치, 콜센터 질의-응답 데이터, 상담 음성 데이터 등

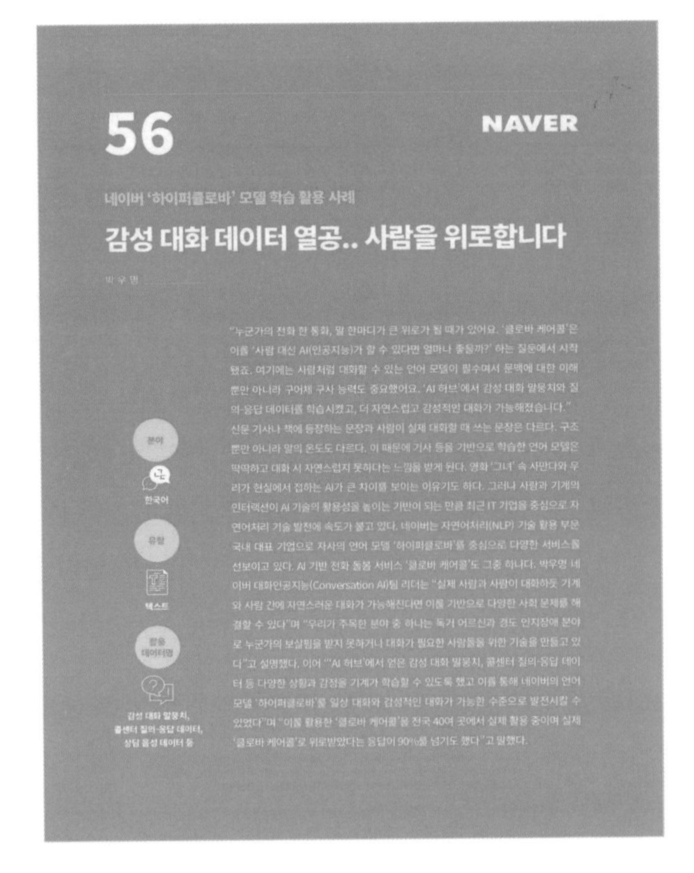

56

NAVER

네이버 '하이퍼클로바' 모델 학습 활용 사례

감성 대화 데이터 열공.. 사람을 위로합니다

박우명

분야: 한국어

유형: 텍스트

활용 데이터명: 감성 대화 말뭉치, 콜센터 질의-응답 데이터, 상담 음성 데이터 등

"누군가의 전화 한 통화, 말 한마디가 큰 위로가 될 때가 있어요. '클로바 케어콜'은 이를 '사람 대신 AI(인공지능)가 할 수 있다면 얼마나 좋을까?' 하는 질문에서 시작됐죠. 여기에는 사람처럼 대화할 수 있는 언어 모델이 필수여서 문맥에 대한 이해뿐만 아니라 구어체 구사 능력도 중요했어요. 'AI 허브'에서 감성 대화 말뭉치와 질의-응답 데이터를 학습시켰고, 더 자연스럽고 감성적인 대화가 가능해졌습니다."

신문 기사나 책에 등장하는 문장과 사람이 실제 대화할 때 쓰는 문장은 다르다. 구조뿐만 아니라 말의 온도도 다르다. 이 때문에 기사 등을 기반으로 학습한 언어 모델은 딱딱하고 대화 시 자연스럽지 못하다는 느낌을 받게 된다. 영화 '그녀' 속 사만다와 우리가 현실에서 접하는 AI가 큰 차이를 보이는 이유기도 하다. 그러나 사람과 기계의 인터랙션이 AI 기술의 활용성을 높이는 기반이 되는 만큼 최근 IT 기업을 중심으로 자연어처리 기술 발전에 속도가 붙고 있다. 네이버는 자연어처리(NLP) 기술 활용 부문 국내 대표 기업으로 자사의 언어 모델 '하이퍼클로바'를 중심으로 다양한 서비스를 선보이고 있다. AI 기반 전화 돌봄 서비스 '클로바 케어콜'도 그중 하나다. 박우명 네이버 대화인공지능(Conversation AI)팀 리더는 "실제 사람과 사람이 대화하듯 기계와 사람 간에 자연스러운 대화가 가능해진다면 이를 기반으로 다양한 사회 문제를 해결할 수 있다"며 "우리가 주목한 분야 중 하나는 독거 어르신과 경도 인지장애 분야로 누군가의 보살핌을 받지 못하거나 대화가 필요한 사람들을 위한 기술을 만들고 있다"고 설명했다. 이어 "'AI 허브'에서 얻은 감성 대화 말뭉치, 콜센터 질의-응답 데이터 등 다양한 상황과 감정을 기계가 학습할 수 있도록 했고 이를 통해 네이버의 언어 모델 '하이퍼클로바'를 일상 대화와 감성적인 대화가 가능한 수준으로 발전시킬 수 있었다"며 "이를 활용한 '클로바 케어콜'을 전국 40여 곳에서 실제 활용 중이며 실제 '클로바 케어콜'로 위로받았다는 응답이 90%를 넘기도 했다"고 말했다.

3 공공데이터포털

DATA 공공데이터포털 .GO . KR

https://www.data.go.kr

공공데이터 소개 [홈 ▶ 이용안내 ▶ 공공데이터 이용가이드]

공공데이터란 공공기관이 만들어내는 모든 자료나 정보, 국민 모두의 소통과 협력을 이끌어내는 공적인 정보를 말한다. 각 공공기관이 보유한 공공데이터 목록과 국민에게 개방할 수 있는 공공데이터를 포털에 등록하면 모두가 공유할 수 있는 양질의 공공데이터로 재탄생하게 된다.

Tip 누구나 이용가능해요!

포털(공공데이터포털)이란 각 공공기관이 보유하고 있는 공공데이터를 하나로 통합 관리하는 창구 역할을 합니다. 국민에게 개방할 공공데이터가 모두 모여 있는 공간으로 누구나 공공데이터포털을 이용할 수 있습니다.

공공데이터 목록

공공데이터를 활용해 창업을 고민하고 있다면 공공데이터 목록에서 개방 가능한 공공데이터를 손쉽게 찾아볼 수 있다. 종류별, 내용별로 창업 비즈니스 모델에 활용할 수 있는 공공데이터 검색이 가능하다.

Tip 검색하려면?

하나! 공공데이터 목록은 데이터 명칭, 키워드, 설명 등을 포함해 검색해보세요.
둘! 공공데이터 포털 '데이터목록' 메뉴에 들어간 뒤 필요한 데이터 유형별, 기관별로 자유롭게 검색해 보세요.

공공데이터 검색 안내 [홈 ▶ 이용안내 ▶ 공공데이터 이용가이드]

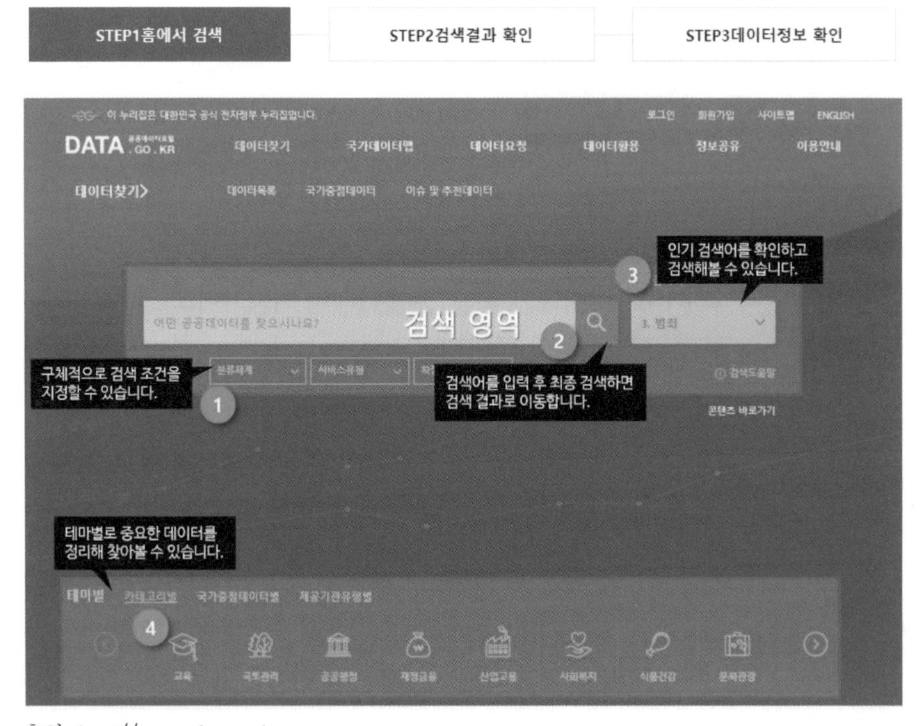

출처: http://www.data.go.kr

① 구체적으로 검색조건을 지정할 수 있다.

② 검색어를 입력 후 최종 검색하면 검색결과로 이동한다.

③ 인기 검색어를 확인하고 검색해볼 수 있다.

④ 테마별로 중요한 데이터를 정리해 찾아볼 수 있다.

① 검색 조건의 검색 결과를 표시하는 화면이다.

② 데이터목록 화면에서는 사용자가 검색조건을 추가 또는 변경하여 새로운 검색결과를 확인할 수 있다.

③ 원하는 데이터를 찾았다면 데이터목록명을 클릭한다.

④ 파일데이터와 오픈API에 대해 미리보기 팝업을 지원한다.

① 데이터목록 상세화면에서 정보 확인 및 다운로드가 가능하다.

② 데이터의 제공 형태에 따라 정보를 제공받을 수 있다.

③ 현재 게시글을 SNS서비스로 공유할 수 있다.

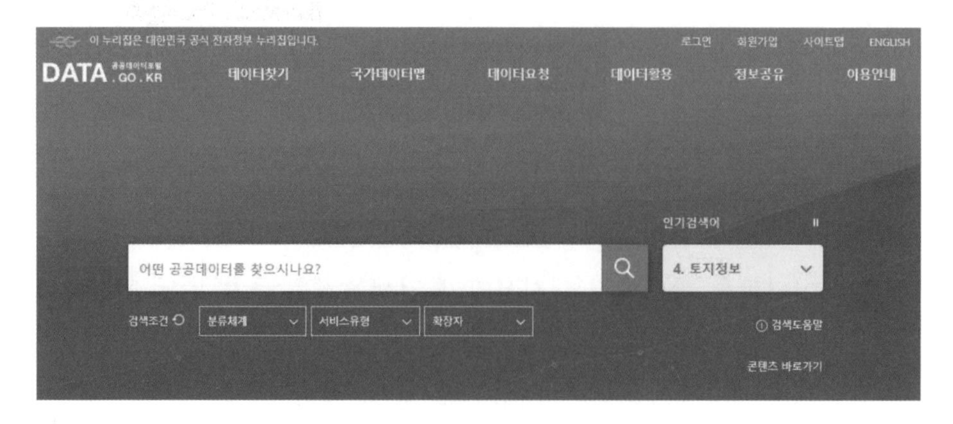

• 첫 화면은 [데이터찾기], [국가데이터맵], [데이터요청], [데이터활용], [정보공유], [이용안내]의 메뉴로 구성되어 있다.

- [데이터찾기]는 데이터 목록, 국가중점데이터, 이슈 및 추천데이터로 구성되어 있다.

홈 ▶ 데이터찾기 ▶ 데이터목록

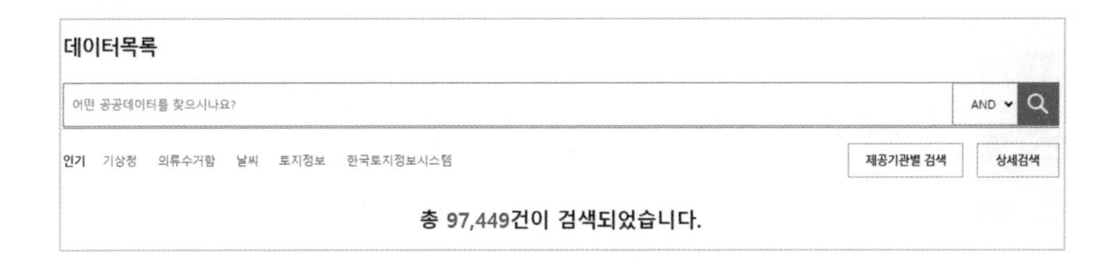

- 자세하게 검색하고 싶다면 아래 조건 검색에서 [조건열기]를 클릭한다.

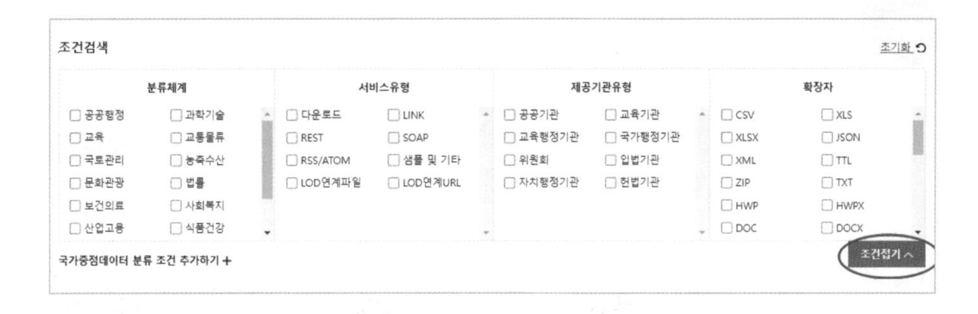

홈 ▶ 데이터찾기 ▶ 국가중점데이터

- 국민, 기업 등 수요 중심으로 개방의 효과성, 시급성 등이 높은 분야를 선정하고 민간에서 활용하기 용이한 형태로 정제, 가공하여 개방된 양질의 대용량 데이터를 제공한다.

분야별	☐ 전체	☐ 공공행정	☐ 과학기술	☐ 교육
	☐ 교통물류	☐ 국토관리	☐ 농축수산	☐ 문화관광
	☐ 법률	☐ 보건의료	☐ 사회복지	☐ 산업고용
	☐ 식품건강	☐ 재난안전	☐ 재정금융	☐ 통일외교안보
	☐ 환경기상			
기관명	☐ 전체	☐ (재)세종테크노파크	☐ (주)에스알	88개

검색 초기화

정보명, 기관명 입력 | 검색

- 분야별 검색으로 관심 영역의 데이터를 활용할 수 있다.

홈 ▶ 데이터찾기 ▶ 이슈 및 추천데이터

- 사회 현안별 공공데이터 및 공공데이터포털에서 추천하는 데이터를 확인할 수 있다.

- 연도별 공공데이터 활용신청 TOP 10을 통해 이슈를 확인할 수 있다.

- 사회 현안별 공공데이터 및 공공데이터포털에서 추천하는 데이터를 확인할 수 있다.

• □와 같이 검색어 입력을 통해 데이터를 확인할 수도 있고, 아래 이미지와 주제를 통해 주제별 추천데이터를 바로 확인해 볼 수 있다.

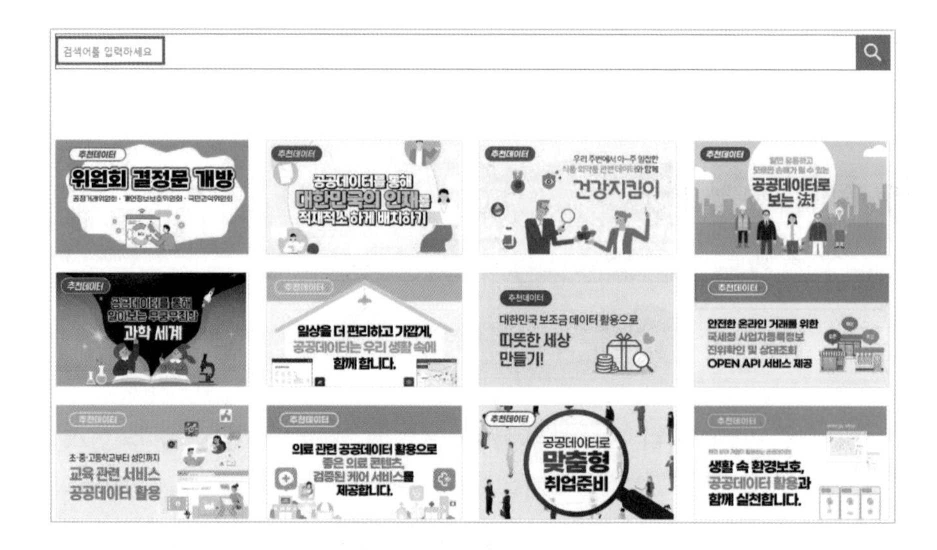

• [데이터활용]에서는 공공데이터 시각화, 국민참여지도, 위치정보 시각화를 제공하여 데이터 시각화를 통해 숨겨진 패턴이나 트렌드를 발견할 수 있다.

홈 ▶ 데이터활용 ▶ 공공데이터 시각화

• 공공데이터를 활용하여 다양한 시각화 차트를 만들어 공유할 수 있다.

홈 ▶ 데이터활용 ▶ 국민참여지도

• 주제에 맞춰 공유하고 싶은 토픽을 지도에 표시하고 공유할 수 있다.

(검색 예시) 문화축제를 클릭한다.

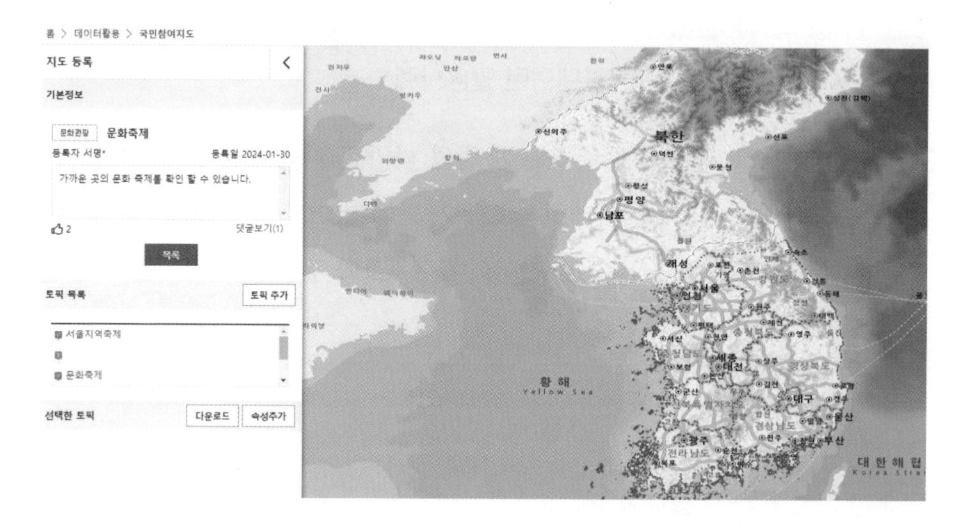

◔ 토픽 목록에서 제주도 문화축제를 클릭한다.

지도에 제주도 문화축제 아이콘이 표시되고, 원하는 곳을 클릭하면 정보를 볼 수 있다.

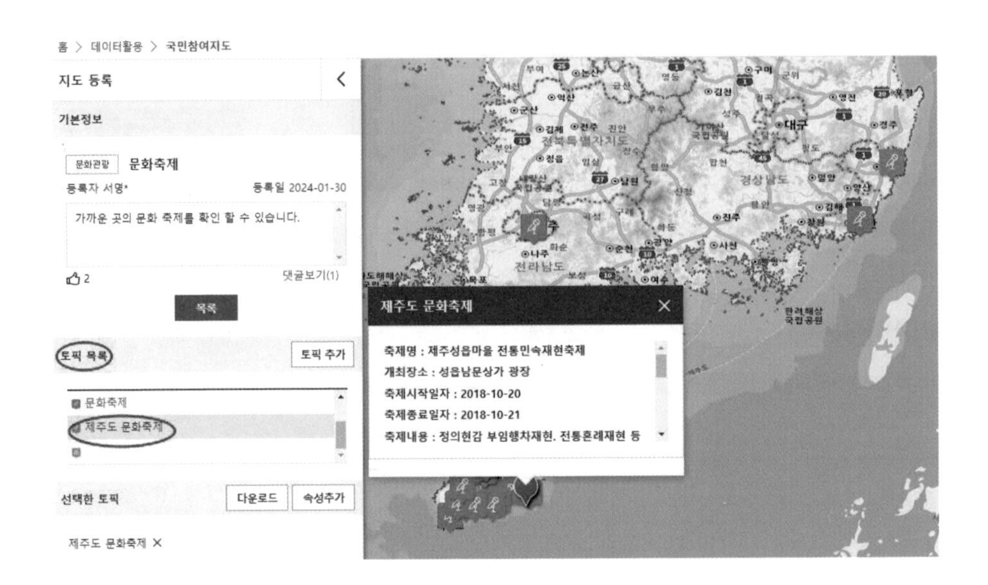

홈 ▶ 데이터활용 ▶ 공공데이터 활용사례

공공데이터를 활용하여 개발된 국내외 다양한 사례와 가공데이터를 공유하는 공간이다. 16개의 카테고리로 분류되어 있어 관심 영역을 선택하여 검색할 수도 있고, 제공되는 총 데이터에서 ⬭와 같이 카테고리를 확인할 수 있다.

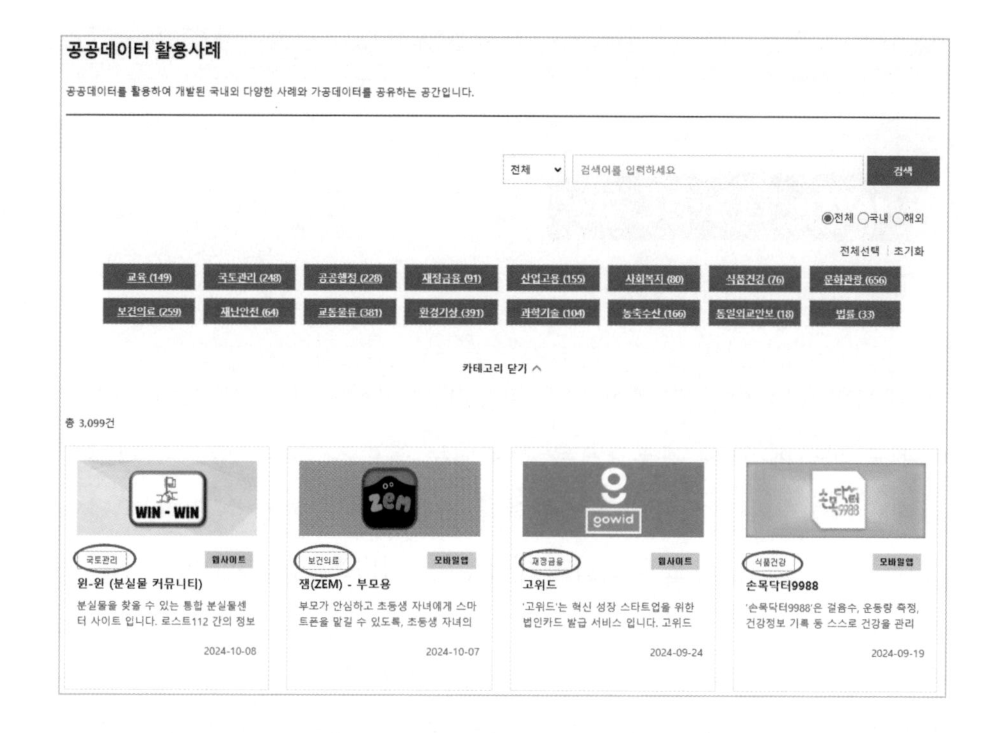

홈 ▶ 데이터활용 ▶ 공공데이터 우수사례

- 공공데이터를 창업경진대회, 오픈데이터포럼 해커톤, 청년인턴십 해커톤, 데이터 분석 공모전, 활용기업 사례를 제공하고 있다.

4 네이버 데이터랩

NAVER DataLab.

http://datalab.naver.com

네이버 데이터랩은 네이버가 제공하는 빅데이터 분석 서비스이다. 트렌드 파악에 가장 기본적으로 사용되는 툴이라 할 수 있으며 다양한 트렌드 데이터와 통계 정보를 간단하게 분석 및 시각화할 수 있다. 온라인 셀러, 브랜드 판매자, 쇼핑몰 MD, 마케팅 등 커머스 영역뿐만 아니라 많은 영역에서 널리 쓰이고 있다. 네이버가 일반에게 제공하는 데이터랩 서비스로, 2016년 1월 14일 오픈했다. 2007년 1월부터 지금까지의 검색량을 모아 놓은 빅데이터를 일반에게 제공해 쉽게 비교/분석할 수 있으며, 통계청, 공공데이터 등 13만 건의 자료도 쉽게 찾아볼 수 있다. 이용자는 이를 통해 최장 10년간 해당 검색어의 트렌드를 쉽게 찾아볼 수 있는데, 예를 들자면 나무위키와 리그베다 위키, 그리고 위키백과의 최근 3년간 네이버 통합 검색 빈도를 분석해 국내 위키위키의 트렌드를 알아볼 수도 있다.

네이버 데이터랩 ▶ 검색어 트렌드

모바일 및 PC에서 네이버 통합검색 및 네이버쇼핑 서비스 검색을 통해 검색된 검색어와 검색 횟수를 일간/주간/월간 단위로 추이를 확인할 수 있는 기능이다.

검색어트렌드 네이버통합검색에서 특정 검색어가 얼마나 많이 검색되었는지 확인해보세요. 검색어를 기간별/연령별/성별로 조회할 수 있습니다.

궁금한 주제어를 설정하고, 하위 주제어에 해당하는 검색어를 콤마(,)로 구분입력해 주세요. 입력한 단어의 추이를 하나로 합산하여 해당 주제가 네이버에서 얼마나 검색되는지 조회할 수 있습니다. 예) 주제어 캠핑 : 캠핑, Camping, 캠핑용품, 겨울캠핑, 캠핑장, 글램핑, 오토캠핑, 캠핑카, 텐트, 캠핑요리

주제어1 주제어 1 입력 주제어 1에 해당하는 모든 검색어를 컴마(,)로 구분하여 최대 20개까지 입력

주제어2 주제어 2 입력 주제어 2에 해당하는 모든 검색어를 컴마(,)로 구분하여 최대 20개까지 입력

주제어3 주제어 3 입력 주제어 3에 해당하는 모든 검색어를 컴마(,)로 구분하여 최대 20개까지 입력

주제어4 주제어 4 입력 주제어 4에 해당하는 모든 검색어를 컴마(,)로 구분하여 최대 20개까지 입력

주제어5 주제어 5 입력 주제어 5에 해당하는 모든 검색어를 컴마(,)로 구분하여 최대 20개까지 입력

출처: http://datalab.naver.com

- 분석하고 싶은 주제군을 설명할 수 있는 주제어를 정하고 입력한다. 최대 다섯 가지의 주제어 설정이 가능하다.
- 주제군에 해당하는 검색어를 입력한다. 검색어들 사이에 ,(콤마) 단위로 구분하여 입력한다. 띄어쓰기는 무시하고 입력하며, 검색어는 주제어별 최대 20개까지 입력 가능하다.

- 네이버 검색 데이터 조회 버튼을 클릭한다. 데이터는 2016년 1월 이후부터 조회할 수 있다.

검색 화면(예시)

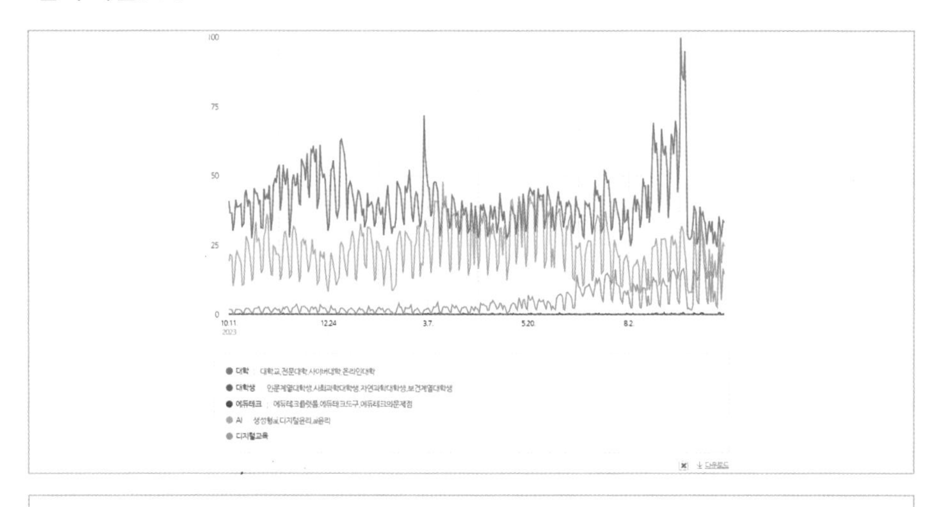

● 대학 | 대학교,전문대학,사이버대학,온라인대학
● 대학생 | 인문계열대학생,사회과학대학생,자연과학대학생,보건계열대학생
● 에듀테크 | 에듀테크플랫폼,에듀테크도구,에듀테크의문제점
● AI | 생성형ai,디지털윤리,ai윤리
● 디지털교육

↓ 다운로드

네이버 데이터랩 ▶ 쇼핑인사이트

- 쇼핑 인사이트는 온라인 판매를 하는 소상공인을 위한 기능이라 소개되어 있지만, 브랜드사를 포함한 이커머스 분야에서 널리 쓰이고 있다.
- 쇼핑 분야별 클릭 추이와 분야별 검색어 현황을 확인할 수 있다.

네이버 데이터랩 ▶ 쇼핑인사이트 ▶ 분야통계

다양한 분야에서 클릭이 발생한 검색어의 클릭량 추이 및 연령별/성별 정보를 상세하게 조회할 수 있다.

검색 화면(예시)

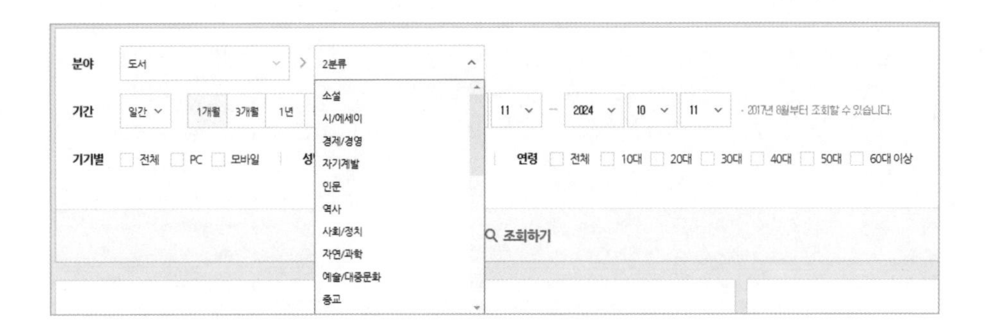

• 분야에서 [도서]를 검색하면 2분류에서 영역별 도서를 선택할 수 있다.

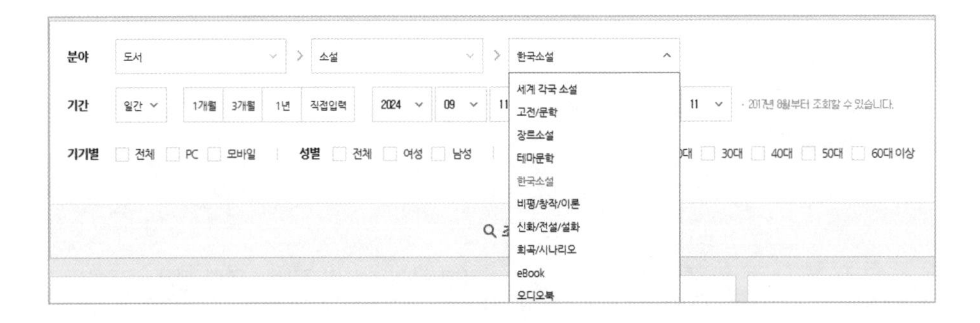

• 분야에서 [도서], 2분류에서 [소설]을 선택하면 3분류에서 더 상세하게 도서를 선택할 수 있다.

• 분야통계에서는 클릭량 추이, 기기별, 성별, 연령별 현황을 시각적인 자료로 보여준다. 3분류 혹은 4분류에서 선택한 검색어의 TOP 500을 제시해 준다.

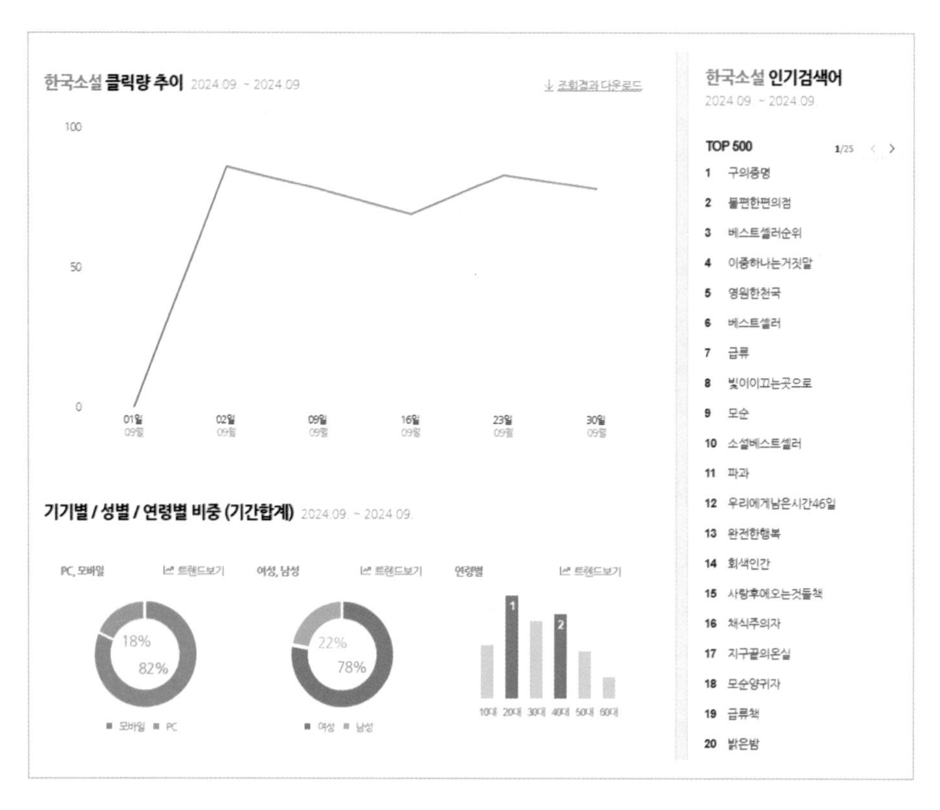

• 도서 ▶ 소설 ▶ 한국소설 / 1개월 / 기기별 전체 / 성별 전체 / 연령 전체

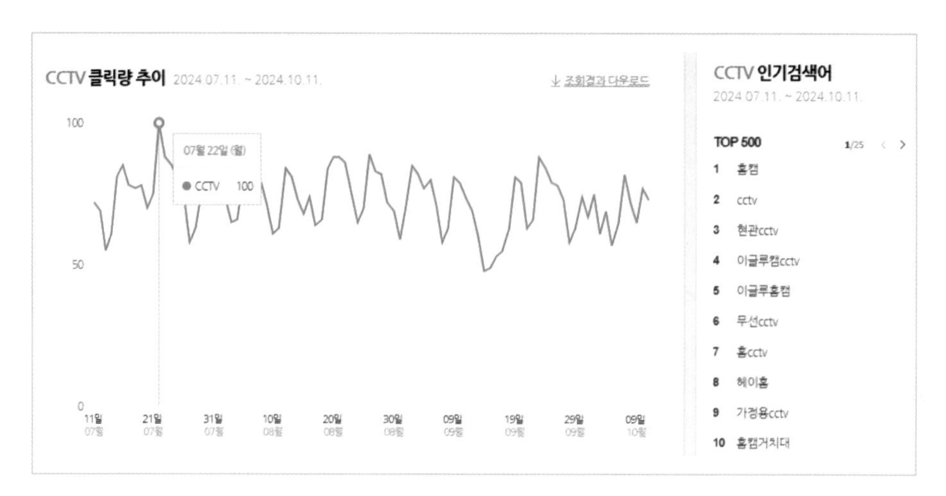

• 생활 건강 ▶ 생활용품 ▶ 보안용품 ▶ CCTV / 3개월 / 기기별 전체 / 연령 전체

네이버 데이터랩 ▶ 지역통계

시/군/구 지역을 하나 선택하면, 해당 지역의 관심 업종 순위 및 업종별 인기 지역을 확인할 수 있다.

광역시/도		시/군/구		
서울특별시	충청북도	종로구	도봉구	영등포구
부산광역시	충청남도	중구	노원구	동작구
대구광역시	전라남도	용산구	은평구	관악구
인천광역시	경상북도	성동구	서대문구	서초구
광주광역시	경상남도	광진구	마포구	강남구
대전광역시	제주특별자치도	동대문구	양천구	송파구
울산광역시	강원특별자치도	중랑구	강서구	강동구
세종특별자치시	전북특별자치도	성북구	구로구	
경기도		강북구	금천구	

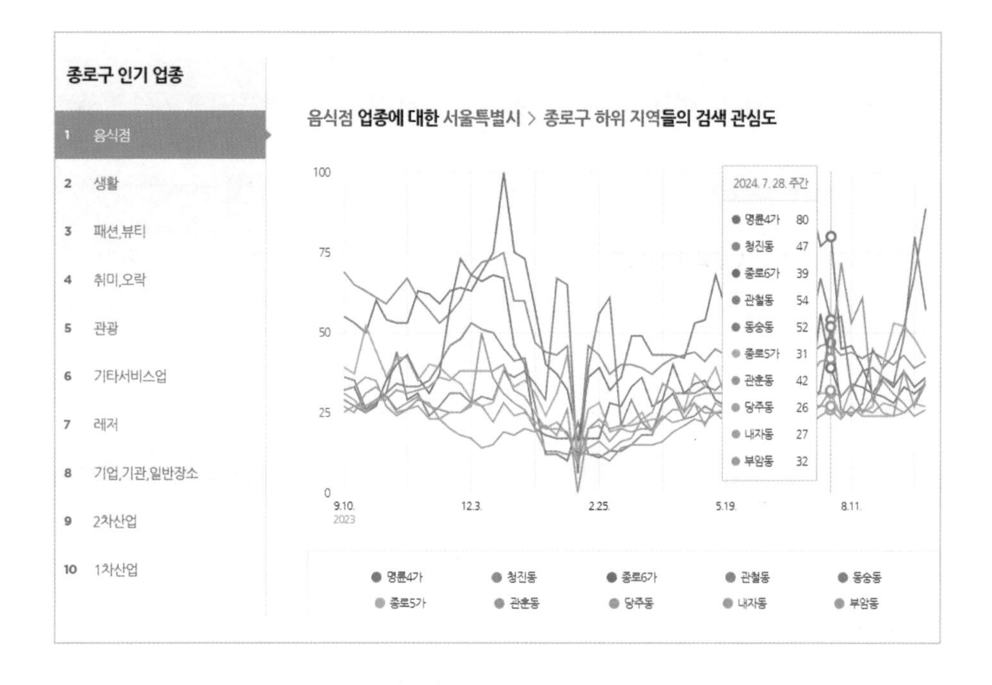

- 지역, 업종 관심도는 네이버에서 매일 발생하는 수 억건의 검색어와 네이버가 가지고 있는 수 백만 건의 지역 데이터를 가지고 추정한 값이다.
- 그래프에는 최대 상위 10개까지의 항목만 표기된다. 검색 관심도는 조회기간 내 최대 관심도를 100으로 표현하여 상대적인 변화를 나타낸 지표이나, 데이터에 근거한 추정 지표이므로 참고자료로만 사용하기를 당부하고 있다.

네이버 데이터랩 ▶ 지역통계 ▶ 맞춤형 트렌드 분석 도구

사용자가 선택한 지역, 업종의 검색 관심도를 확인할 수 있다.

지역별 검색 관심도

- 업종은 하나만 선택가능하며, 대분류 업종 또는 중분류 업종의 관심도 변화를 확인하고 싶은 경우는 하위 분류를 선택하지 않고 조회한다. 지역은 복수선택이 가능하나, 상위 지역이 다르거나 지역 단위가 다른 지역들은 같이 선택할 수 없다(예: 속초시/교동, 춘천시/신북읍 지역은 함께 선택 불가).

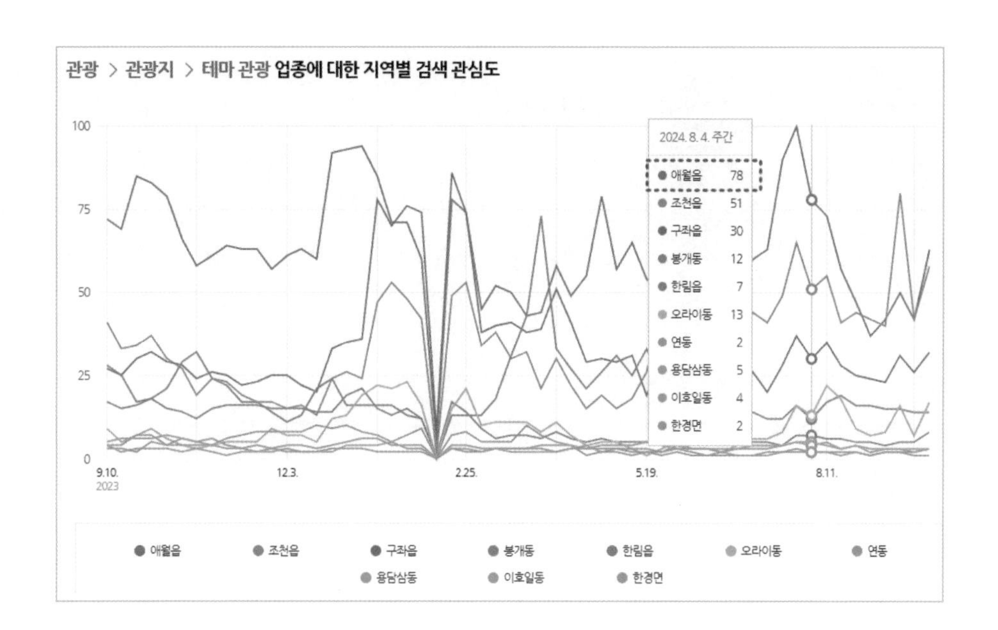

업종별 검색 관심도

- 지역은 하나만 선택가능하며, 시/군/구 지역의 관심도 변화를 확인하고 싶은 경우는 하위 읍/면/동 지역을 선택하지 않고 조회한다. 업종은 복수선택이 가능하나, 상위 업종이 다르거나 업종 레벨이 다른 업종들은 같이 선택할 수 없다(예: 음식점/한식, 관광/숙박 업종은 함께 선택 불가).

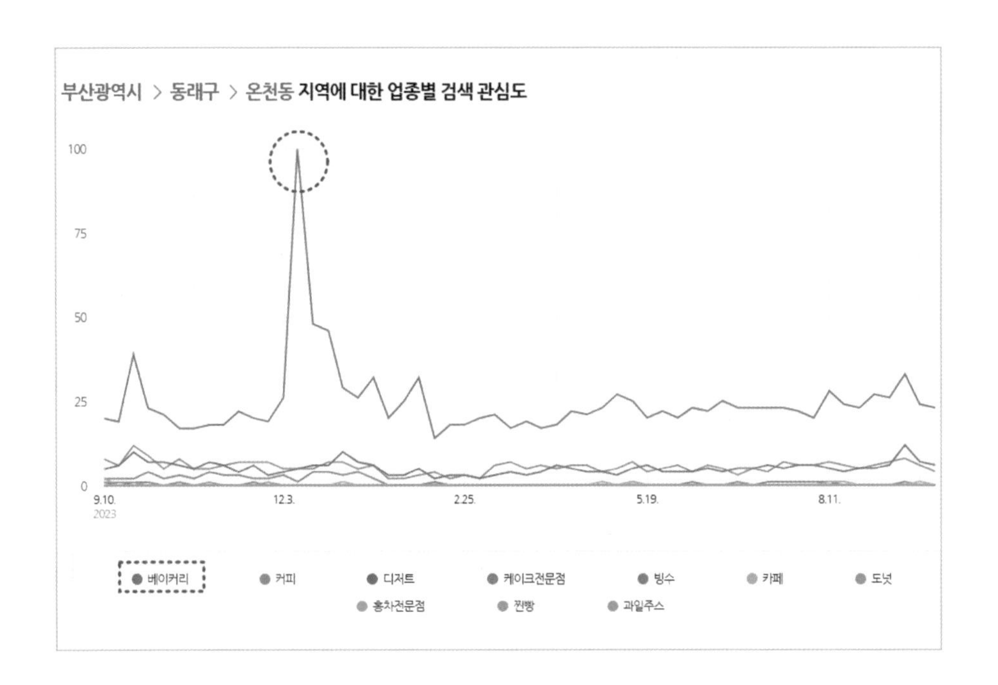

네이버 데이터랩 ▶ 댓글통계

댓글 통계는 네이버 뉴스 서비스에서 발생하는 댓글 작성과 삭제 활동을 일간 단위로, 다양한 기준에 의해 제공된다. 댓글 통계 서비스에서 제공하는 댓글 삭제 수는 선택한 날짜에 작성된 댓글을 기준으로 한다(예: 2024.10.11. 기준).

네이버 데이터랩 ▶ 댓글통계 ▶ 댓글수

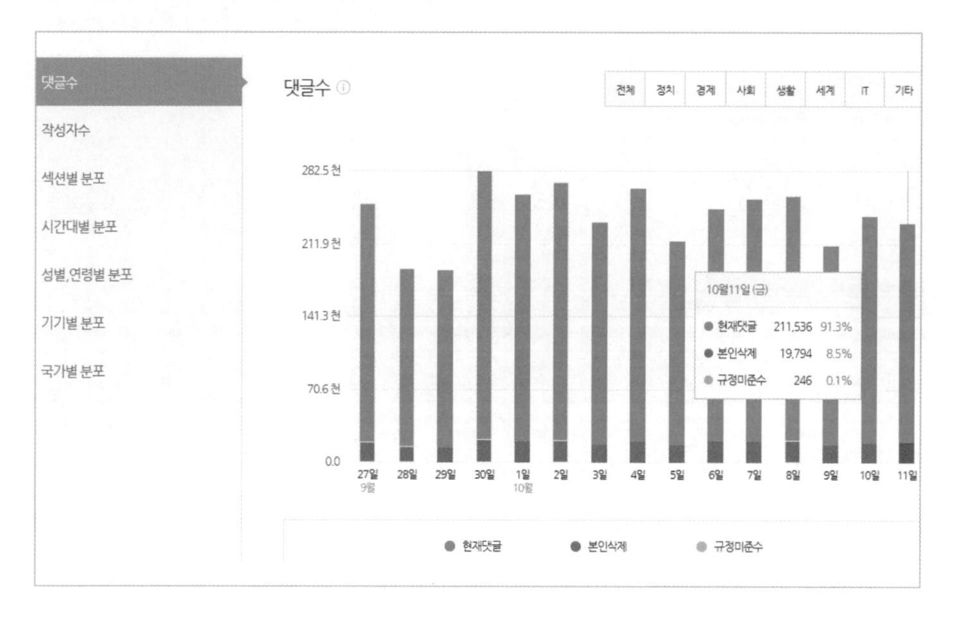

선택한 날짜에 작성된 전체 댓글 중 작성자가 직접 삭제한 댓글, 불법·스팸 사유로 운영자가 조치한 댓글, 삭제되지 않은 댓글의 수와 비율을 제공하며 답글 수는 포함하지 않는다.

네이버 데이터랩 ▶ 댓글통계 ▶ 기기별 분포

댓글 작성			댓글 삭제		
모바일	82.4%	190,826	모바일	82.9%	16,400
PC	17.6%	40,750	PC	17.1%	3,394

댓글이 작성 및 삭제된 기기별 비율과 수치를 제공한다. 댓글 삭제 수의 경우, 규정 미준수에 의한 삭제는 제외하고 제공한다.

네이버 데이터랩 ▶ 댓글통계 ▶ 작성자수

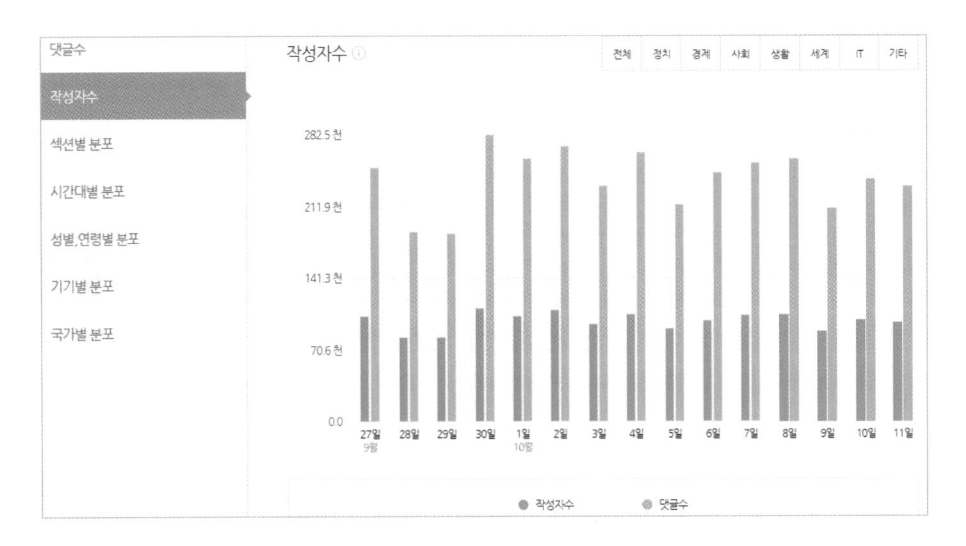

선택한 날짜에 댓글 작성에 참여한 이용자 수를 전체 또는 섹션 단위로 제공한다. 답글만 작성한 이용자는 포함하지 않으며, 댓글 수와 비교하여 확인할 수 있다.

네이버 데이터랩 ▶ 댓글통계 ▶ 섹션별 분포

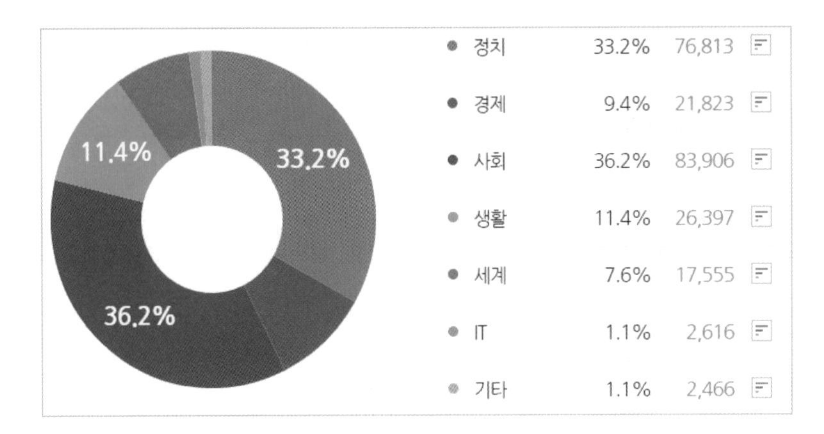

선택한 날짜에 작성된 댓글의 섹션별 비중과 개수를 확인할 수 있으며, 삭제된 댓글도 섹션별로 볼 수 있다.

네이버 데이터랩 ▶ 댓글통계 ▶ 성별, 연령별 분포

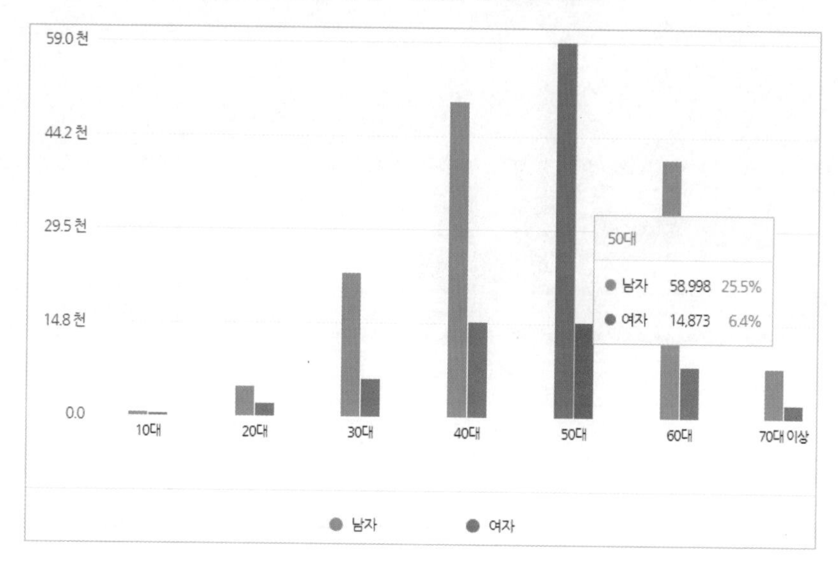

댓글 수와 댓글 작성자 수를 기준으로 성별, 연령대별 분포를 제공한다.

네이버 데이터랩 ▶ 댓글통계 ▶ 국가별 분포

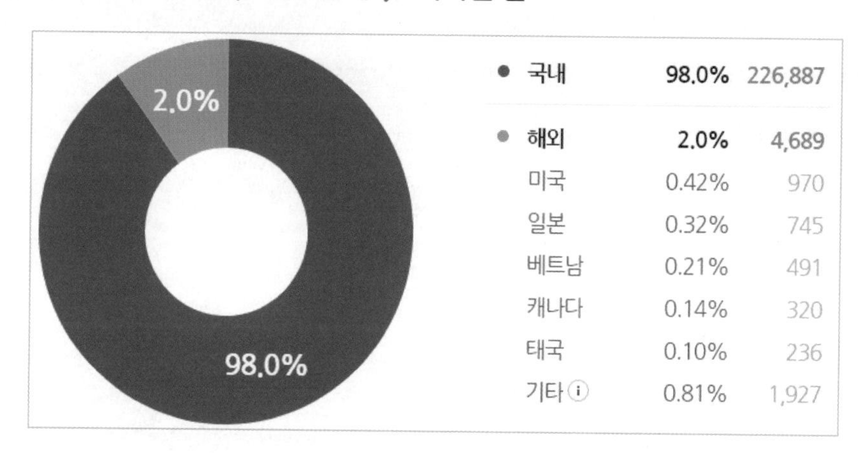

댓글이 작성된 국가의 분포를 제공한다. 해외 지역은 댓글이 작성된 모든 상세 지역 정보를 확인할 수 있다. 국가 지역의 구분은 각 국가에 할당된 IP 주소에 기반한다. 단, 인터넷 서비스 사업자로부터 정상적으로 할당받은 IP 주소를 사용하지 않았을 경우 실제와 다른 정보가 포함될 수 있다.

CHAPTER 04

인공지능 에듀테크의 활용

1 생성형 AI

2 참여촉진 도구

3 온라인 협업도구

4 AI 디자인 및 프레젠테이션 도구

5 영상 및 음악 제작 도구

6 가상 모임 플랫폼 도구

7 공유자료

ChatGPT를 활용하여 프롬프트 "생성형 AI를 표현하는 이미지를 그려줘"라고 했을때 생성된 이미지

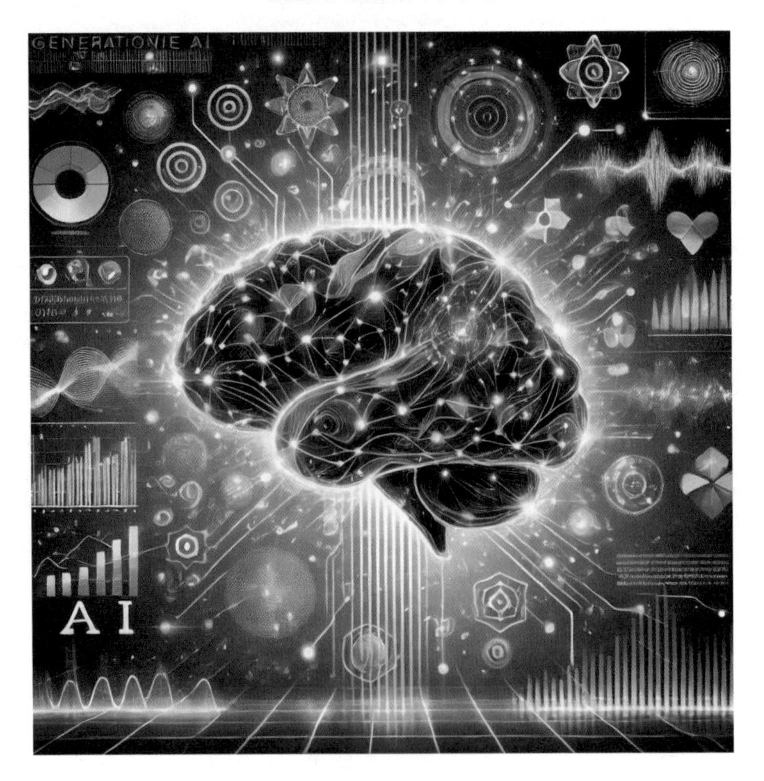

출처 : OPEN AI ChatGPT 이미지.

인공지능 에듀테크의 활용

1 생성형 AI

생성형 AI는 특히 2022년 ChatGPT의 출시 이후 큰 주목을 받으며 빠르게 발전하고 있다. 생성형 AI란 인공신경망을 이용하여 새로운 데이터를 생성해 내는 기술로 명령어를 통해 사용자의 의도를 스스로 이해하고 주어진 데이터로 학습, 활용하여 텍스트, 이미지, 오디오, 비디오 등 새로운 콘텐츠를 생성해내는 인공지능 기술이다.

대표적인 생성형 AI로는 ChatGPT, Gemini(구 Bard), 뤼튼, 코파일러, DALL-E 3 등이 있다. 생성형 AI는 문서, 이미지, 사운드, 영상 등 다양한 콘텐츠를 손쉽게 생성할 수 있으며 질문하고 원하는 답변을 바로 얻을 수 있다는 점에서 검색 시간을 절약할 수 있고 작곡이나 예술 창작 등에 활용하면서 인간과 생성형 AI가 협업하여 창조적인 일을 수행할 수도 있다.

단순한 채팅뿐만 아니라 문서 번역, 문서 요약, 음성 합성 등 다양한 분야에서 활용이 가능하며 맞춤형 및 상호작용 가능한 콘텐츠를 제공하여 학습 경험을 향상시킨다.

1 OpenAI ChatGPT

- 미국 OpenAI에서 개발한 언어모델로 대용량 데이터를 대규모 컴퓨팅 자원을 활용하여 학습함으로써 범용 인공지능의 가능성을 제시한 모델.
- ChatGPT는 OpenAI가 개발한 대화형 인공지능(AI) 모델로, 자연어 처리(NLP) 기술을 기반으로 사람과의 대화에서 다양한 정보를 제공하거나 질문에 답변하는 역할을 함.
- GPT(Generative Pretrained Transformer)라는 기술을 바탕으로 작동하며, GPT-4라는 최신 버전이 현재 사용되고 있음.
- ChatGPT는 2022년 11월 프로토타입으로 시작되었으며, 다양한 지식 분야에서 자세한 답변을 제공하여 주목 받음.

(1) ChatGPT 시작하기

- 검색하여 웹사이트로 접속하기.
- OpenAI의 공식 웹사이트(https://chatgpt.com/)로 이동.
- 계정을 만들거나 기존에 만든 계정으로 로그인.
- 로그인 후 ChatGPT와 대화를 시작.
- 계정 만들기: 계정이 없다면, 이메일 주소나 Google, Microsoft 계정으로 쉽게 가입할 수 있음.

Google
챗GPT
전체
동영상
뉴스
이미지
지도
쇼핑
웹
더보기
도구
ChatGPT
https://chatgpt.com › g-FvT4UOsoA-caesgpt
챗GPT
GPT. 챗GPT. By gptonline.ai. 한국 문화에 적합한 말하기 스타일을 사용하여 사용자에게 응답합니다. Sign up to chat. Sign up or Log in to chat.
ChatGPT
https://chat.openai.com › ...
챗GPT 바로 가기 - ChatGPT - OpenAI
이 페이지에 관한 정보가 없습니다.
이유 알아보기

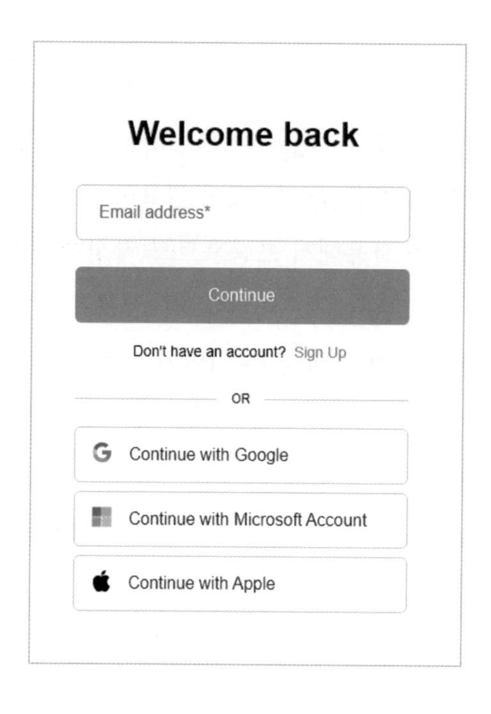
Welcome back
Email address*
Continue
Don't have an account? Sign Up
OR
Continue with Google
Continue with Microsoft Account
Continue with Apple

채팅GPT

무엇을 도와드릴까요?

Message ChatGPT

이미지 생성 데이터 분석 이미지 분석 영감 더

(2) ChatGPT 확장 기능 설치하기

- ChatGPT는 한글을 인식하긴 하지만 한국어에 비해 영어에서 우수한 성능이 나타남. 그 이유는 영어 학습 데이터의 우세, 영어에 초점을 맞춘 모델 개발, 한국어의 복잡성 등으로 인해 영어가 한국어보다 더 나은 결과를 보이는 경우가 많으므로 ChatGPT 자동 번역기 프롬프트 지니를 설치하여 성능을 높이는 것이 필요함.
- 물론 다른 번역기를 사용해서 프롬프트를 작성해도 됨.
- 프롬프트 지니는 ChatGPT 사용할 때 질문을 영어로 자동 번역해 주고, 답변도 한글로 번역해 주는 번역기.
- ChatGPT에 한글로 질문하면 대답 속도가 다소 느리며, 내용은 짧고, 앞서 대화한 내용을 빨리 잊어버리는 경우가 발생하는데 chrome 프롬프트 지니를 사용하면 한글로 쓰면서도 ChatGPT 성능을 최대한으로 누릴 수 있음.
  - 2~3배 빠른 응답, 2~5배 긴 문자수 출력, 출력 중간 짤림 최소화, 3~4배 더 길게 ChatGPT가 기억함.
- 프롬프트 지니: ChatGPT 자동 번역기 설치하기.
  - 구글에서 chrome 확장 검색 → 확장 프로그램 클릭.

- 프롬프트 지니 클릭 → chrome 추가 클릭.

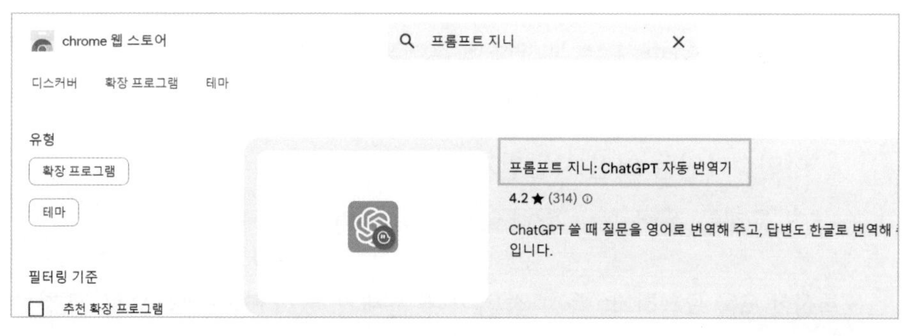

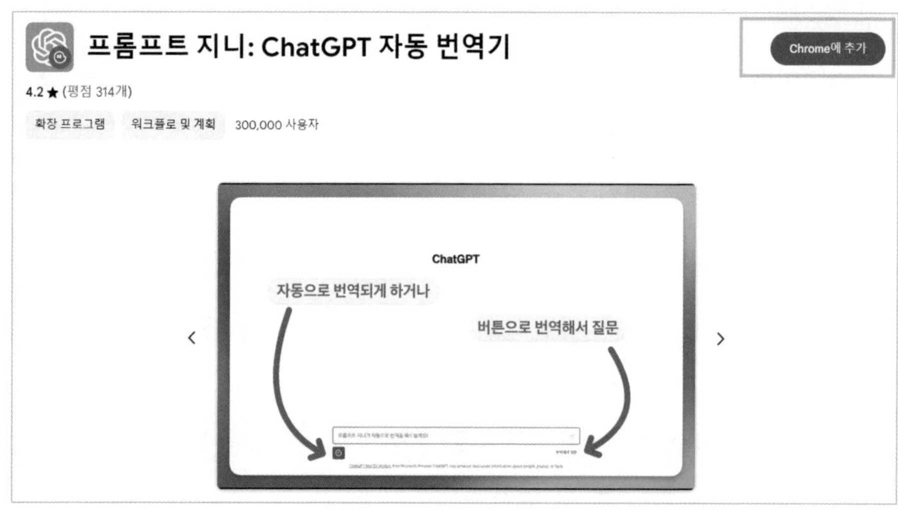

- 프롬프트 지니 설치 후 아래 아이콘 생성 → 설정은 사용자에 맞게.

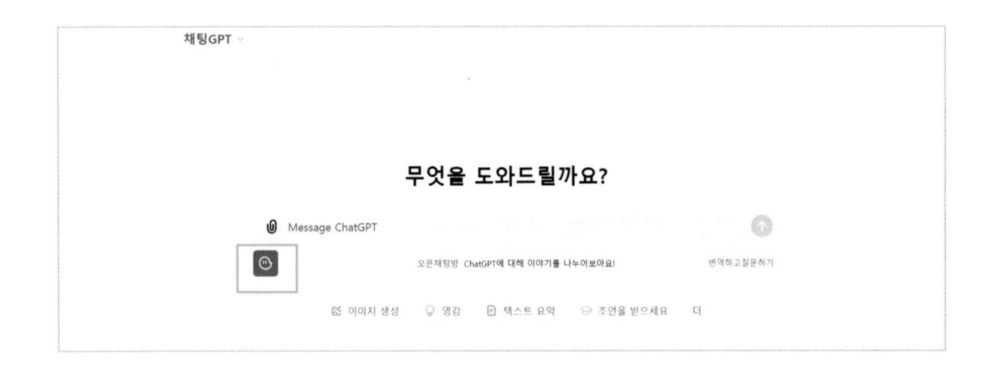

(3) ChatGPT 사용하는 방법

- 질문하기: 간단한 또는 복잡한 질문이든 대화하듯이 말해야 함.
  - "오늘 대한민국, 서울, 대구지역의 날씨가 어떤가요?"
  - "아인슈타인은 어떤 사람인가요?"
  - "이 문제를 풀어줄 수 있나요? 3 + 8은 얼마인가요?"

- 특정한 도움 요청하기: 특정 작업이나 문제가 있다면 구체적으로 요청해야 함.
  - "이메일을 작성해 주세요."
  - "보고서를 요약해 주세요."
  - "여행 계획을 세워줄 수 있나요?"

- 대화 형식으로 진행하기: 대화를 이어 나가고 맥락을 이해할 수 있기 때문에 추가적 정보가 필요하면 추가 질문, 이전에 했던 질문을 보충하여 질문이 가능함.
  - "앞의 부분을 좀 더 구체적으로 설명해 줄 수 있나요?"
  - "다른 예를 들어 볼 수 있을까요?"

- **창의적인 작업 요청하기**: 작사, 블로그, 자기소개서, 글쓰기, 시 쓰기, 스토리텔링, 아이디어 브레인스토밍 등이 가능함.
  - "어린이와 관련된 짧은 이야기를 하나 만들어 주세요."
  - "자원봉사 캠페인을 위한 아이디어를 제시해 주세요."
  - "독특한 블로그 주제를 몇 개 추천해 주세요."

- **언어 지원 가능**: 여러 언어로 소통이 가능하고, 번역이나 언어 학습을 도와줄 수 있음.
  - "이 문장을 영어, 일어, 중국어, 베트남어로 번역해 주세요."
  - "이탈리아어, 독일어, 스페인어로 '안녕하세요'는 어떻게 말하나요?"
  - "이 글 문장의 문법을 교정해 줄 수 있나요?"

- **계속해서 질문하거나 수정 요청이 가능**: 처음 응답이 사용자가 요구하는 답변과 다를 수 있고 완벽하지 않을 수도 있기에 추가로 질문하거나 답변을 구체화해 달라고 요청할 수 있음.
  - "좀 더 간단하게, 또는 좀 더 구체적으로 설명해 주세요."
  - "이 부분을 또는 이 문장을, 이 형식을 다른 방식으로 설명해 줄 수 있나요?"

(4) GPTs 활용하기

- GPTs는 2023년 11월 초 OpenAI DevDay에서 소개된 ChatGPT의 새로운 기능으로, 사용자가 특정 목적에 맞게 지침, 추가 지식, 다양한 기능을 조합하여 맞춤형 ChatGPT를 만드는 AI 챗봇.
- GPTs는 ChatGPT의 맞춤형 버전으로, 사용자가 특정 작업이나 주제에 맞게 지시 사항, 추가 지식, 능력과 외부 API를 조합하여 목적에 맞는 GPTs를 만들 수 있음. GPTs는 언어 학습에서 기술 지원까지 다양한

분야에서 활용할 수 있으며, 단순한 형태부터 복잡한 형태까지 사용자의 필요에 따라 다양하게 구성할 수 있음.

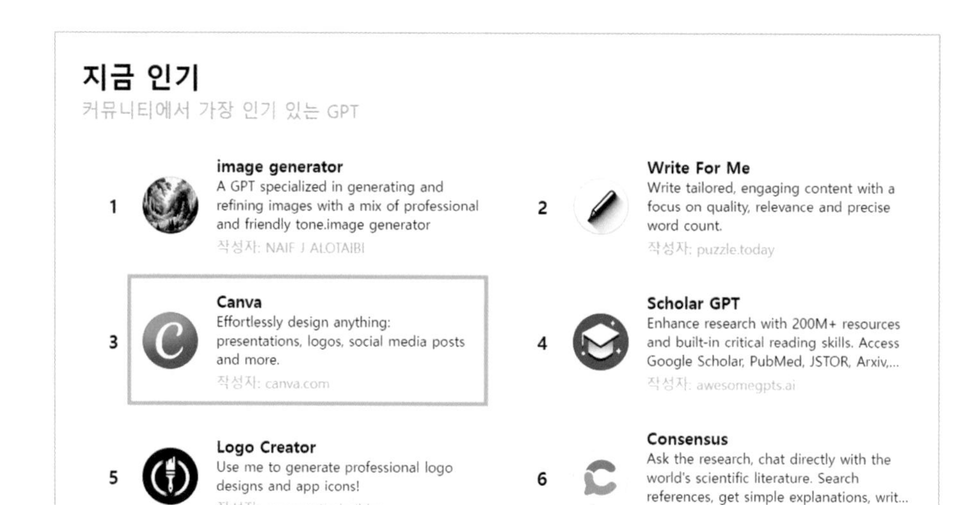

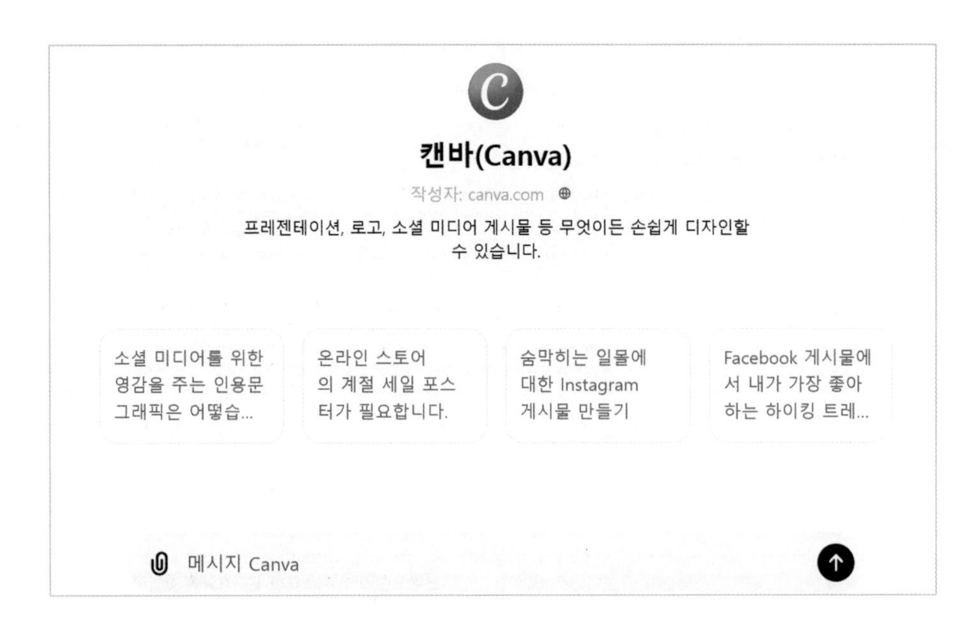

(5) 챗GPT 활용하기

- 프롬프트 지니가 설치되었다면 질문을 던진다.
- 예시: "스마트폰 과의존에 대한 연구 결과를 찾아줘."라고 질문을 한다.
- 영어로 답변한 글에 대해 해석을 요구한다.

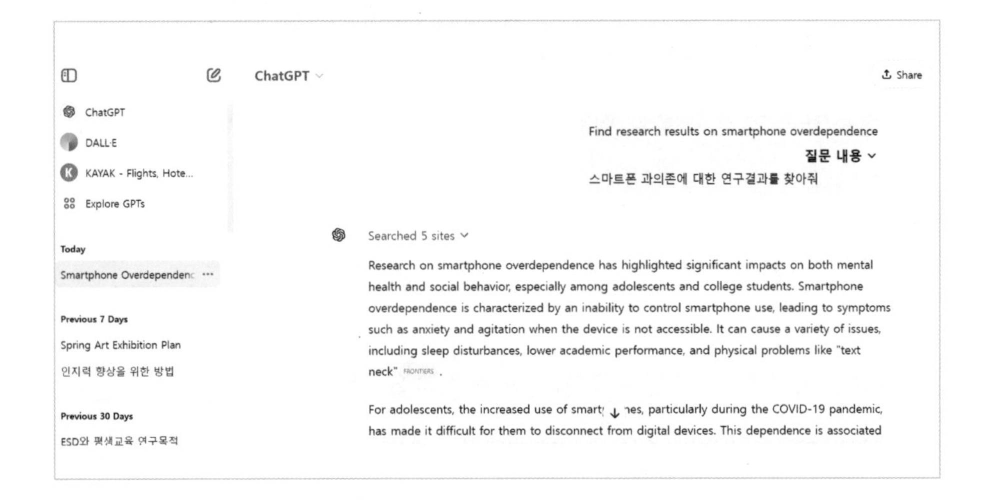

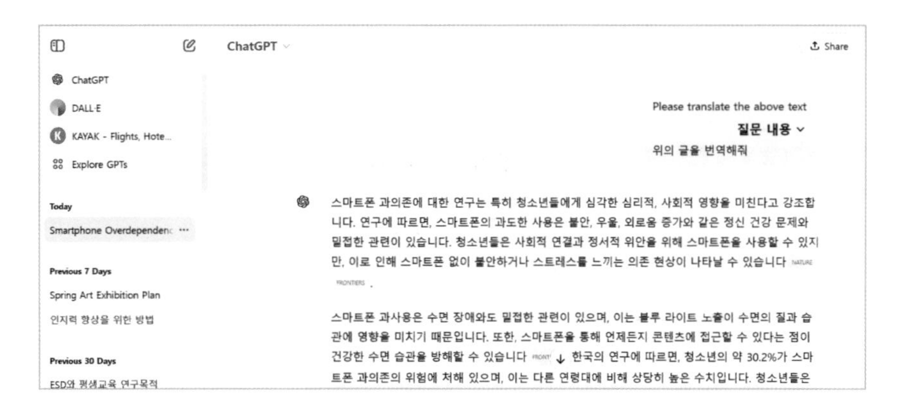

• 대조해서 프롬프트 지니를 사용한 경우와 사용하지 않은 경우 질문을 던졌을 때 나타나는 결과를 살펴보면 다르다.

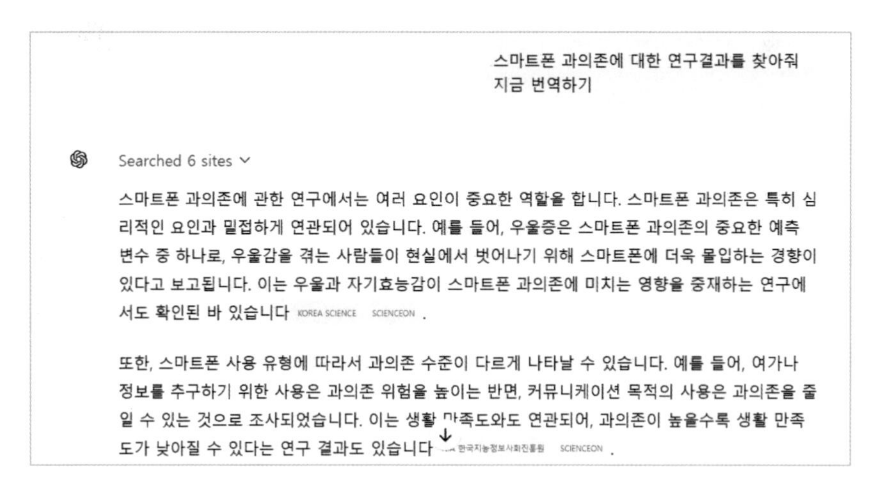

• 질문이 영어인 경우와 한글인 경우의 차이를 눈으로 확인할 수 있다.

(6) 챗 GPT 실습하기

• “챗 GPT를 개발한 사람은 어떤 사람인가요?”
• 노래를 작사해본다. 주제는 자유롭게 설정한다.
• GPTs에서 원하는 챗봇을 설정하고 질문을 던져본다.
• DALL-E를 사용하여 이미지를 만들어 본다.

2 뤼튼(WRTN)

- 텍스트 자동 생성 ai 서비스 '뤼튼(WRTN)'
- GPT를 사용하여 대화하는 형식의 AI 서비스이며, 한국인이 가장 쓰기 쉬운 한국인 맞춤 챗GPT.
- 한국 기업인만큼 한국인이 선호하는 문체를 잘 반영한 글이 나올 수 있게 디테일한 프롬프트를 제공함.
- ChatGPT를 사용해 보면 한국어가 어색하게 해석되어 글을 조금씩 수정해 주어야 한다는 단점이 있는데, 뤼튼(WRTN)을 사용하면 한국어를 자연스럽게 구사해 주어 따로 크게 수정할 필요 없이 사용할 수 있다는 매우 큰 강점이 있음.
- 초보자도 쉽게 사용할 수 있도록 대중적이면서도 적합한 AI 프롬프트를 무료로 제공해 주어 초보자의 욕구에 맞게 몇 가지 키워드만 바꿈으로써 원하는 결과물을 얻을 수 있게 하여 이용자가 원활히 활용할 수 있도록 함.
- 단순 텍스트 자동 생성 외에도 다양한 기능을 제공하고 있으며 ChatGPT4를 무료로 사용할 수 있도록 지원하고 있음.

(1) 뤼튼(WRTN) 시작하기

검색사이트에서 뤼튼(WRTN) 또는 https://wrtn.ai/을 검색.

- 회원가입
- 로그인 후 뤼튼의 모든 서비스를 무제한으로 이용할 수 있음.

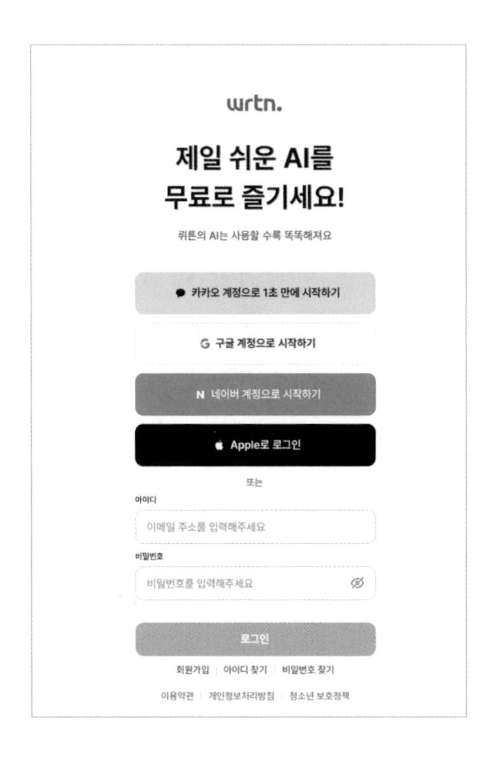

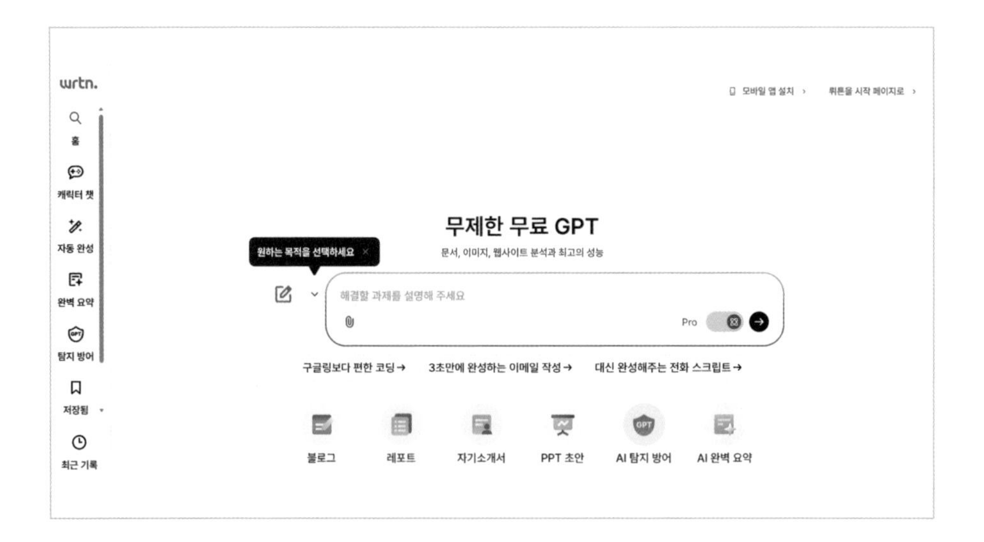

(2) 뤼튼(WRTN) 활용하기

뤼튼은 캐릭터 챗, 자동완성, 요약 등 다양한 기능을 가지고 있으며 원하는 목적을 선택하여 검색, 이미지, 과제와 업무 등에 활용 가능.

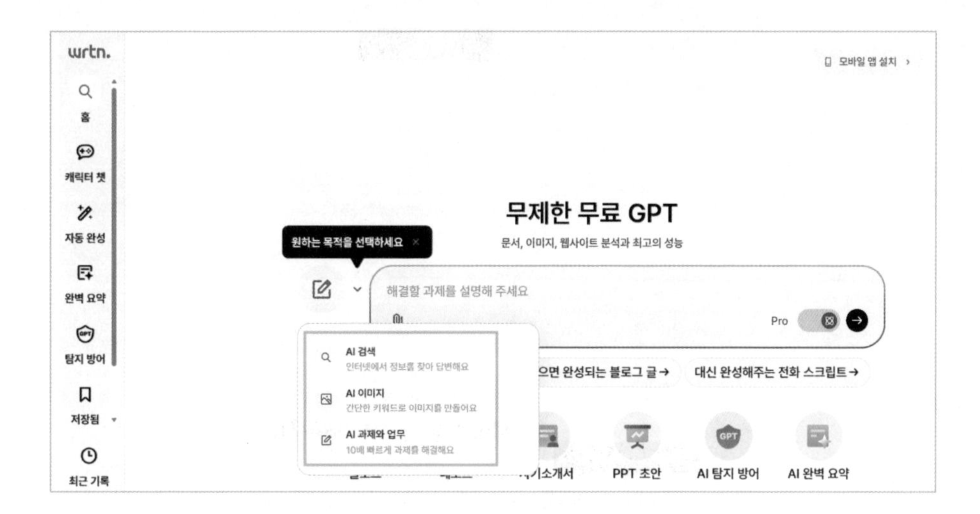

- AI 검색

• AI 이미지 만들기

wrtn.
한번에 찾는 정보

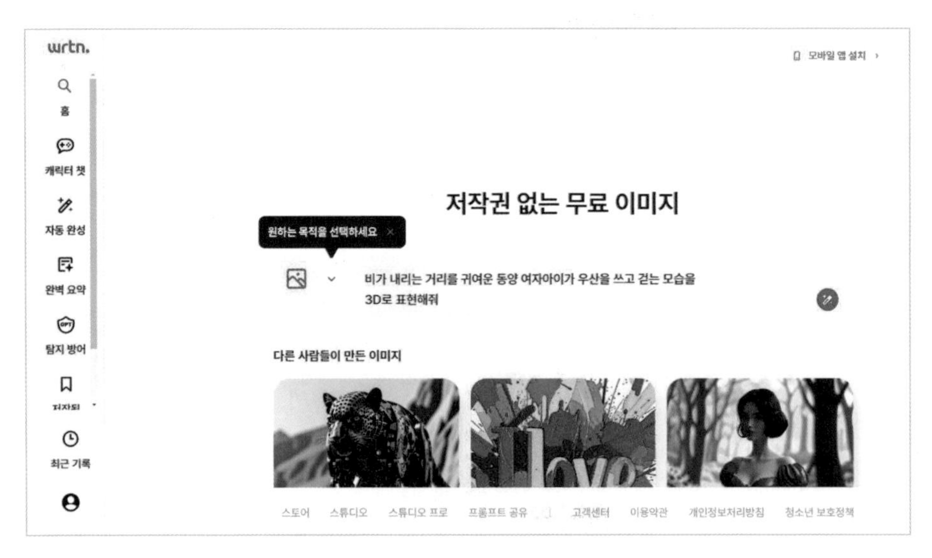
wrtn.
모바일 앱 설치
홈
캐릭터 챗
자동 완성
완벽 요약
탐지 방어
최근 기록
저작권 없는 무료 이미지
원하는 목적을 선택하세요
비가 내리는 거리를 귀여운 동양 여자아이가 우산을 쓰고 걷는 모습을
3D로 표현해줘
다른 사람들이 만든 이미지
스토어
스튜디오
스튜디오 프로
프롬프트 공유
고객센터
이용약관
개인정보처리방침
청소년 보호정책

wrtn.
+ 새 대화
비가 내리는 거리를 귀여운 동양 여자아이가 우산을 쓰고 걷는 모습을 3D로 표현해
홈
캐릭터 챗
자동 완성
완벽 요약
탐지 방어
최근 기록
만들고 싶은 이미지를 상세하게 설명해 보세요

• AI 과제와 업무

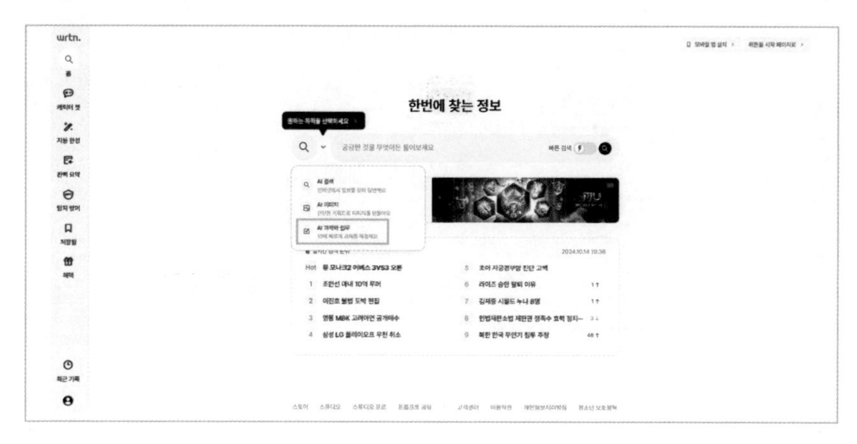

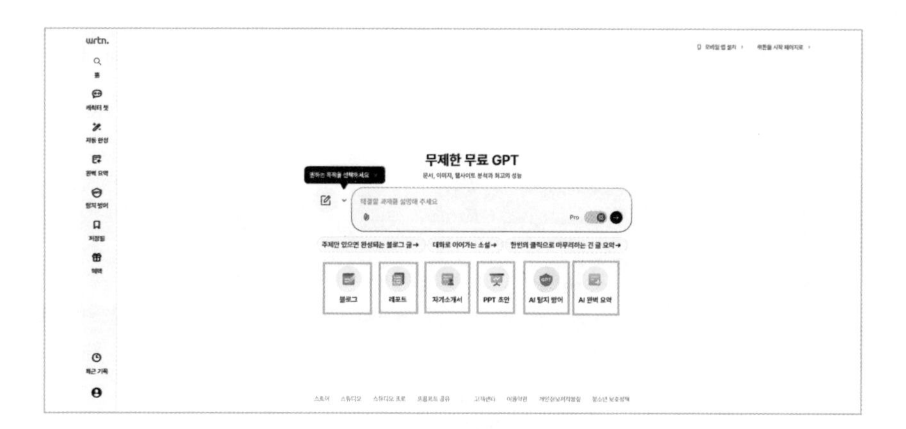

- 블로그 만들기: 프롬프트 예시 “느린학습자(경계선지능인)” 입력

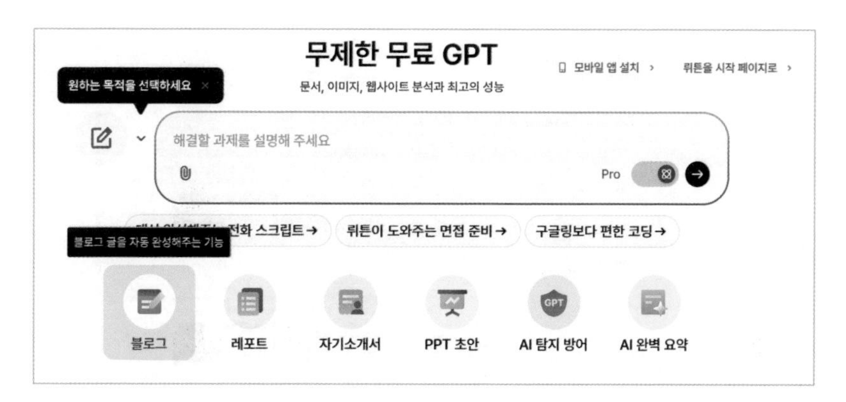

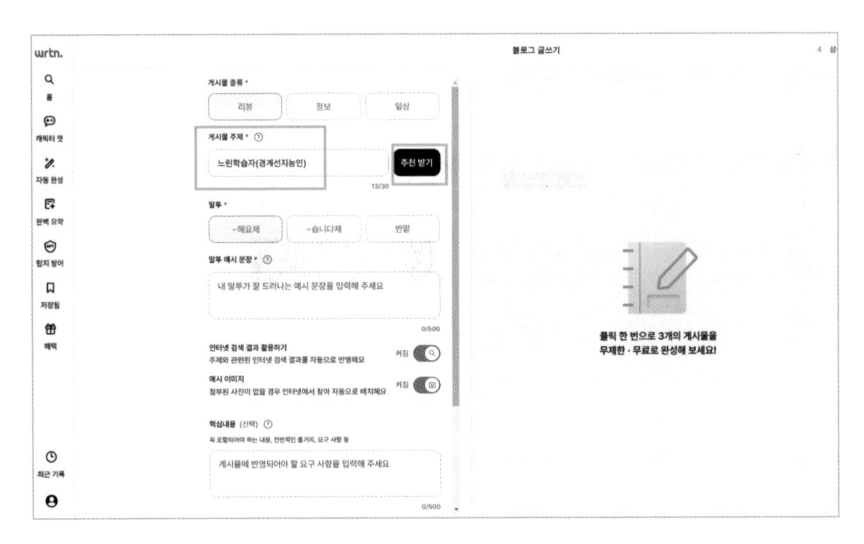
wrtn.
블로그 글쓰기
게시물 종류 *
리뷰
정보
일상
게시물 주제 *
느린학습자(경계선지능인)
추천 받기
13/30
말투 *
~해요체
~습니다체
반말
말투 예시 문장 *
내 말투가 잘 드러나는 예시 문장을 입력해 주세요
0/500
인터넷 검색 결과 활용하기
주제와 관련된 인터넷 검색 결과를 자동으로 반영해요
켜짐
예시 이미지
첨부된 사진이 없을 경우 인터넷에서 찾아 자동으로 배치해요
켜짐
핵심내용 (선택)
게시물에 반영되어야 할 요구 사항을 입력해 주세요
0/500
클릭 한 번으로 3개의 게시물을
무제한 · 무료로 완성해 보세요!
최근 기록

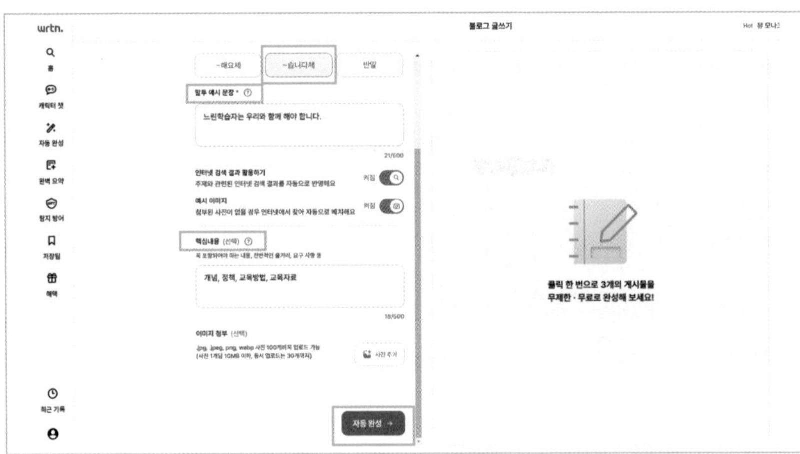
wrtn.
블로그 글쓰기
~해요체
~습니다체
반말
말투 예시 문장 *
느린학습자는 우리와 함께 해야 합니다.
21/500
인터넷 검색 결과 활용하기
예시 이미지
핵심내용 (선택)
개념, 정책, 교육방법, 교육자료
18/500
이미지 첨부 (선택)
사진 추가
자동 완성 →
클릭 한 번으로 3개의 게시물을
무제한 · 무료로 완성해 보세요!

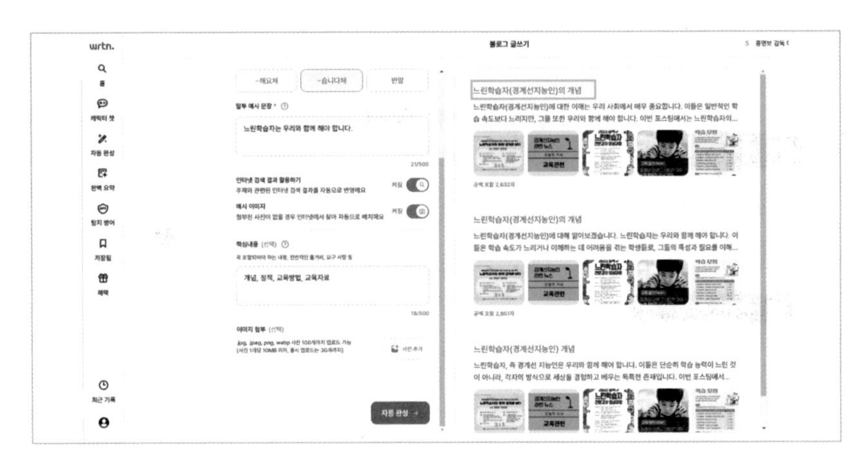
wrtn.
블로그 글쓰기
느린학습자(경계선지능인)의 개념
느린학습자(경계선지능인)에 대한 이해는 우리 사회에서 매우 중요합니다. 이들은 일반적인 학습 속도보다 느리지만, 그들 또한 우리와 함께 해야 합니다. 이번 포스팅에서는 느린학습자의...
교육관련
느린학습자(경계선지능인)의 개념
느린학습자(경계선지능인)에 대해 알아보겠습니다. 느린학습자는 우리와 함께 해야 합니다. 이들은 학습 속도가 느리거나 이해하는 데 어려움을 겪는 학생들로, 그들의 특성과 필요를 이해...
느린학습자(경계선지능인) 개념
느린학습자, 즉 경계선 지능인은 우리와 함께 해야 합니다. 이들은 단순히 학습 능력이 느린 것이 아니라, 각자의 방식으로 세상을 경험하고 배우는 독특한 존재입니다. 이번 포스팅에서...
자동 완성 →

wrtn.

< 뒤로 가기

홈
캐릭터 챗
자동 완성
완벽 요약
탐지 방어
저장됨
혜택
최근 기록

ⓘ 예시 이미지는 예시일 뿐, 실제 게시 전에는 저작권 문제가 없는지 확인해 주세요

느린학습자(경계선지능인)의 개념

2024년 10월 14일 (월) 오후 8:06 저장하기 복사하기

글을 자연스러운 말투로 작성해 드려요 AI 탐지 방어 바로가기

느린학습자(경계선지능인)에 대한 이해는 우리 사회에서 매우 중요합니다. 이들은 일반적인 학습 속도보다 느리지만, 그들 또한 우리와 함께 해야 합니다. 이번 포스팅에서는 느린학습자의 개념, 정책, 교육방법, 교육자료, 그리고 이들과 함께하는 사회에 대해 자세히 알아보겠습니다.

느린학습자는 일반적으로 경계선 지능인으로 불리며, 지능지수(IQ)가 71에서 84 사이인 아동을 포함합니다. 이들은 학습에 어려움을 겪지만, 그들의 잠재력은 무궁무진합니다. 느린학습자는 단순히 학습 속도가 느린 것이 아니라, 다양한 방식으로 학습할 수 있는 능력을 가지고 있습니다. 이들은 감정적, 사회적 기술을 개발하는 데에도 어려움을 겪을 수 있습니다. 따라서, 이들을 이해하고 지원하는 것이 중요합니다.

느린학습자에 대한 정책

우리나라에서는 느린학습자를 지원하기 위한 다양한 정책이 시행되고 있습니다. 교육부에서는 느린학습자를 위한 맞춤형 교육 프로그램을 개발하고 있으며, 이를 통해 이들이 보다 효과적으로 학습할 수 있도록 돕고 있습니다. 예를 들어, 특수교육지원센터에서는 느린학습자를 위한 다양한 프로그램을 운영하고 있으며, 부모와 교사를 대상으로 한 교육도 진행하고 있습니다. 이러한 정책은 느린학습자가 사회에서 소외되지 않고, 자신의 능력을 최대한 발휘할 수 있도록 돕는 데 큰 역할을 하고 있습니다.

느린학습자를 위한 교육방법

느린학습자를 위한 교육방법은 다양합니다. 첫째, 구체적이고 관찰 가능한 학습 목표를 설정하는 것이 중요합니다. 이를 통해 학생들은 자신이 무엇을 배우고 있는지 명확히 이해할 수 있습니다. 둘째, 다양한 방법으로 학습 경험을 제공하는 것이 필요합니다. 예를 들어, 시각적 자료, 청각적 자료, 그리고 체험 학습 등을 통해 학생들이 다양한 방식으로 학습할 수 있도록 해야 합니다. 셋째, 감정 조절 및 사회적 기술을 개발할 수 있는 프로그램을 운영하는 것이 좋습니다. 이러한 방법들은 느린학습자가 자신감을 가지고 학습

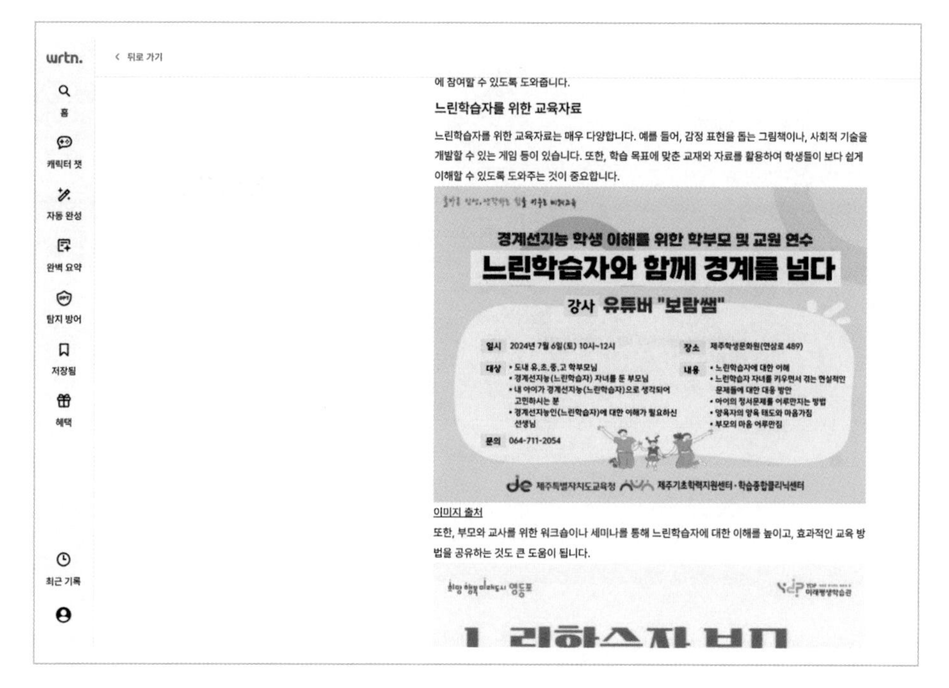
wrtn.

< 뒤로 가기

홈
캐릭터 챗
자동 완성
완벽 요약
탐지 방어
저장됨
혜택
최근 기록

에 참여할 수 있도록 도와줍니다.

느린학습자를 위한 교육자료

느린학습자를 위한 교육자료는 매우 다양합니다. 예를 들어, 감정 표현을 돕는 그림책이나, 사회적 기술을 개발할 수 있는 게임 등이 있습니다. 또한, 학습 목표에 맞춘 교재와 자료를 활용하여 학생들이 보다 쉽게 이해할 수 있도록 도와주는 것이 중요합니다.

이미지 출처

또한, 부모와 교사를 위한 워크숍이나 세미나를 통해 느린학습자에 대한 이해를 높이고, 효과적인 교육 방법을 공유하는 것도 큰 도움이 됩니다.

- 레포트 작성하기: 프롬프트 예시 "마인드셋 이론과 대학생의 학업성취도에 대해 설명해줘."

과제 시작하기

❶ 과제 설명 ❷ 내용 선정 ❸ 구조 잡기

어떤 과제를 해야 하는지 설명해 주세요 *

마인드셋이론과 대학생의 학업성취도에 대해 설명해줘

27/500

과제의 분량을 알려주세요 *

최대 5페이지까지 설정할 수 있어요

— 1 페이지 +

보충자료를 첨부해 주세요 (선택)

첨부된 파일은 과제를 완성하는데 활용돼요! 강의 자료, 족보 등의 파일, URL이 있으면 업로드해주세요

여기에 파일을 업로드해주세요

.pdf, .docx, .hwp, .txt 파일 3개까지 업로드 가능 (파일 1개당 10MB 이하)

URL을 입력 해주세요

2개까지 업로드 가능

URL을 입력 해주세요 입력

다음

과제 시작하기

❶ 과제 설명 ❷ 내용 선정 ❸ 구조 잡기

어떤 내용의 과제를 만들고 싶은지 선택해 주세요 *

마음에 들지 않는 경우 직접 입력할 수도 있어요

다시 생성

- 마인드셋 이론이 대학생의 학업 성취도에 미치는 영향
- 대학 생활에서의 마인드셋 변화 과정과 그 중요성
- 마인드셋 개선을 위한 대학의 교육 및 상담 프로그램 개발
- 직접 입력

과제의 주제나 포함해야 하는 핵심 내용을 설명해 주세요

0/300

이전 다음

과제 시작하기
1 과제 설명
2 내용 선정
3 구조 잡기
알려주신 과제에 딱 맞는 목차를 만들었어요
아래 구조가 마음에 드신다면 바로 과제를 만들어 드릴게요!
서론
2/30
- 마인드셋 이론 정의
- 대학생 학업 성취도와의 관련성
- 논의 순서 제시
42/500
마인드셋의 개념
8/30
- 고정 마인드셋과 성장 마인드셋 설명
- 각 마인드셋의 특징
- 마인드셋이 학업 성취도에 미치는 영향
57/500
대학생의 마인드셋 변화 과정
15/30
이전
과제 만들기

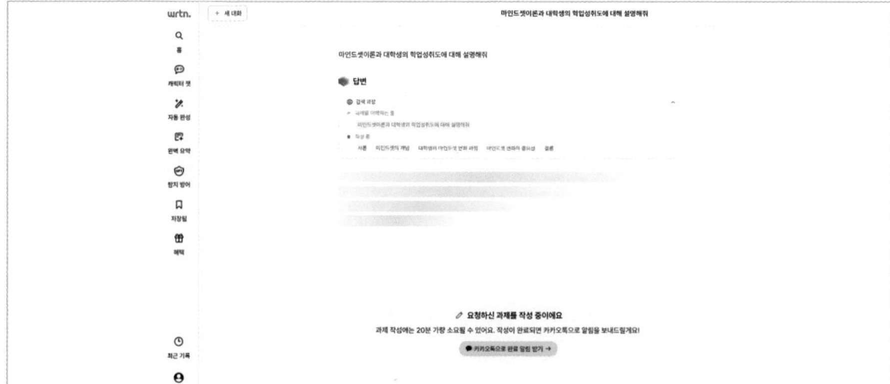
wrtn.
마인드셋이론과 대학생의 학업성취도에 대해 설명해줘
마인드셋이론과 대학생의 학업성취도에 대해 설명해줘
답변
요청하신 과제를 작성 중이에요
과제 작성에는 20분 가량 소요될 수 있어요. 작성이 완료되면 카카오톡으로 알림을 보내드릴게요!

wrtn.
+ 새 대화
마인드셋이론과 대학생의 학업성취도에 대해 설명해줘
홈
캐릭터 챗
자동 완성
완벽 요약
탐지 방어
저장됨
혜택
최근 기록
마인드셋이론과 대학생의 학업성취도에 대해 설명해줘
답변
검색 과정
과제를 이해하는 중
마인드셋이론과 대학생의 학업성취도에 대해 설명해줘
작성 중
서론 마인드셋의 개념 대학생의 마인드셋 변화 과정 마인드셋 변화의 중요성 결론
마무리
5,211자 작성완료
서론
마인드셋 이론은 개인의 능력에 대한 신념 체계를 설명하는 이론으로, 능력이 고정된 것인지 아니면 노력과 경험을 통해 성장할 수 있는 것인지에 대한 관점의 차이를 다룹니다. 고정 마인드셋을 가진 사람은 자신의 능력이 타고난 것이며 변화할 수 없다고 믿는 반면, 성장 마인드셋을 지닌 사람은 노력과 열정을 통해 능력을 계발할 수 있다고 생각합니다. 고정 마인드셋을 가진 사람들은 도전적인 과제를 회피하고 실패를 두려워하는 경향이 있지만, 성장 마인드셋을 가진 사람들은 노력의 과정을 중요하게 여기며 실패를 성장의 기회로 인식합니다.
이러한 마인드셋의 차이는 개인의 학습 태도와 노력 정도에 영향을 미치며, 결과적으로 학업 성취도에도 큰 영향을 줍니다. 성장 마인드셋을 가진 학생들은 어려운 과제에 대해 열정적으로 임하고 실수를 두려워하지 않기 때문에 더 높은 성취를 이룰 수 있습니다 . 반면 고정 마인드셋을 가진 학생들은 도전적인 상황을 회피하고 실패에 대한 두려움이 크기 때문에 자신의 잠재력을 충분히 발휘하지 못할 수 있습니다.
뤼튼에게 무엇이든 물어보세요

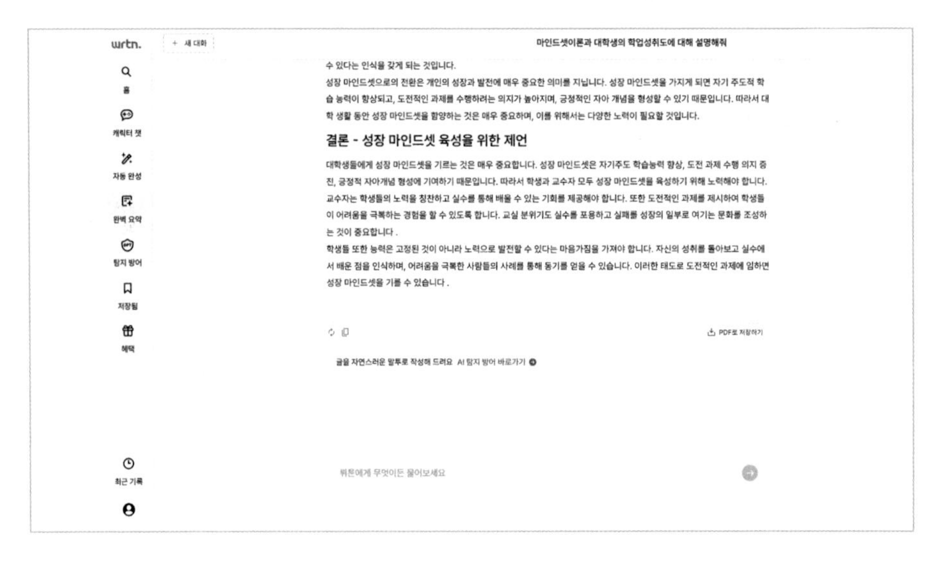
wrtn.
+ 새 대화
마인드셋이론과 대학생의 학업성취도에 대해 설명해줘
홈
캐릭터 챗
자동 완성
완벽 요약
탐지 방어
저장됨
혜택
수 있다는 인식을 갖게 되는 것입니다.
성장 마인드셋으로의 전환은 개인의 성장과 발전에 매우 중요한 의미를 지닙니다. 성장 마인드셋을 가지게 되면 자기 주도적 학습 능력이 향상되고, 도전적인 과제를 수행하려는 의지가 높아지며, 긍정적인 자아 개념을 형성할 수 있기 때문입니다. 따라서 대학 생활 동안 성장 마인드셋을 함양하는 것은 매우 중요하며, 이를 위해서는 다양한 노력이 필요할 것입니다.
결론 - 성장 마인드셋 육성을 위한 제언
대학생들에게 성장 마인드셋을 기르는 것은 매우 중요합니다. 성장 마인드셋은 자기주도 학습능력 향상, 도전 과제 수행 의지 증진, 긍정적 자아개념 형성에 기여하기 때문입니다. 따라서 학생과 교수자 모두 성장 마인드셋을 육성하기 위해 노력해야 합니다. 교수자는 학생들의 노력을 칭찬하고 실수를 통해 배울 수 있는 기회를 제공해야 합니다. 또한 도전적인 과제를 제시하여 학생들이 어려움을 극복하는 경험을 할 수 있도록 합니다. 교실 분위기도 실수를 포용하고 실패를 성장의 일부로 여기는 문화를 조성하는 것이 중요합니다 .
학생들 또한 능력은 고정된 것이 아니라 노력으로 발전할 수 있다는 마음가짐을 가져야 합니다. 자신의 성취를 돌아보고 실수에서 배운 점을 인식하며, 어려움을 극복한 사람들의 사례를 통해 동기를 얻을 수 있습니다. 이러한 태도로 도전적인 과제에 임하면 성장 마인드셋을 기를 수 있습니다 .
PDF로 저장하기
글을 자연스러운 말투로 작성해 드려요 AI 탐지 방어 바로가기
최근 기록
뤼튼에게 무엇이든 물어보세요

- 자기소개서 작성하기
  - 회사명/학교명, 지원 직무/지원 학과는 사용자의 의도에 맞게 설정.
  - 강조할 경험과 핵심 이력 프롬프트는 “자원봉사를 통해 다문화 청소년들을 만나고 학습 멘토링을 도와주면서 교육에 대한 관심, 즉 학습과 그 과정의 동기적 심리에 관심이 생김”으로 작성함.

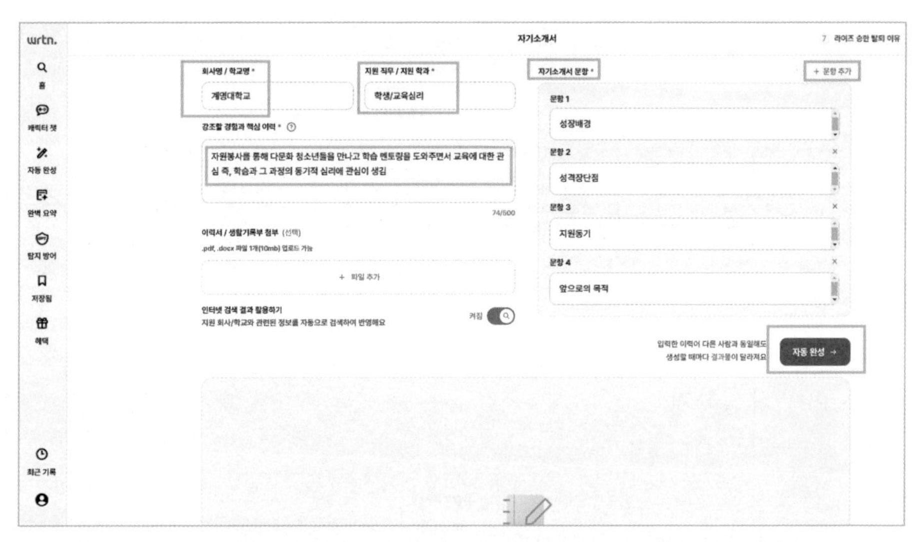

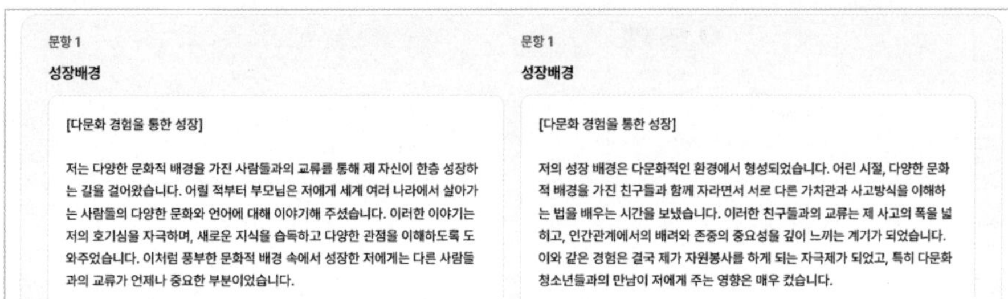

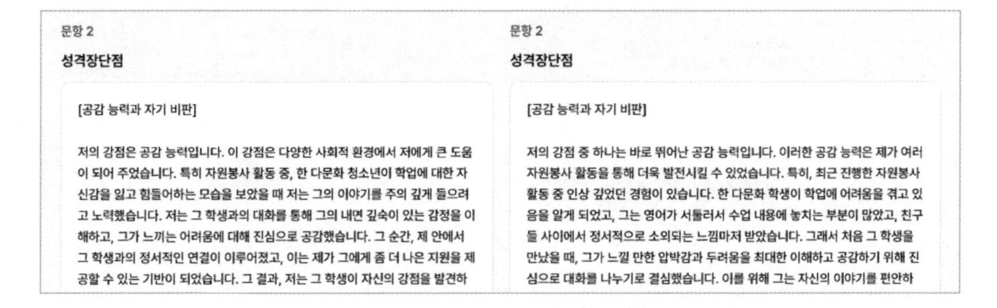

문항 3

지원동기

[교육과 심리에 대한 열정]

저는 교육과 심리에 대한 깊은 열정을 가지고 있습니다. 이러한 열정은 단순히 학문적인 관심에서 비롯된 것이 아니라, 실제 경험을 통해 더욱 확고해졌습니다. 특히, 자원봉사 활동을 통해 다문화 청소년들과의 멘토링 경험을 쌓으면서, 제가 가진 관심과 열정이 이렇게 구체화되었다는 것을 깨달았습니다. 그 과정에서 저는 학생들이 겪는 다양한 심리적 어려움과 그들이 필요로 하는 지원의 중요성을 더욱 깊게 이해하게 되었습니다. 계명대학교의 교육 심리 프로그램은 저의 이러한 열정을 더욱 발전시킬 수 있는 최적의 환경이라고 믿습니다.

문항 3

지원동기

[교육과 심리에 대한 열정]

계명대학교 교육 심리학 프로그램에 지원하게 된 동기는 저의 교육과 심리에 대한 깊고 강력한 열정에서 비롯된 것입니다. 학습과 심리적 지원이 학생들에게 미치는 영향력을 깊이 이해하게 된 것은 자원봉사를 통해 다문화 청소년들과의 경험에서 얻은 큰 깨달음 때문입니다. 이러한 경험들은 저에게 교육의 중요성을 자각하게 하고, 학생들이 심리적으로도 지원받는 환경의 필요성을 강하게 느끼도록 만들었습니다. 특히, 계명대학교의 교육 심리학 프로그램이 혁신적인 교수법, 최신 연구와 지역 사회 참여를 중시하는 것으로 잘 알려져 있어, 저의 흥미와 잘 조화롭게 맞아떨어진다고 생각합니다.

문항 4

앞으로의 목적

[다문화 교육 심리 전문가로서의 목표]

저의 장기적인 목표는 다문화 교육 심리 전문가가 되는 것입니다. 이 목표를 실현하기 위해 저는 다양한 문화적 배경을 가진 청소년들이 교육에서 겪고 있는 불평등을 해소하고, 그들의 학습 동기를 높이는 데 기여하고자 합니다. 이는 삶의 질을 향상시키고, 인류의 이해와 협력을 증진시키는 데 핵심적인 요소라고 믿습니다. 저는 계명대학교에서 배운 소중한 지식과 기술을 최대한 활용하여, 다문화 청소년들이 자신의 정체성을 이해하고, 학습에 대한 긍정적인 태도를 가질 수 있도록 돕고 싶습니다. 이 과정에서 얻는 보람은 저에게 큰 동기가 될 것입니다.

문항 4

앞으로의 목적

[다문화 교육 심리학자로서의 비전]

저의 장기적인 목표는 다문화 교육 심리학자로서 활동하며, 다양한 배경을 가진 학생들이 교육에서 겪는 불평등을 해소하는 것입니다. 이는 단순한 목표가 아니라, 제가 가진 열정과 전문성을 통해 사회에 긍정적인 영향을 미치고자 하는 강력한 의지를 바탕으로 하고 있습니다. 계명대학교에서 교육 심리학을 전공하면서 얻은 지식과 기술을 활용하여, 다문화 청소년들이 학업에서 성공할 수 있도록 돕고 싶습니다. 이러한 과정에서 교육은 단순한 지식 전달이 아닌, 개인의 성장과 발전을 위한 중요한 기반이 되어야 한다고 믿습니다.

- PPT 작성하기

PPT 작성

❶ 주제 설명 ❷ 목차 선정

발표 내용 *
PPT의 개요 및 대략적인 주제를 입력해 주세요

대한민국의 가을하늘

10/1000

PPT 분량 *
최대 100장까지 작성 가능

10장

자동 10 20 30 40 50 60 70 80 90 100

인터넷 자료 조사
인터넷 참고 자료가 정리된 부록을 받을 수 있어요

켜짐

다음

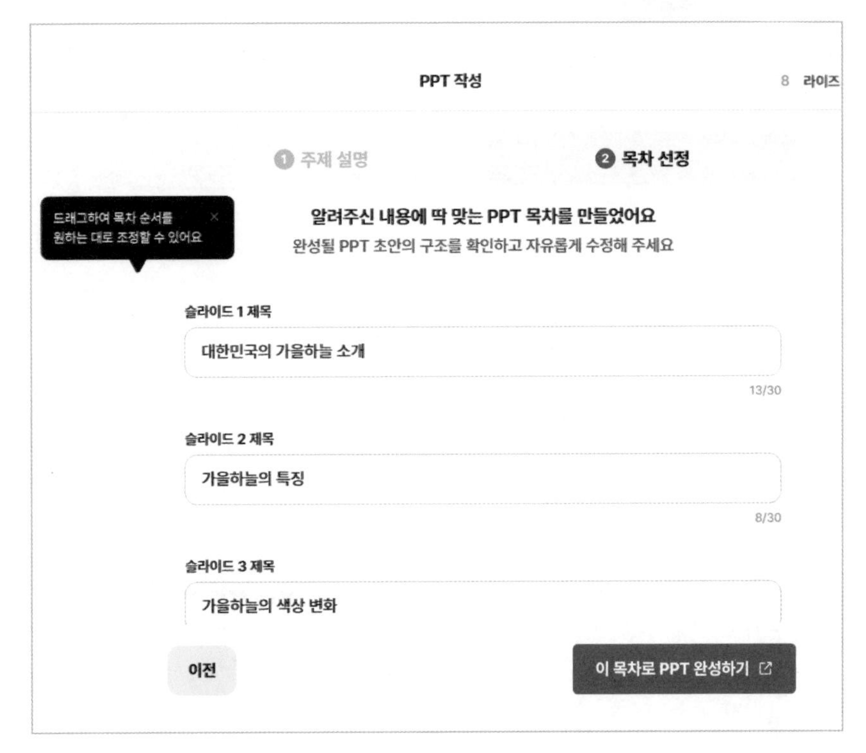

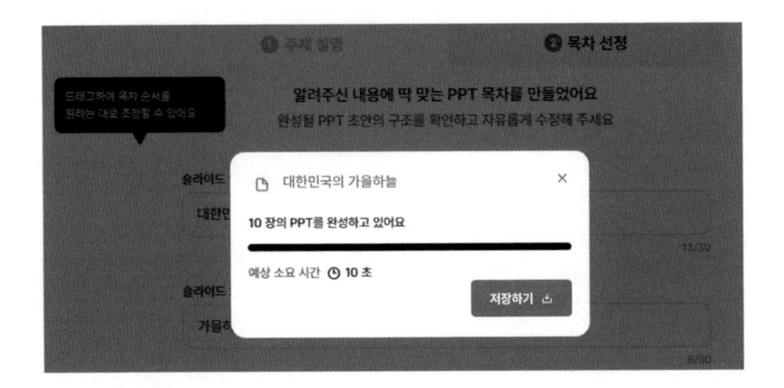

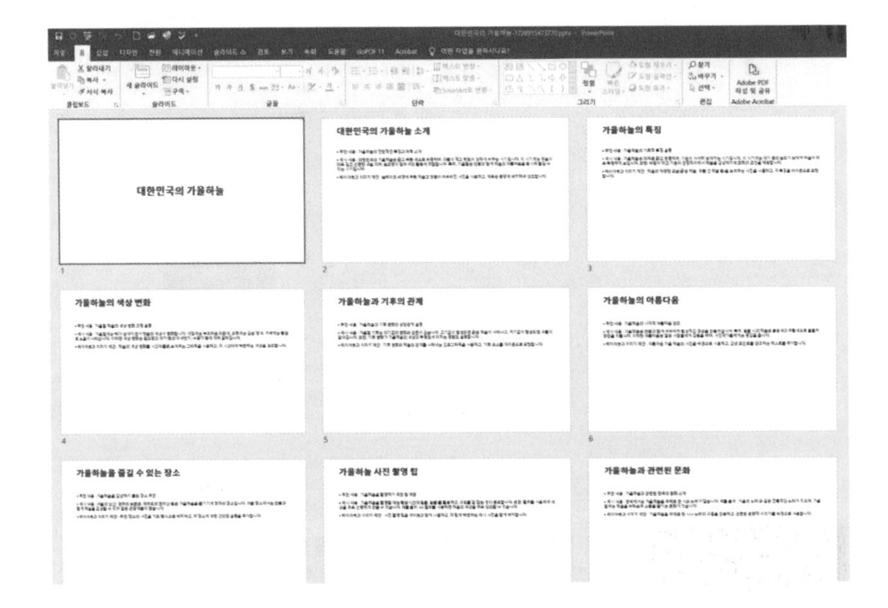

- AI 탐지방어를 통해 자연스러운 말투로 변경해서 작성가능(일부 유료버전)

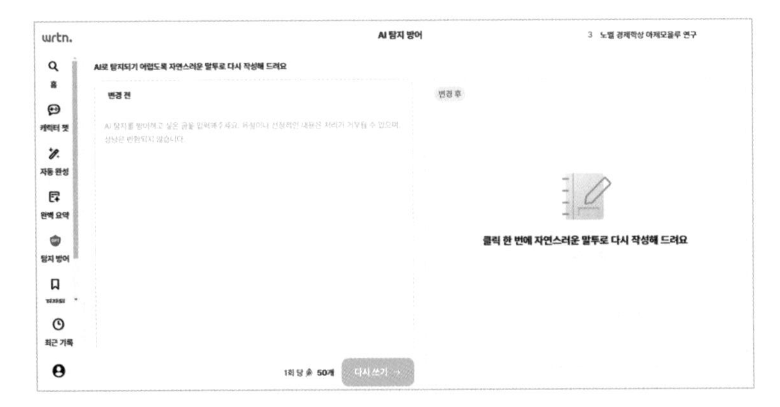

- AI 완벽 요약: 유튜브에서 자신이 관심있는 내용을 선정, 링크 설정

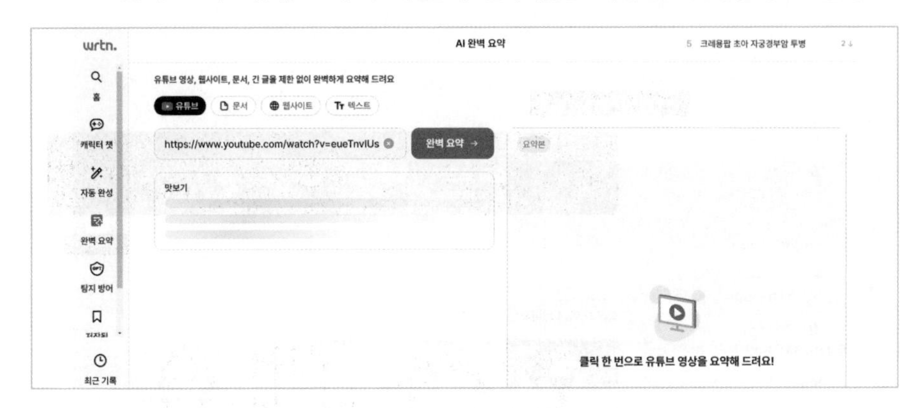

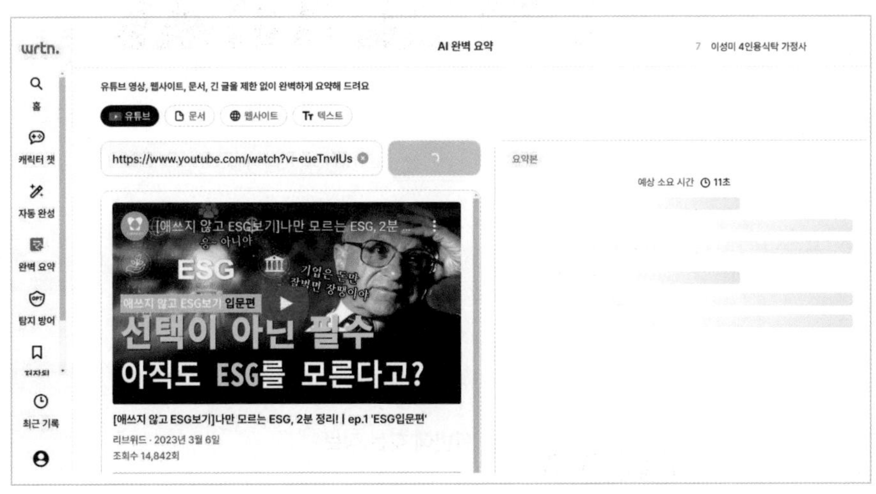

• 캐릭터 챗 사용하기

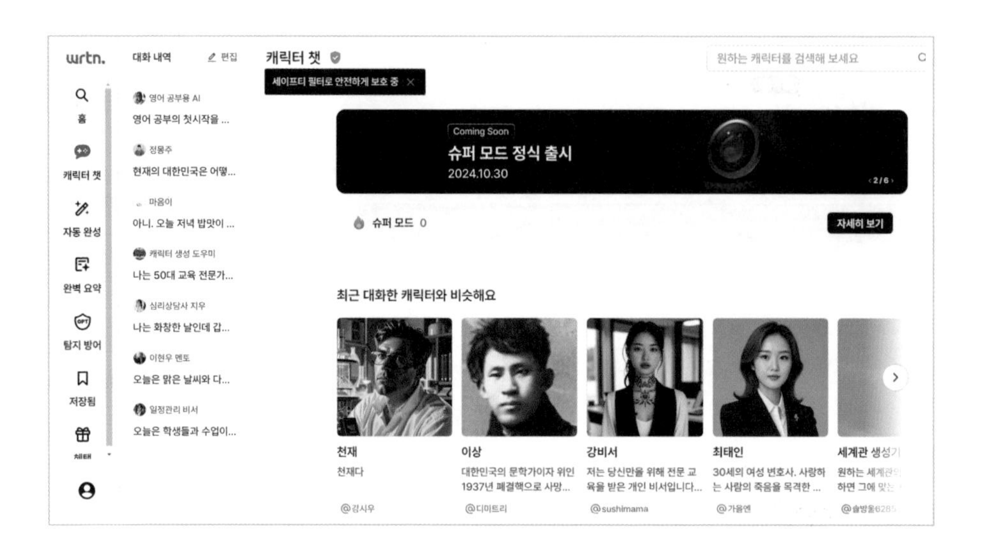

• 프롬프트 공유하기

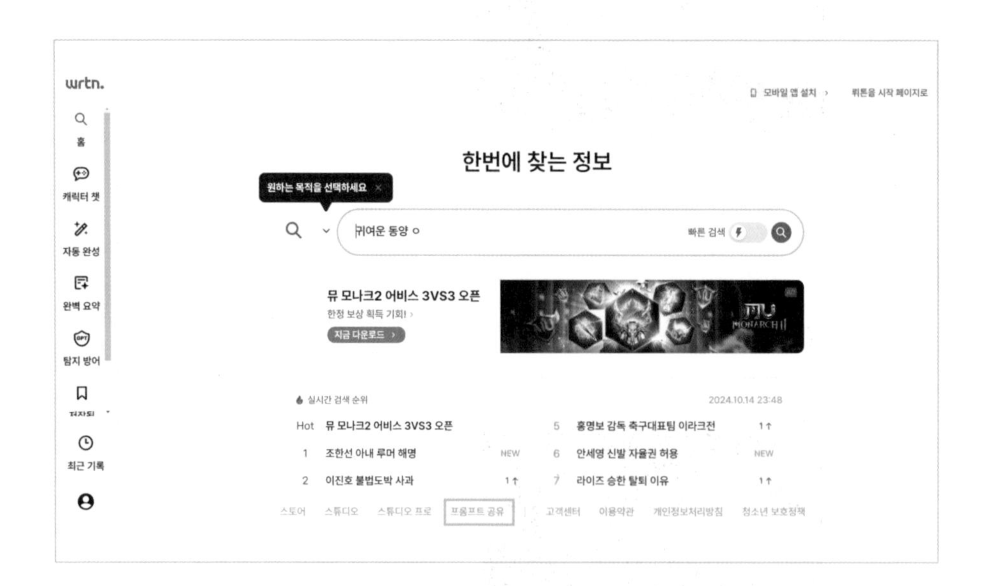

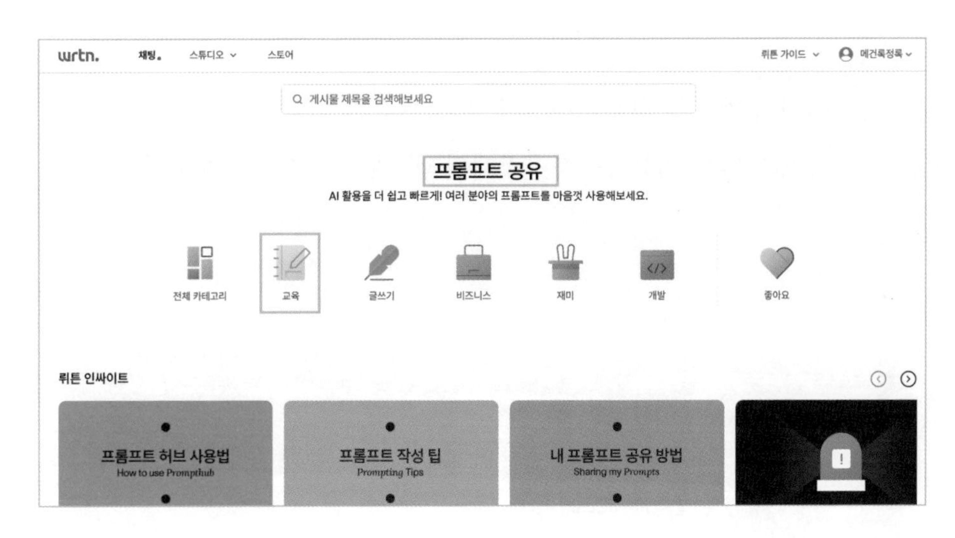
wrtn.
채팅
스튜디오
스토어
뤼튼 가이드
Q 게시물 제목을 검색해보세요
프롬프트 공유
AI 활용을 더 쉽고 빠르게! 여러 분야의 프롬프트를 마음껏 사용해보세요.
전체 카테고리
교육
글쓰기
비즈니스
재미
개발
좋아요
뤼튼 인싸이트
프롬프트 허브 사용법
How to use Prompthub
프롬프트 작성 팁
Prompting Tips
내 프롬프트 공유 방법
Sharing my Prompts

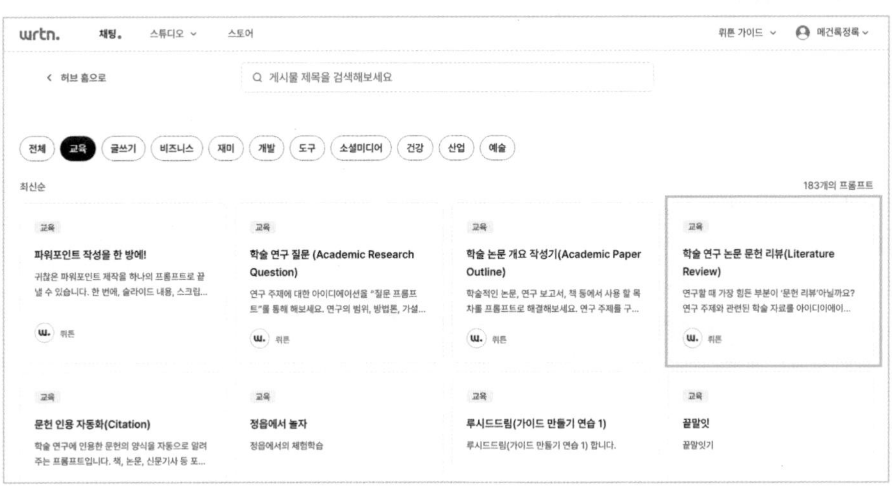
wrtn.
채팅
스튜디오
스토어
뤼튼 가이드
허브 홈으로
Q 게시물 제목을 검색해보세요
전체
교육
글쓰기
비즈니스
재미
개발
도구
소셜미디어
건강
산업
예술
최신순
183개의 프롬프트
교육
파워포인트 작성을 한 방에!
귀찮은 파워포인트 제작을 하나의 프롬프트로 끝낼 수 있습니다. 한 번에, 슬라이드 내용, 스크립...
뤼튼
교육
학술 연구 질문 (Academic Research Question)
연구 주제에 대한 아이디에이션을 "질문 프롬프트"를 통해 해보세요. 연구의 범위, 방법론, 가설...
뤼튼
교육
학술 논문 개요 작성기(Academic Paper Outline)
학술적인 논문, 연구 보고서, 책 등에서 사용 할 목차를 프롬프트로 해결해보세요. 연구 주제를 구...
뤼튼
교육
학술 연구 논문 문헌 리뷰(Literature Review)
연구할 때 가장 힘든 부분이 '문헌 리뷰'아닐까요? 연구 주제와 관련된 학술 자료를 아이디어에이...
뤼튼
교육
문헌 인용 자동화(Citation)
학술 연구에 인용한 문헌의 양식을 자동으로 알려주는 프롬프트입니다. 책, 논문, 신문기사 등 포...
교육
정읍에서 놀자
정읍에서의 체험학습
교육
루시드드림(가이드 만들기 연습 1)
루시드드림(가이드 만들기 연습 1) 합니다.
교육
끝말잇
끝말잇기

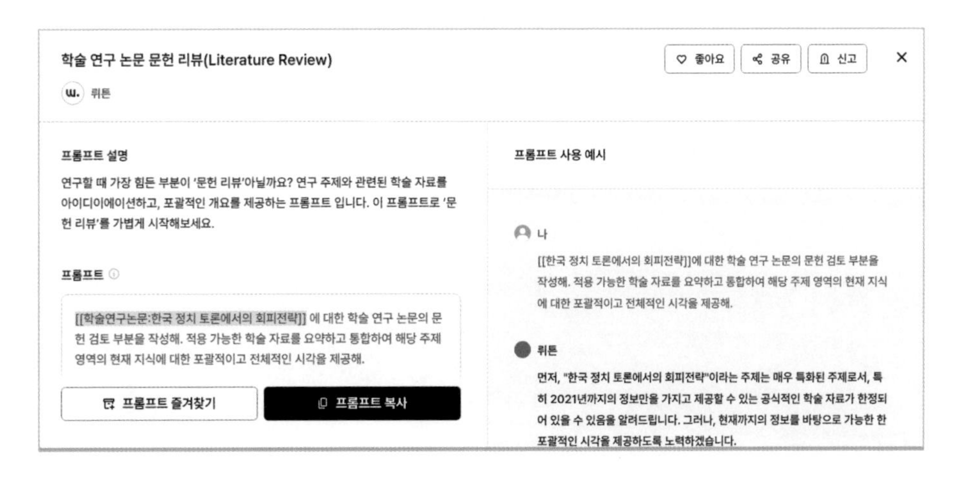
학술 연구 논문 문헌 리뷰(Literature Review)
뤼튼
좋아요
공유
신고
프롬프트 설명
연구할 때 가장 힘든 부분이 '문헌 리뷰'아닐까요? 연구 주제와 관련된 학술 자료를 아이디어에이션하고, 포괄적인 개요를 제공하는 프롬프트 입니다. 이 프롬프트로 '문헌 리뷰'를 가볍게 시작해보세요.
프롬프트
[[학술연구논문:한국 정치 토론에서의 회피전략]] 에 대한 학술 연구 논문의 문헌 검토 부분을 작성해. 적용 가능한 학술 자료를 요약하고 통합하여 해당 주제 영역의 현재 지식에 대한 포괄적이고 전체적인 시각을 제공해.
프롬프트 즐겨찾기
프롬프트 복사
프롬프트 사용 예시
나
[[한국 정치 토론에서의 회피전략]]에 대한 학술 연구 논문의 문헌 검토 부분을 작성해. 적용 가능한 학술 자료를 요약하고 통합하여 해당 주제 영역의 현재 지식에 대한 포괄적이고 전체적인 시각을 제공해.
뤼튼
먼저, "한국 정치 토론에서의 회피전략"이라는 주제는 매우 특화된 주제로서, 특히 2021년까지의 정보만을 가지고 제공할 수 있는 공식적인 학술 자료가 한정되어 있을 수 있음을 알려드립니다. 그러나, 현재까지의 정보를 바탕으로 가능한 한 포괄적인 시각을 제공하도록 노력하겠습니다.

(3) 뤼튼 실습하기

- AI 이미지 기능을 활용하여 템플릿에 필요한 이미지 만들기
- AI 과제와 업무 기능 중 '자기소개서'와 '레포트'를 작성해보기

2 참여촉진 도구

참여촉진 도구는 학습자나 회의 참석자들이 더 적극적으로 참여할 수 있도록 돕는 디지털 도구이다. 특히 회의, 발표, 교육 등 다양한 자리에서 청중들의 참여를 이끌어 내고, 더욱 효과적인 소통을 가능하게 해주는 역할을 한다.

왜 참여촉진 도구가 필요할까?

- 활발한 소통: 일방적인 전달 방식에서 벗어나 청중들의 의견을 수렴하고, 서로 소통하며 이해도를 높일 수 있다.
- 몰입도 증가: 지루한 강의나 회의에 활기를 불어넣고, 참가자들의 집중도를 높여준다.
- 실시간 피드백: 발표 내용에 대한 실시간 피드백을 통해 발표자는 내용을 보완하고, 참가자는 궁금한 점을 바로 해결할 수 있다.
- 데이터 기반 의사 결정: 수집된 데이터를 분석하여 참가자들의 의견을 파악하고, 향후 개선 방안을 모색할 수 있다.

ChatGPT를 활용하여 프롬프트
"에듀테크 플랫폼 참여 촉진 도구 이미지를 그려줘"라고 했을 때 생성된 이미지

출처: OPEN AI ChatGPT 이미지.

❶ 큐알코드(QR Code)

- '큐알코드(QR Code)'는 1994년 일본 도요타(Toyota)의 자회사인 덴소웨이브(DENSO WAVE)가 개발한 고속 판독용 매트릭스 2차원 코드.
- '큐알코드(QR Code)'는 '빠른 응답 코드(Quick Response Code)'의 약자로, 일반적으로 정사각형 모양의 격자로 표시되는 그래픽의 2차원 바코드이며, 모바일 장치에 탑재되어 있는 리더를 통해 쉽게 QR코드 인식이 가능.
- 일상에서 '큐알코드(QR Code)'는 웹사이트, 결제 링크, 개인 연락처 정보 및 기타 새로운 데이터 형식과 같은 다양한 정보로 연결되는 징검다리 역할을 함.
- 현재 '큐알코드(QR Code)'는 전 세계가 디지털화되고 스마트기기가 일상화되면서 우리 곁에 가까이 자리 잡게 됨.

(1) '큐알코드(QR Code)' 만들기 시작하기

- 검색 사이트에서 ME_QR 또는 https://www.me-qr.com, 큐알코드를 검색함.

ME-QR
https://www.me-qr.com › 만드는_사람 › qr

쉬운 QR 코드 생성기
나만의 **QR** 생성 — 당사의 서비스로 고유한 **QR 코드**를 생성하고 이를 사용하여 훌륭한 경험을 하십시오. 필요한 **QR 코드** 유형을 선택하고 지금 바로 사용해 보세요. 나만의 **QR 코드** 생성. 무료 **코드**.

QR 코드 생성
간단한 3단계를 따라 QR 코드를 생성합니다.

URL용 QR 코드
URL의 QR 코드 URL로 QR 코드

텍스트를 QR 코드로
텍스트용 QR 코드 생성 텍스트를 QR 코드로 변환

JPG 이미지용 QR 코드
이미지에 대한 QR 코드 생성 JPG 이미지 업로드 및 QR 코드 생성

PDF용 QR 코드
PDF 파일용 QR 코드 PDF로 QR 받기

- ME_QR에 접속하면 QR코드생성과 로그인이 왼쪽 상단에 있음. 별도로 로그인하지 않아도 ME_QR은 사용이 가능.

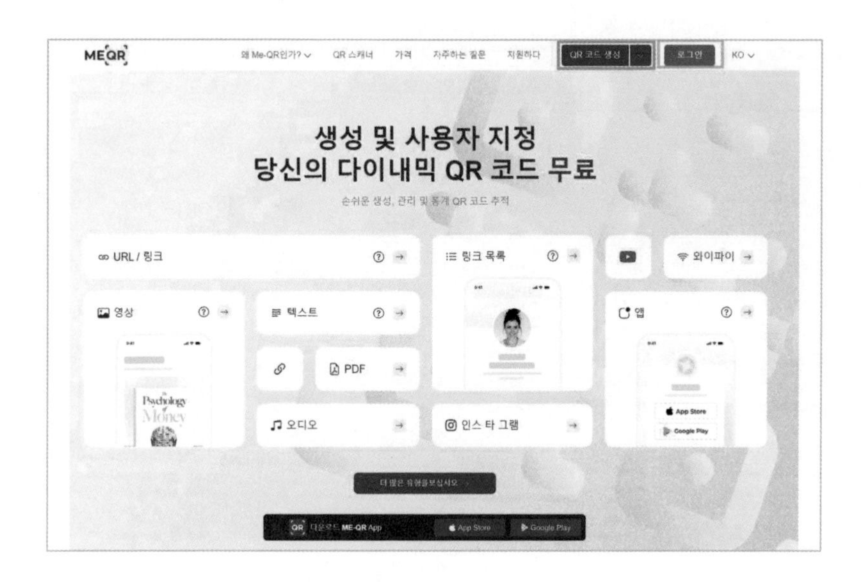

• 아래로 화면을 내리면 3단계로 QR코드 생성 화면이 나온다.

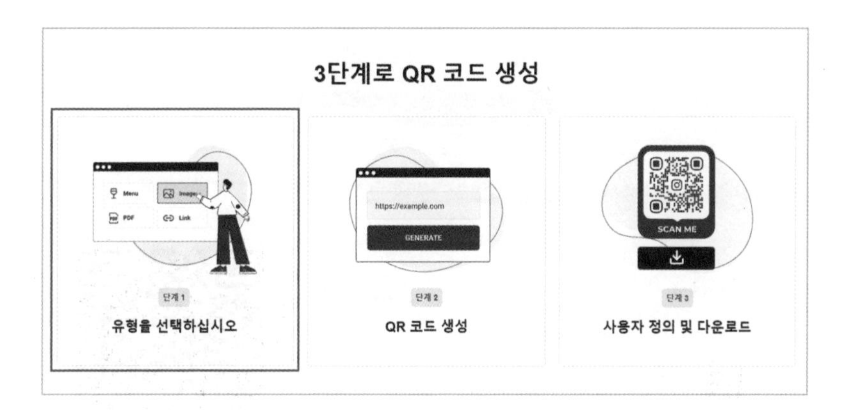

• 1단계 유형을 선택 → QR 코드 생성기 페이지에서 콘텐츠 유형을 선택.
• 공유하고 싶은 구체적인 정보(링크, 이미지, PDF, PowerPoint 프레젠테이션, 명함, Wi-Fi 연결 정보, 모바일 앱, 레스토랑 메뉴 등)를 결정.
• 필수 정보를 입력. 선택한 QR 코드 유형에 따라 링크를 필드에 붙여 넣거나, 파일을 업로드하거나, 텍스트 필드를 채운다.
• QR 코드 생성. ["QR 코드 생성"] 버튼을 클릭하여 QR 코드가 생성.

유형을 선택하십시오
어떻게 작동합니까?
모든 유형의 QR 코드
링크 / URL
PDF
이미지
시장 / 앱 스토어를 플레이하십시오
텍스트
WhatsApp
vCard
Google Maps
Wi-Fi
오디오
이메일
온라인 예약
전화 통화
PPTX
사용자 정의 URL
더 많은 유형을보십시오

← 뒤쪽에
내용을 입력하십시오
링크 / URL
시장 / 앱 스토어를 플레이하십시오
텍스트
Google Maps
Wi-Fi
오디오
PDF
WhatsApp
https://me-qr.com/ko
QR (선택 과목)
컨텐츠 범주 (선택 과목)
QR을 사용자 정의하고 다운로드합니다

← 뒤쪽에
QR을 사용자 정의합니다
미리 만들어진
프레임
모양 및 색상
상별 마크
내 템플릿
미리 만들어진 템플릿
모두 보기
SCAN ME
+45
프레임
모두 보기
휴일
이벤트
PNG
1000x1000 px
QR 코드 다운로드
설정 재설정
QR 코드 옵션

SCAN ME
프레임 추가(CTA 포함 또는 제외)
디자인 (배경 음영, 색상, 코드 스타일)을 사용자 지정합니다.
로고를 선택하세요(브랜드 로고나 소셜 네트워크 로고).

(2) 큐알코드(QR Code) 사례: 좋아하는 장소, 좋아하는 음악 QR 생성

(3) 큐알코드(QR Code) 활용하기

- 자신의 현재 위치, 좋아하는 음악, 좋아하는 글, 영상 등을 '큐알코드(QR Code)'를 생성하여 소개하기

2 Slido(슬라이도)

- Slido는 실시간으로 불특정 다수와 상호작용을 할 수 있는 도구.
- Slido는 회의, 세미나, 강연 등에서 실시간으로 청중과 상호작용할 수 있는 도구.
- Slido를 사용하면 실시간 질문, 투표, 퀴즈, 워드 클라우드 등을 통해 청중의 의견을 수집하고, 참여를 유도할 수 있음.
- 주요 기능
  - 실시간 투표: 청중의 의견을 실시간으로 수집하고 결과를 즉시 표시 가능.
  - Q&A: 청중이 익명으로 질문을 제출하고, 가장 중요한 질문을 투표

로 선정가능.

- 퀴즈: 재미있는 퀴즈나 퀴즈 게임을 통해 참여를 유도가능.
- 분석: 회의나 이벤트 후에 참여도와 피드백을 분석가능.

(1) Slido (슬라이도) 시작하기

- 검색사이트에 슬라이도 또는 www.sli.do 검색

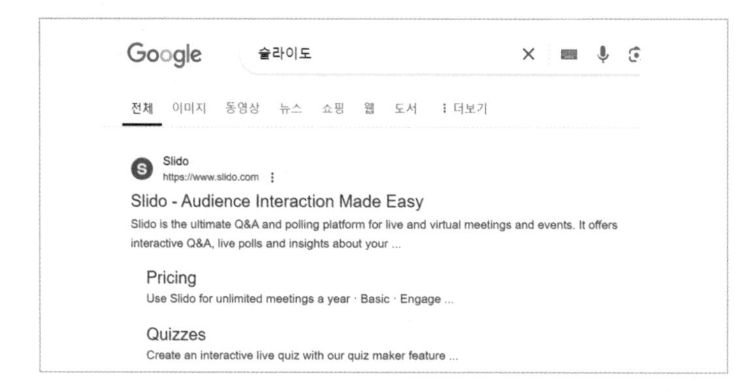

- 교육생은 별도의 사이트 가입 없이 간편하게 참여할 수 있지만, 강사는 학습 기능을 활용하기 위해서 가입해야 함.
- 사용자가 실시간 소통이 필요한 경우 사용등록 → 로그인.
- 사용등록은 별도로 가능하지만 기존에 사용한 wondows, Google로도 가입가능.

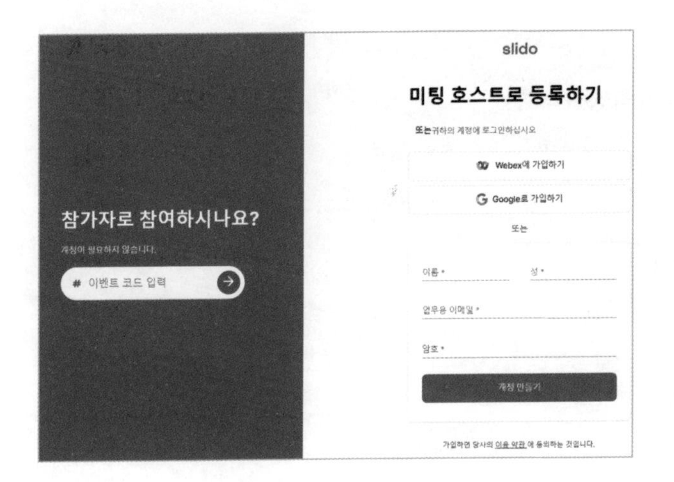

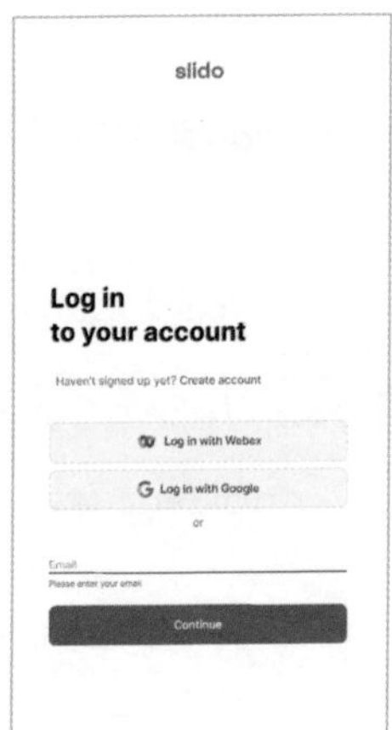

(2) Slido(슬라이도) 활용: 질문 만들기

- 로그인 하면 우측 상단 "Create a Slido"

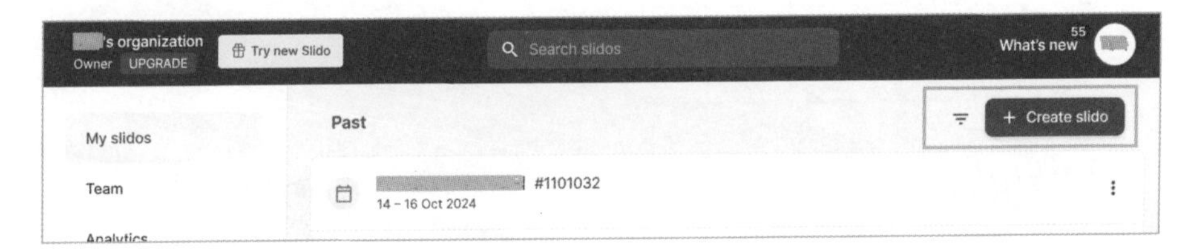

- 클릭 후 아래와 같은 팝업이 나오면 시작 날짜와 종료 날짜를 정해준 뒤, slido의 강의 주제에 대해 입력 예시 "○○○대학교 에듀테크의 이해" 우측 하단의 버튼을 클릭함.

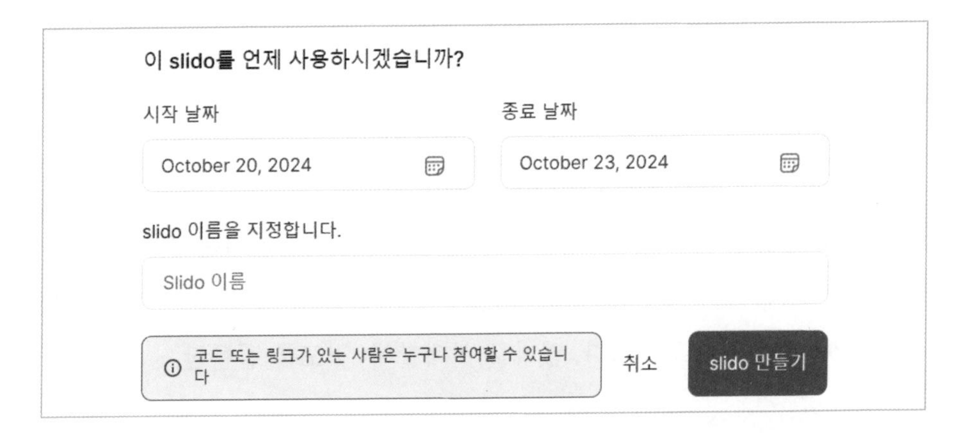

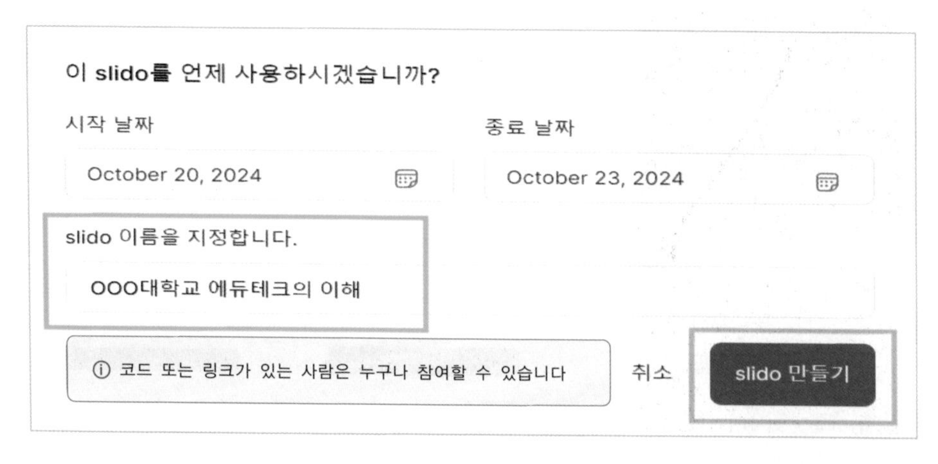

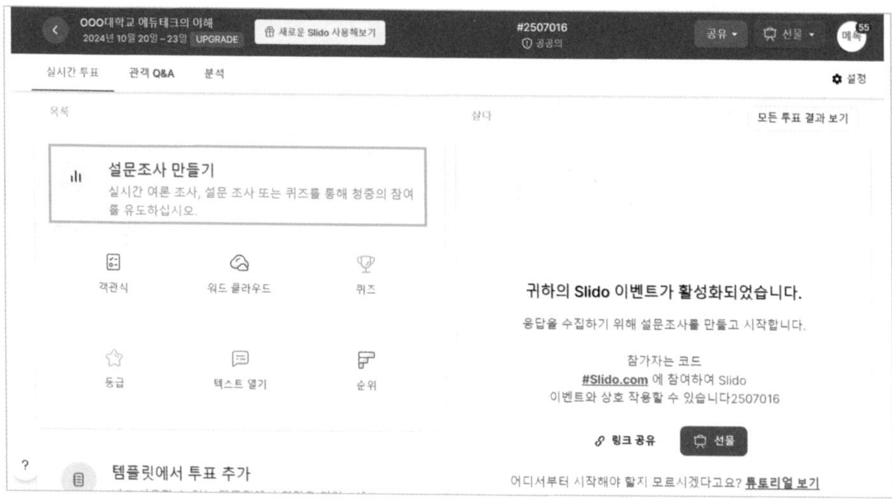

- Slido 질문 종류 다섯 가지

  1. Multiple choice(객관식) / 2. Word cloud(단답식) / 3. Quize(퀴즈) / 4. Rating(별점/수치표현) / 5. Open text(주관식)

- Slido 무료버전은 이벤트당 3개의 질문까지만 가능하다는 것.
- 아래 그림은 Multiple choice(객관식)의 유형을 선택하여 "에듀테크에 대해 알고 있나요?" 있다, 없다를 선택할 수 있도록 질문함.

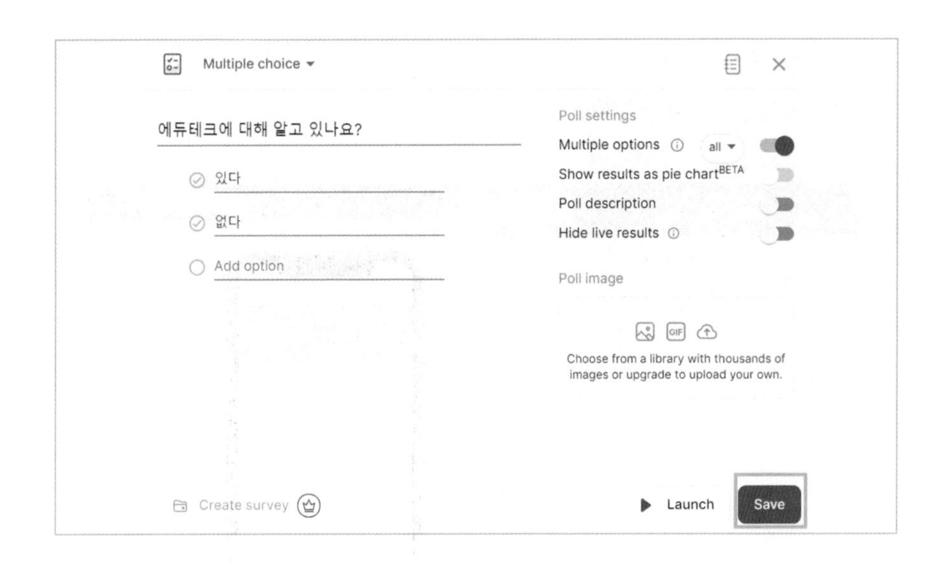

• 질문이 완성되면 아래 그림처럼 나타나고 초록색 Play버튼을 클릭하면 빨간색 실행버튼으로 표기되며 오른쪽 화면에 사용자가 질문한 설문내용이 표기됨.

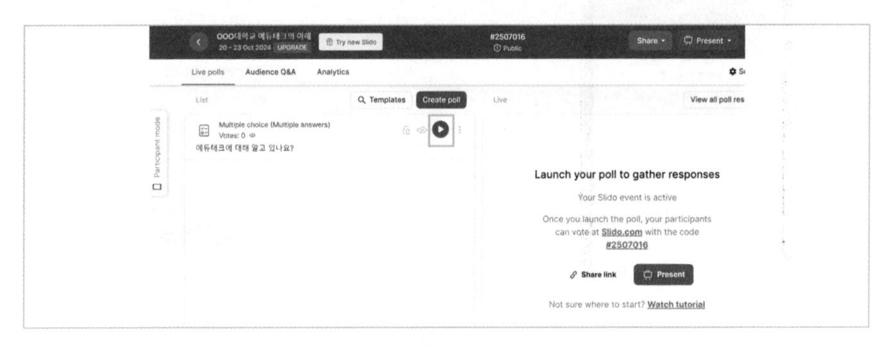

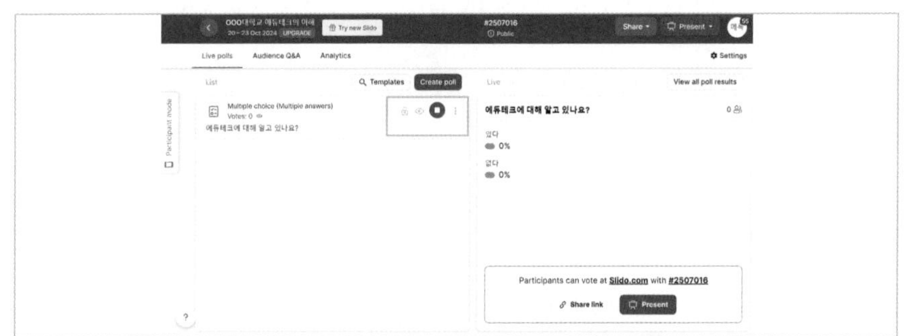

• Slido는 질문이나 퀴즈를 생성하면 미리보기 기능이 있음.

• 화면 왼쪽 Participant mode를 클릭하면 생성된 질문이나 퀴즈가 올바로 생성되었는지 확인 가능.

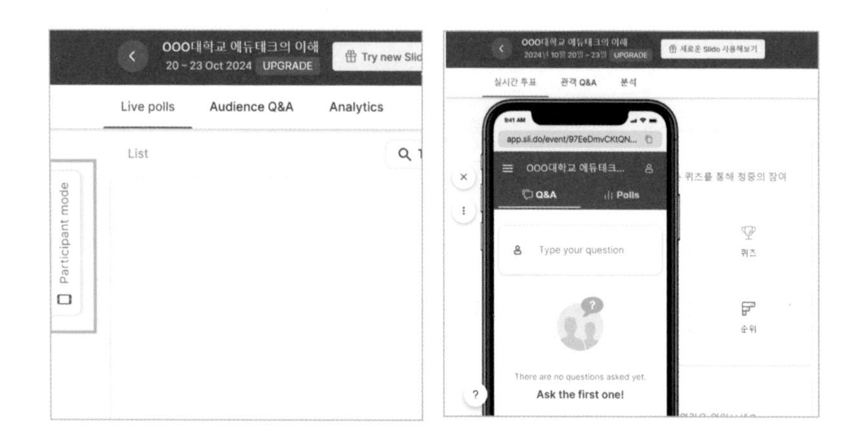

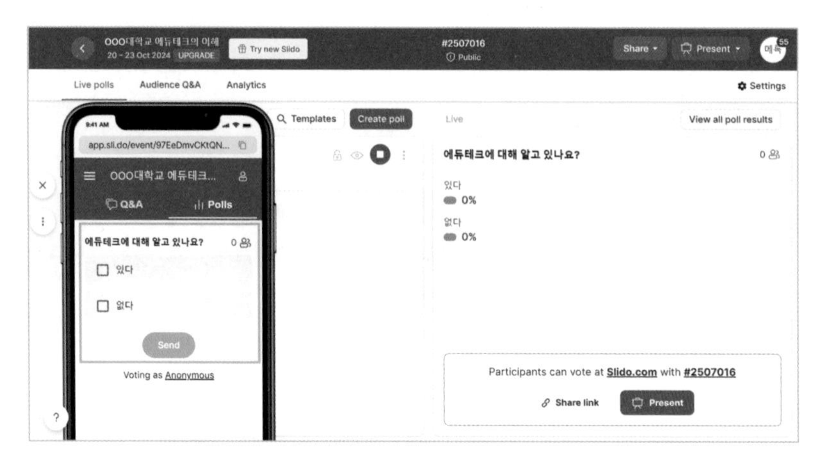

• 설정을 마쳤다면 우측의 "Present"를 클릭 → Slido 및 QR 코드를 한눈에 볼 수 있음.

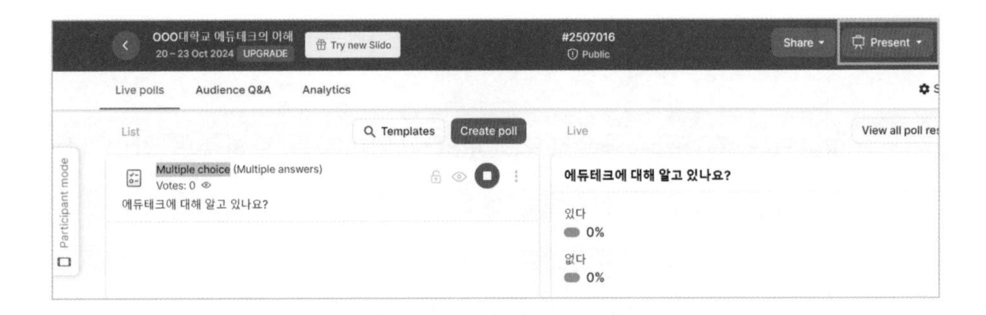

- 아래 그림은 "Present"를 클릭 후 화면 → 오른쪽 상단 아이콘은 실시간 참여자수를 알 수 있으며, 왼쪽 화면의 큐알코드, 참여코드와 현재 질문이 활성화되었는지를 확인가능함.

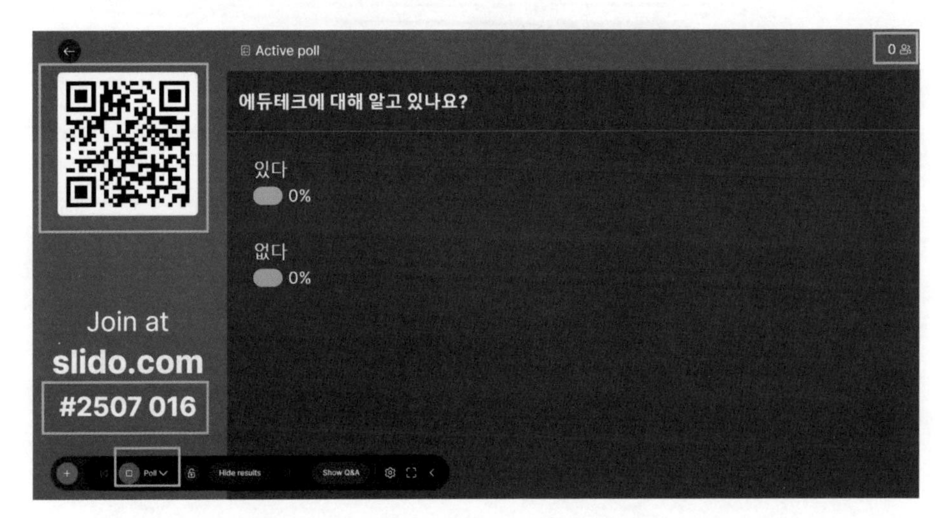

- 화면 오른쪽 상단 "share"를 클릭하면 참여자들이 참여할 수 있도록 공유할 수 있는 큐알코드나 인증번호를 저장하여 ppt나 구글 독스 등을 연결 가능.

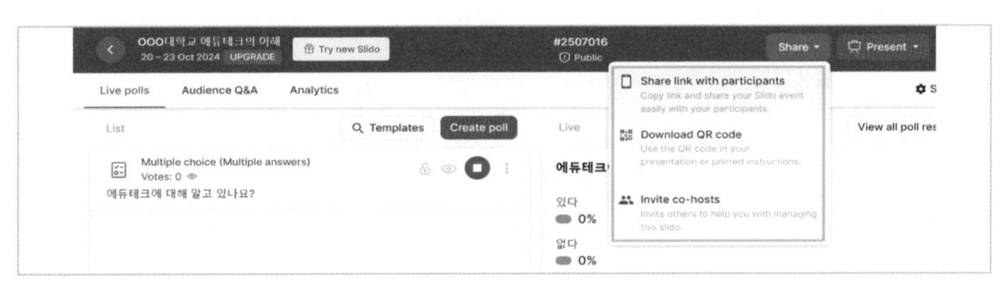

- 링크 복사하기: 링크를 복사해서 참여자들 톡방에 전달하거나 공유 가능.
- QR코드 스캔 또는 다운로드: QR코드 이미지를 보여주면 참여자들이 휴대폰으로 촬영해서 해당 설문조사로 바로 입장이 가능
- 입장 번호 공유하기 : #번호를 공유해서 slido 사이트에서 직접 코드를 입력하고 방에 입장가능. 홈페이지 메인 화면 가장 위쪽에 코드 입력하는 곳이 있음.

- Slido는 회의, 세미나, 강연 후 분석이 가능

- 또한 Slido는 PowerPoint, Google slides, Microsoft teams, Webex, zoom 등의 다양한 플랫폼을 연계해서 사용가능.

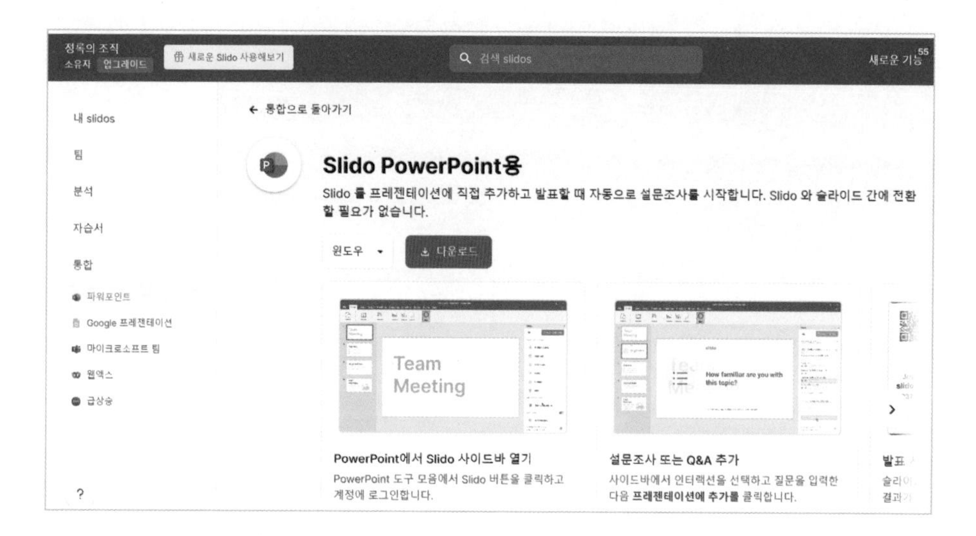

(3) 슬라이도 실습하기

• 개인 로그인하여 각자 질문을 만들어 공유하기

- open text 오늘 수업에서 배우고 느낀 점을 작성해 보세요.
- word cloud 내가 사용한 에듀테크 기술을 세 가지 작성해 보세요.
- 설문유형에 맞게 다양한 질문 만들기

3 온라인 협업도구

협업도구를 단순히 메신저와 같은 Team Communication Tool이라고 인식하는 경우도 있는데 명확하게 분류하자면 협업도구는 Team Collaboration Tool을 의미한다. 즉 단순한 메시지의 소통뿐만 아니라 팀 내에서 업무 전체를 협업할 수 있는 도구를 뜻하는데 기본적으로는 소프트웨어형(SaaS) 클라우드 서비스를 기반으로 팀 커뮤니케이션, 일정관리, 파일공유, 노트 작성, 프로젝트 관리 등 일반적으로 지식 노동자들의 원활한 업무를 도와주는 서비스이다.

협업도구 혹은 협업 플랫폼은 온라인 협업을 효율적으로 만들어주기 위한 소프트웨어(SW), 즉 Team Collaboration Tool을 의미한다.

단순한 메시지의 소통뿐만 아니라 팀 내에서 작업 전체를 협업할 수 있는 도구를 뜻하는데 기본적으로는 소프트웨어형(SaaS) 클라우드 서비스를 기반으로 팀 커뮤니케이션, 일정관리, 파일공유, 노트작성, 프로젝트 관리 등 일반적으로 지식 노동자들의 원활한 업무를 도와주는 서비스이다.

클라우드 기반 협업툴의 사용은 시간과 장소에 얽매이지 않는 효율적인 협업을 돕고 개인 이메일이나 메신저와의 구분을 통해 업무와 사생활을 분리할 수 있다는 이점이 있다.

협업툴 사용 시 얻을 수 있는 가장 중요한 이점은 지식과 정보를 구조화하고 축적하는 사고 능력이 향상된다는 점을 들 수 있으며 지식 관리를 위한 도구의 적절한 사용은 개인이 가진 지식 관리 역량 자체를 한 단계 끌어올리는 디딤돌이 될 수 있다.

Microsoft Copilot를 활용하여 프롬프트
"온라인 협업도구 툴"을 표현하는 이미지를 그려줘"라고 했을때 생성된 이미지

출처: Microsoft Copilot 이미지.

1 패들렛(Padlet)

- Padlet은 사람들이 다른 사람들과 콘텐츠를 만들고 공유하기 위해 사용하는 소프트웨어이며 하나의 작업공간에 초대된 사람들이 메모지를 붙여 공유하는 소프트웨어.
- Padlet은 QR코드, 이메일, 링크 등을 통해 쉽게 접속할 수 있으며, 로그인하지 않아도 게시글과 댓글을 작성할 수 있어 빠르게 작업할 수 있으며 컴퓨터가 없어도 모바일로 협업이 가능.
- 또한 게시글에 이미지, 비디오는 물론이고 앱·웹상의 모든 출처에서 수집된 다양한 콘텐츠를 삽입할 수 있으며 첨부한 링크와 파일은 미리보기 형태로 표시되기 때문에, 클릭하지 않아도 내용을 알 수 있어 편리하며 특히 YouTube 임베드 기능이 있어 페이지 이동 없이 패들렛에서 바로 영상을 재생할 수 있음.

(1) 패들렛 시작하기

- 검색사이트에서 패들렛, Padlet, https://padlet.com을 검색하고 클릭.
- 우측 상단의 가입하기를 누른 후 가입 방법을 선택.
- 로그인 되면 우측 상단에 만들기를 클릭.
- 새 게시판을 만들면 제목과 담벼락 형식을 선택.

패들렛

제퍼디 스타일의 퀴즈 게임을 제공하는 패드**렛** 샌드박스의 스크린샷. 태양계에 대한 KWL(알고, 궁금해하고 ...

로그인

귀하의 Padlet 작업 전체 본문을 보려면 로그인하세요.

가입하기

Padlet에 가입해 친구, 동료와 아름다운 컨텐츠를 만들고 공유해보세 ...

• 만들어진 패들렛의 설정을 바꾸기 위해서 왼쪽 상단에 있는 설정버튼(톱니바퀴 모양)을 누르고 먼저 제목과 형식(담벼락)을 선택.

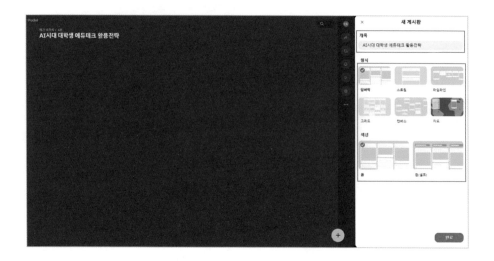

- 설정창을 누르면 오른쪽에 설정 팝업이 뜬다. 클릭하여 순서에 따라 설정.

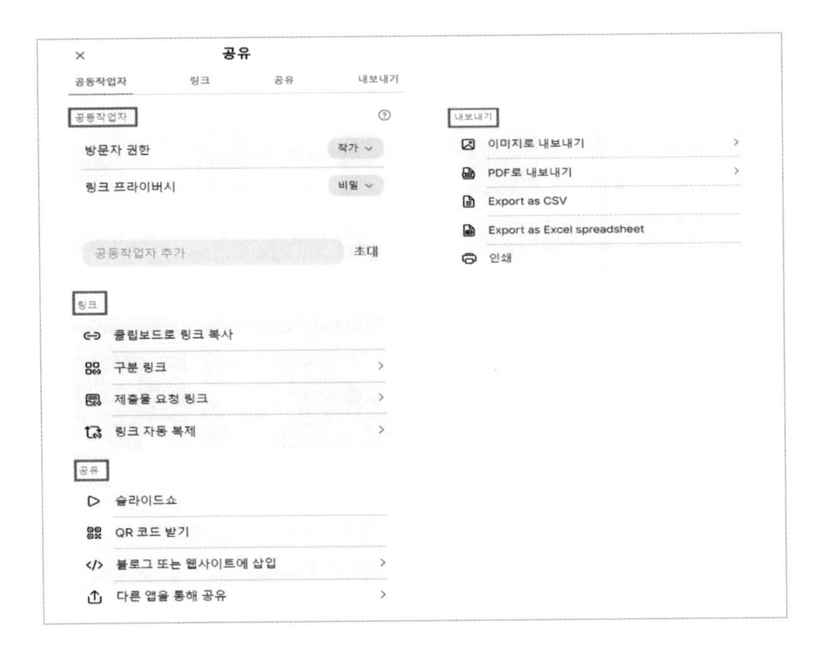

- 톱니 모양의 설정에서 제목과 설명: 제목은 필수, 설명은 선택.
- 아이콘과 배경화면 : 패들렛 만들기를 했을 때 아이콘은 없는 상태로 배경화면은 랜덤으로 설정되므로 개인 취향에 맞게 변경.
- 주소: 패들렛은 링크주소로 공유. 기본적인 링크의 구조는 padlet.com/아이디/패들렛 이름 순으로 이루어짐. 이 중 패들렛 이름 부분을 원하는 대로 변경 가능.
- 색상 양식과 글꼴 설정.
- 댓글과 반응: 댓글과 반응 기능을 활성화하면 서로가 쓴 글상자에 댓글을 달거나 반응(좋아요 표시)을 할 수 있음.
- 승인 및 금지어 설정.
- 공유 설정을 통해 공동작업자 선정, 링크복사, 내보내기 등을 할 수 있음.

• 오른쪽 하단의 '+'를 클릭 → 새 포스트 생성 → 생성된 포스트에 작성.

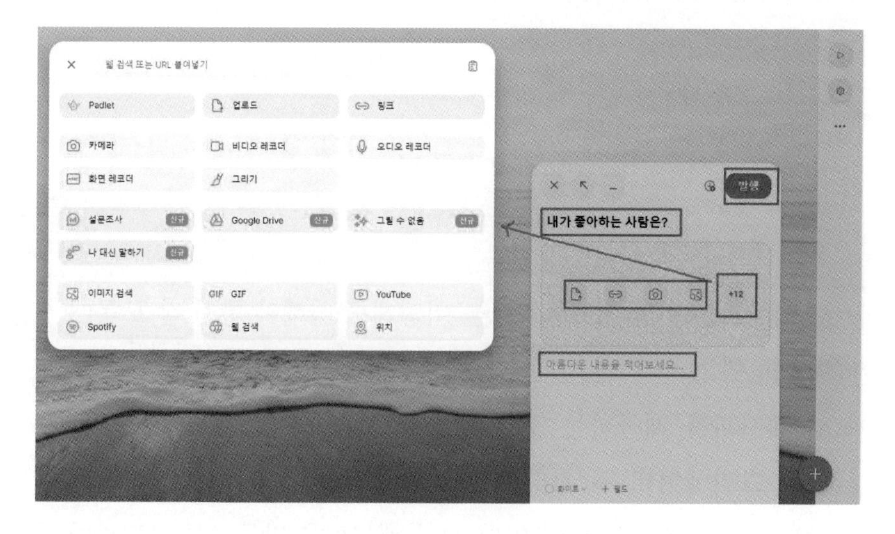

- 업로드: 컴퓨터에 있는 파일을 포스트에 업로드 할 수 있음.
- 링크: URL을 붙여넣기 해서 사진, 동영상, 파일 등을 공유할 수 있음.
- 구글: 이미지, 동영상, 오디오, 웹 검색 결과 등을 바로 검색해서 게시할 수 있음.
- 스냅: 카메라로 사진을 촬영하여 등록가능(스마트폰, 태블릿, 웹캠 등을 이용).
- 필름: 카메라로 동영상을 촬영하여 등록가능.

- 보이스: 마이크로 오디오를 녹음가능.
- 스크린: 사용자의 화면을 녹화가능(크롬 확장 기능이 필요).
- 드로우: 마우스로 자유롭게 그림을 그려서 게시할 수 있음.
- 플레이스: 구글 맵으로 장소를 검색하여 위성 사진, 지도 등을 게시할 수 있음.
- 패들렛: 다른 패들렛과 연결할 수 있음.

(2) 패들렛의 새로운 기능

- 패들렛 상단의 +Make를 클릭하고 왼쪽 화면 AI 레시피(AI recipes)를 클릭하면 아래와 같은 이미지가 생성.

- AI 레시피는 어떻게 프롬프트를 어떻게 구성해야 할지 잘 모를때 사용이 가능함.
- AI 레시피를 제공하는 것은 토론 게시판, 수업 계획, 루브릭, 수업 활동 크리에이터, + 기타로 구성되었고 '대상', '주제', '학습내용'과 같은 사용자 지정 입력이 있어 AI가 패드렛을 만들도록 유도하여 가장 좋은 방법을 안내해 줌.
- 예를 들어 가장 인기 있는 토론 게시판을 클릭 → 화면 변화 → 설정과 토론게시판.
- 토론 게시판에 주제 입력: '미래의 직업 변화가 우리에게 어떤 영향을 미칠까요?'라고 입력함.

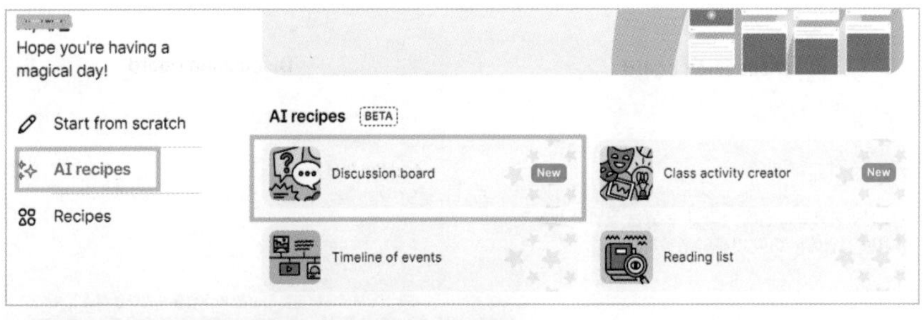

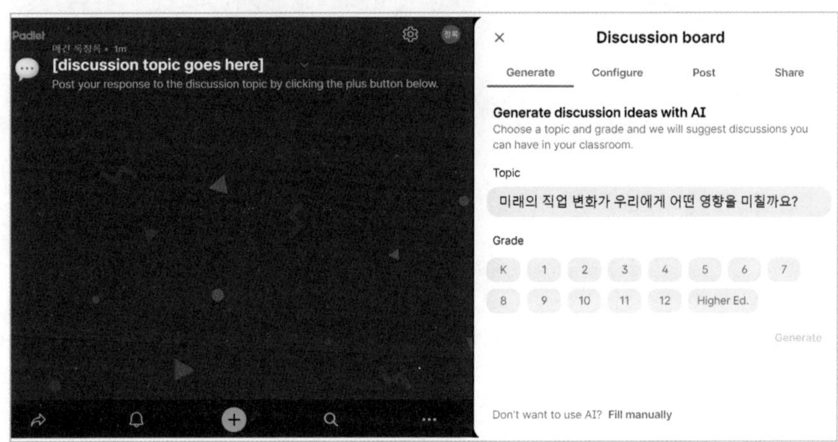

• 토론게시판에 주제 입력 이후 등급설정 → Select from the options below... 자동생성 후 선택.

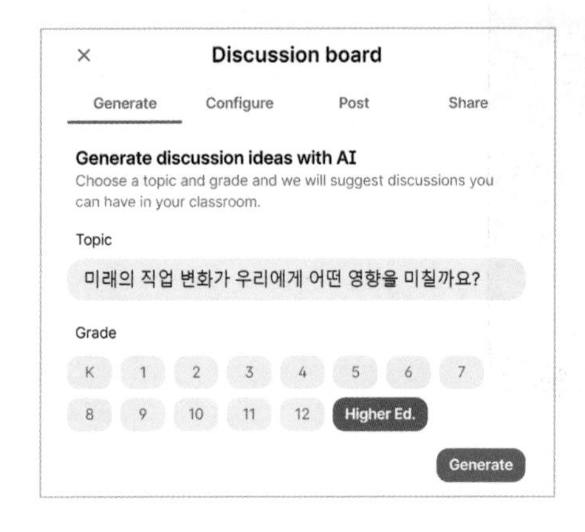

• 토론게시판 구성(Configure your discussion board)에서 선택한 토론주제(Discussion prompt) 입력 → 토론 유형(Discussion type) 선택 클릭 → 게시물(post) 선택.

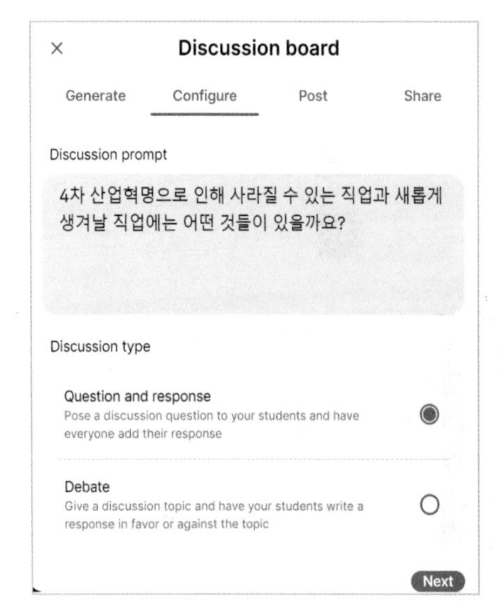

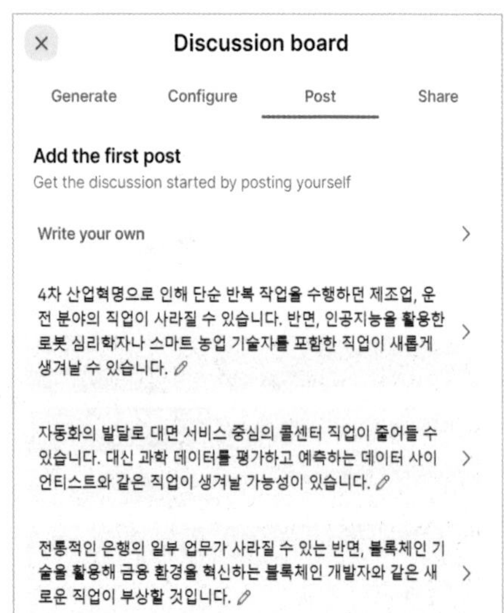

• 토론 게시물 선택 → NEXT 클릭 → 왼쪽 하면처럼 자동으로 게시판이 시작됨.

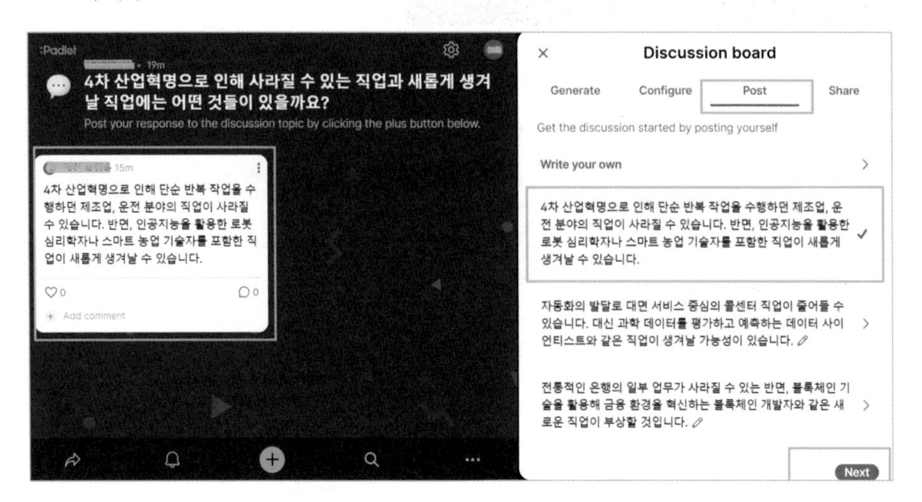

• AI로 만들기는 생성 AI의 강력한 기능을 사용하여 설명을 기반으로 패들렛을 쉽게 생성 가능.

(3) 패들렛 활용사례

화면 상단 + Making 클릭 → Create a Padlet 생성

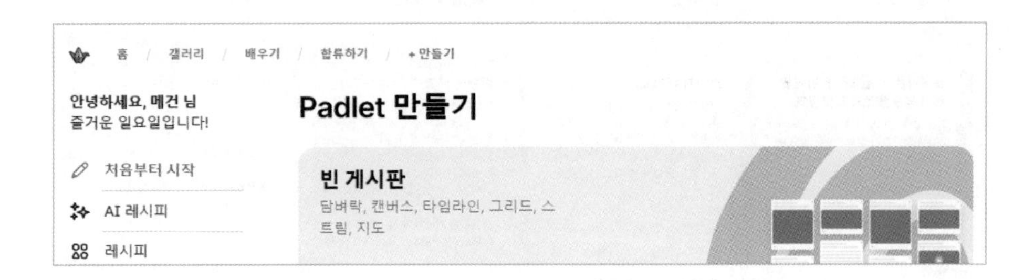

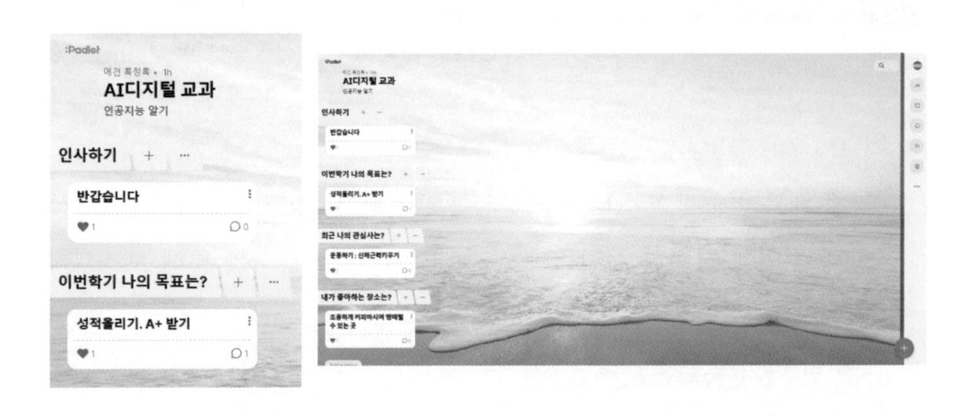

• 자기소개 및 다양한 활동

(4) 패들렛 실습하기

- 각자 패들렛에 새 포스트(새 글, 질문)를 생성하고 QR코드나 링크 만들기
- 함께 수업에 참여한 사람들에게 QR코드나 링크복사를 통해 포스트에 참여하도록 한다.
  - 이번 학기 목표는?
  - 최근 나의 관심사는?
  - 나를 표현하는 이미지(캐릭터), 힘이 되는 문장
  - 내가 좋아하는 장소는? 등의 질문을 만든다.
  - 각자 질문하고 싶은 것을 자율적으로 구성해도 된다.
- 참여한 내용들을 함께 확인하고 '좋아요' 댓글을 작성하고 나눈다.

2 멘티미터(Mentimeter)

- 멘티미터(Mentimeter)는 실시간으로 청중의 의견을 수집하고 시각화할 수 있는 프레젠테이션 및 상호 작용 도구.
- 한 화면에서 입력된 내용이 전체 참여자에게 바로 보여지기 때문에 참여자들의 흥미를 유발할 수 있고, 직관적으로 참여자들의 생각을 공유할 수 있는 장점이 있음.
- 사용자는 설문 조사, 퀴즈, 투표 등을 통해 청중의 참여를 유도할 수 있으며, 실시간 결과를 시각적으로 확인할 수 있음.
- 강의시간에 활용된다면 대체로 동기유발, 수업중, 마무리 활동 등 언제든 참여자들의 의견을 모아보고 싶을 때 활용할 수 있음.

(1) 멘티미터(Mentimeter) 시작하기

- 검색창 "mentimeter", www.mentimeter.com 검색

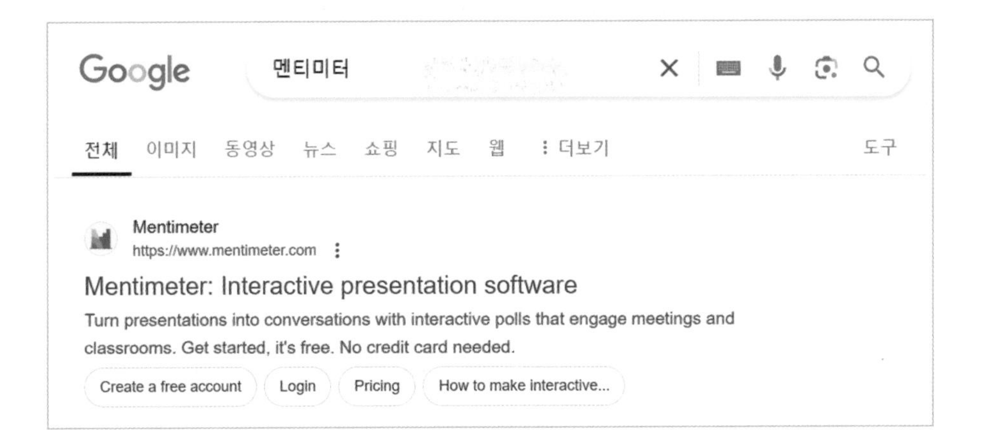

• "Sign up"을 눌러 가입

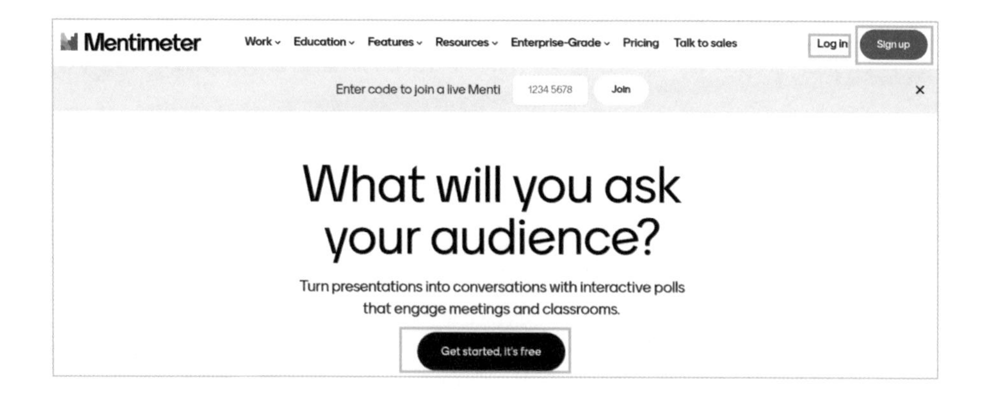

• 이메일로 회원가입을 할 수 있으며, 구글/페이스북으로 간편 회원가입 가능.

• 우측 상단 [Login] 클릭 후 이메일로 가입하거나 구글/페이스북 계정으로 회원가입.

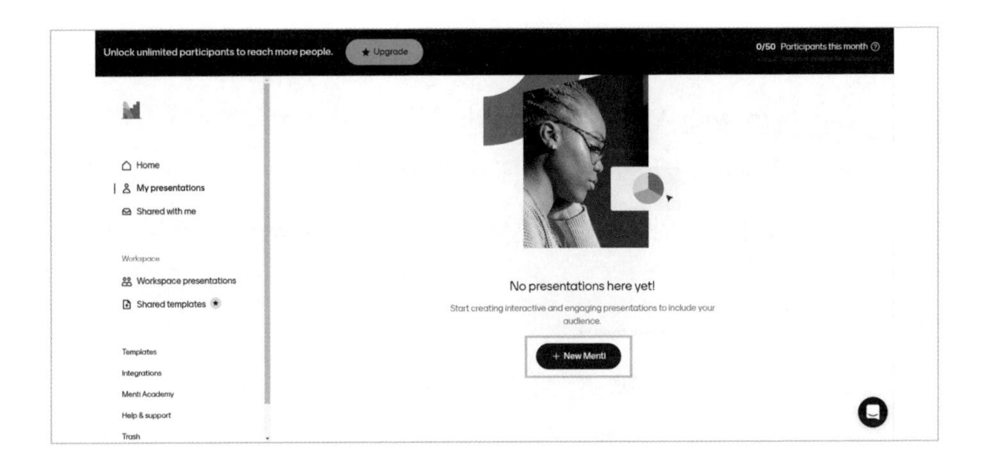

(2) 멘티미터(Mentimeter) 질문 만들기

- [+New Menti] 버튼을 클릭해서 프레젠테이션을 생성.
- Create new presentation 팝업이 나타나면 프레젠테이션 제목을 입력.
- Slide type에서 아래와 같이 설문 유형을 선택할 수 있음.

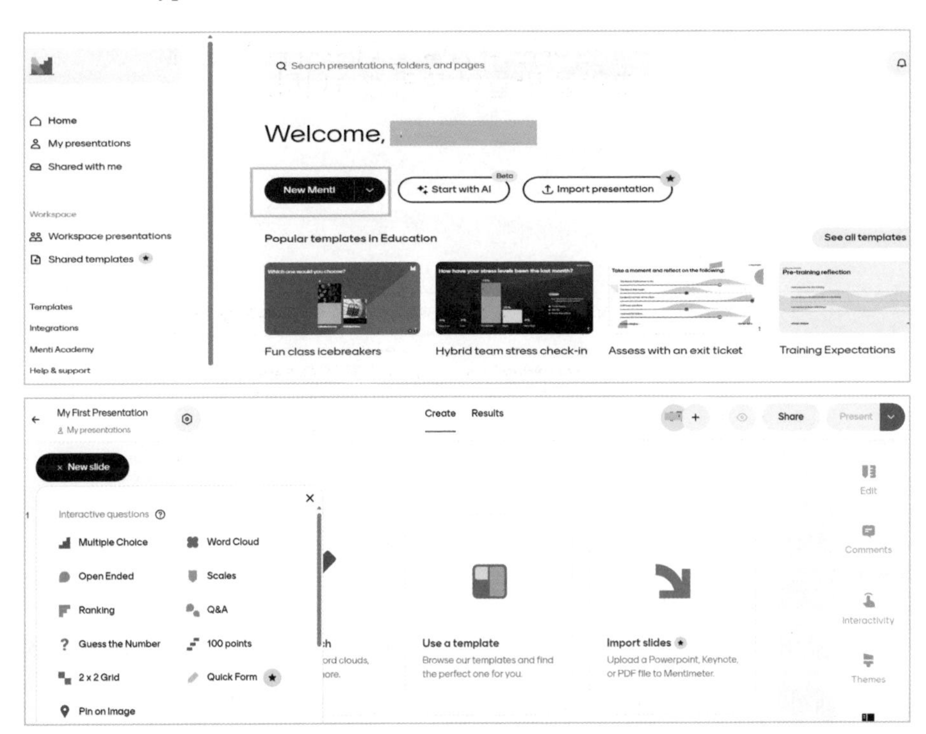

- Home에서 왼쪽은 My presentations, Popular features(인기 유형), New Menti, Start with AI 등이 구성되어 있음.
- 처음 방문자는 인기 설문 유형을 선택하여 슬라이드를 생성해도 되며, 최근 추가된 기능인 Start with AI로 슬라이드를 자동생성 가능.

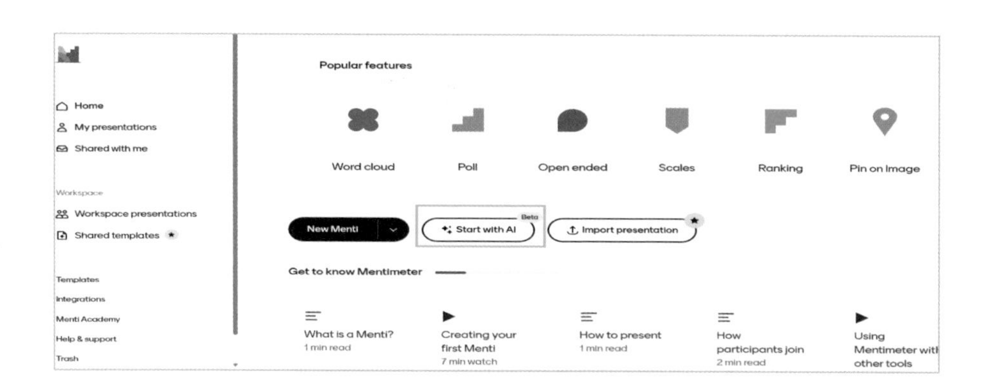

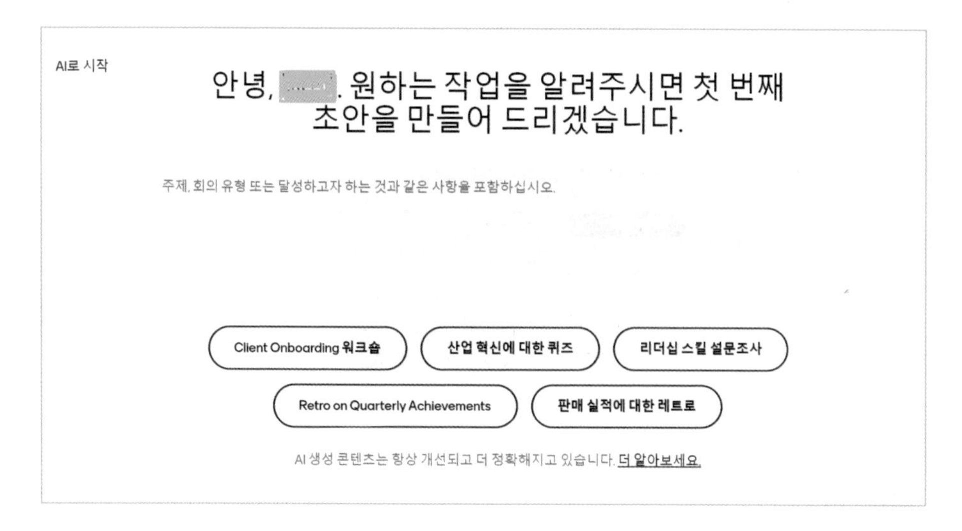

(3) 멘티미터(Mentimeter) 설문 유형 생성

- 무료버전인 경우 프레젠테이션 안에서 설문 조사 양식의 슬라이드는 2개까지 추가가능하며 그 외의 양식(Type)은 얼마든지 추가 가능.

- 슬라이드 Type 종류
  - 다중선택: 막대그래프를 통해 실시간으로 설문 결과를 표시해주는 유형.
  - 워드클라우드: 참여자가 입력한 키워드가 랜덤하게 분포되어 보여지며, 많이 입력된 키워드일수록 폰트 크기가 크게 보이는 유형.
  - 모든 Ended: 팀 활동에서 토의 후 기록된 의견이 쪽지가 부착된 형태로 보이는 유형.
  - Scale: 응답에 따른 척도로 보여주는 유형이며, 선택된 점수가 높고 낮음의 결과에 따라 그래프 형태로 나타내는 유형.
  - 순위: 설문 결과를 순위 형태로 보여주는 유형 등.

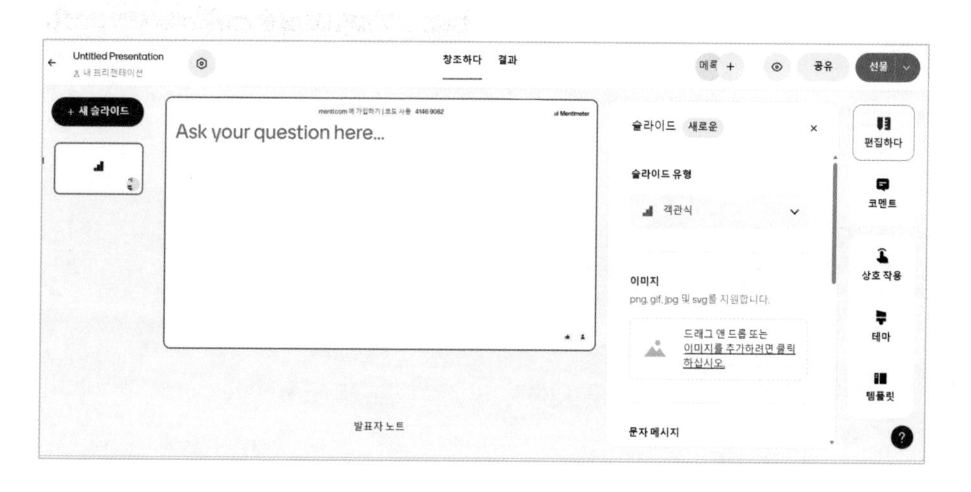

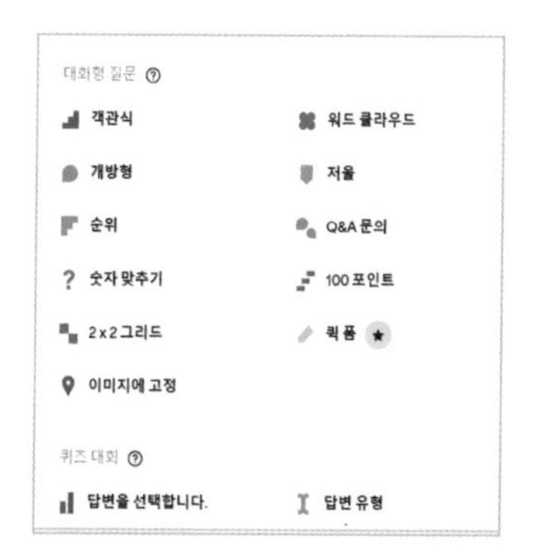

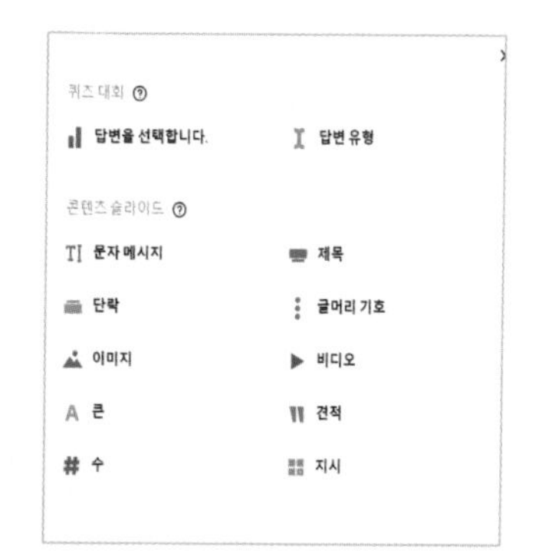

- 설문 유형: 멀티플 초이스(Multiple Choice), 워드 클라우드(Word Cloud)

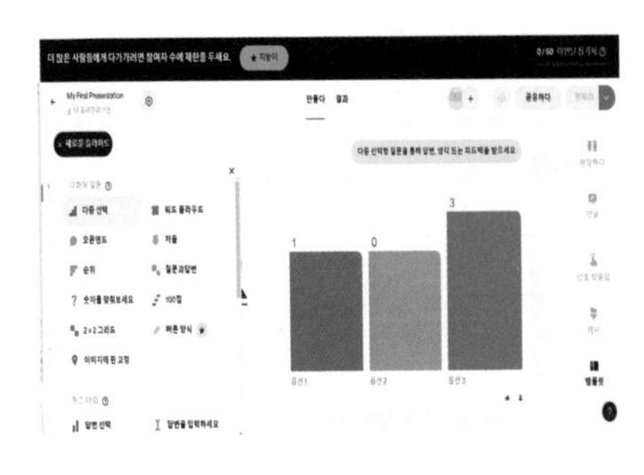

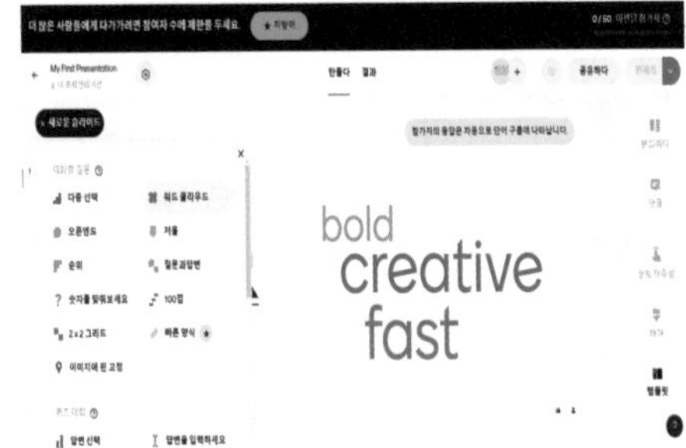

- 설문 유형: 오픈 엔디드(Open-Ended), 등급(Scale)

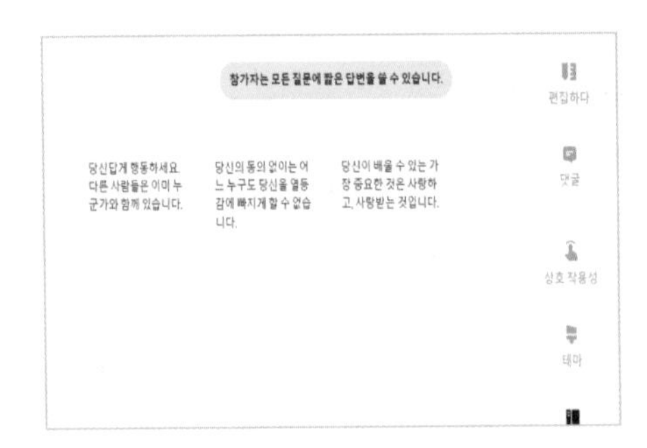

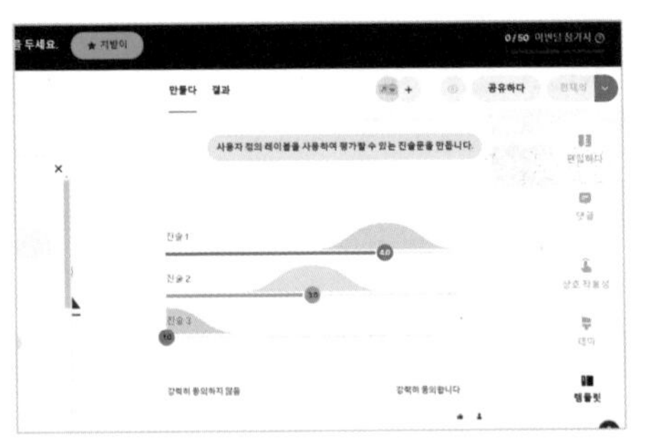

- 설문 유형: 순위(Ranking), Q&A

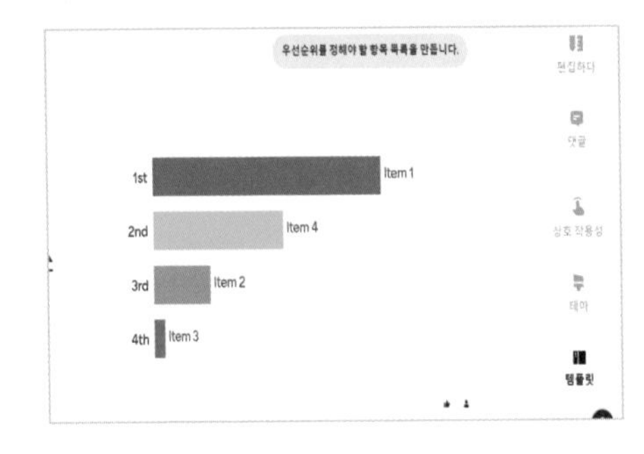

우선순위를 정해야 할 항목 목록을 만듭니다.

Ask your question here...

그 수치는 6월의 수치인가요, 아니면 7월의 수치인가요?

• 설문 유형: Guess the Number, 100 Points

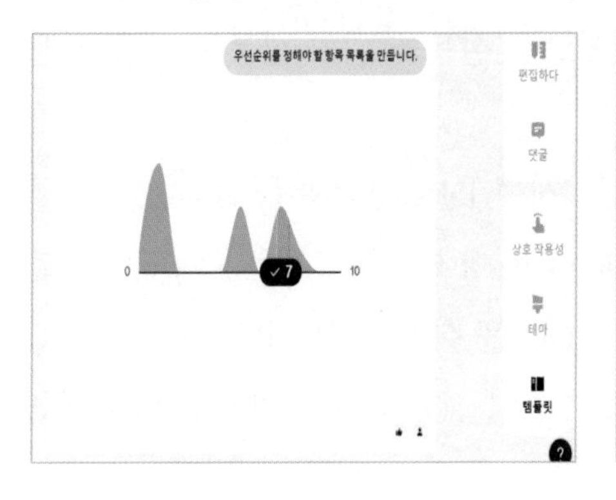

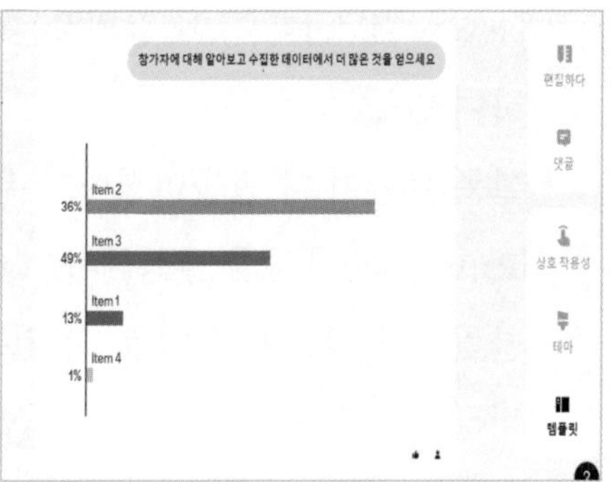

• 설문 유형: 2 × 2 Grid, Pin on Image

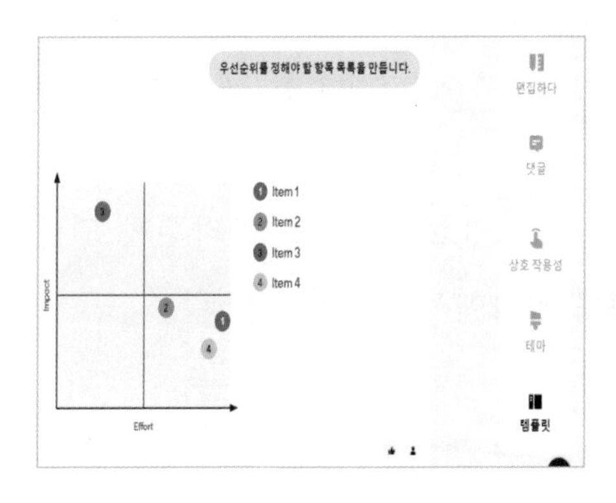

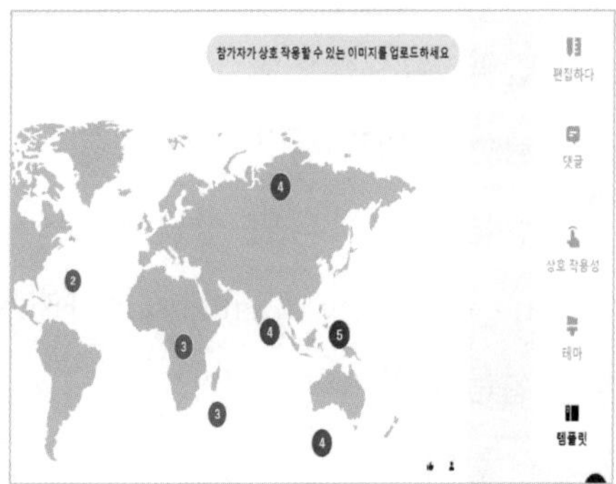

• 퀴즈 유형: 정답 고르기, 정답 적기

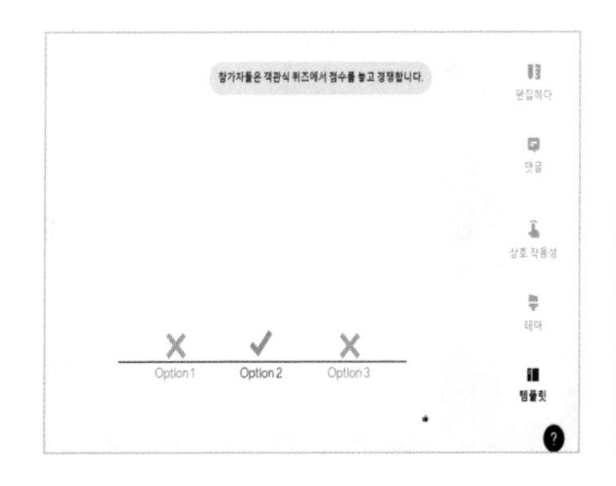

(4) 멘티미터(Mentimeter) 설문 출제 및 참여 방법

- [+New slide]를 통해 강의자는 새로운 설문을 위의 설문 유형을 선택하여 만듦.
- 설문 문항이 다 만들어졌다면 우측 상단 [Share] 버튼을 클릭.
- [Participation] 탭을 클릭해서 Voting Link에 보이는 URL을 [Copy Link]를 클릭해서 설문에 참여할 수 있는 URL을 복사하거나 [Download QR] 버튼을 클릭해서 설문에 참여할 수 있는 QR코드 이미지를 다운로드 받음.
- 참여자에게 설문 접속 링크 또는 QR 코드가 배포되었다면 우측 [Present] 버튼을 클릭해서 설문 출제를 시작.
- 만약, 실시간으로 설문을 출제할 경우에는 PIN 번호를 공유해서 접속하는 방법도 활용할 수 있음.
- 설문이 시작되면 상단에 보이는 PIN 번호 8자리를 알려주게 되면 https://www.menti.com 사이트로 접속해서 참여할 수 있다.
- 설문에 참여함.
  - 참여자는 무기명으로 참여 가능.
  - 참여자의 응답 결과는 강의자의 프레젠테이션 화면을 통해 확인할 수 있음.
  - 참여한 사람의 숫자가 오른쪽 하단에 표시됨.
- 참여자가 설문에 선택지를 입력해서 제출하면 보이는 화면과 같이 실시간으로 결과를 확인할 수 있음.
- 참여자의 응답 결과를 이미지 혹은 PDF 등의 형식으로 저장하고 인쇄 가능.

• 참여방법

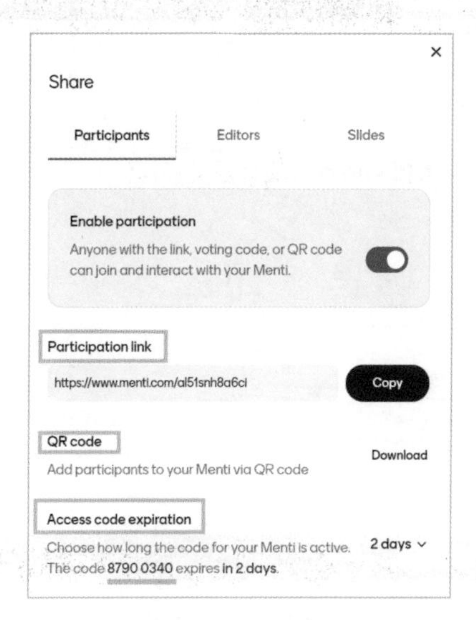
Share
Participants
Editors
Slides
Enable participation
Anyone with the link, voting code, or QR code can join and interact with your Menti.
Participation link
https://www.menti.com/al51snh8a6ci
Copy
QR code
Download
Add participants to your Menti via QR code
Access code expiration
Choose how long the code for your Menti is active.
2 days
The code 8790 0340 expires in 2 days.

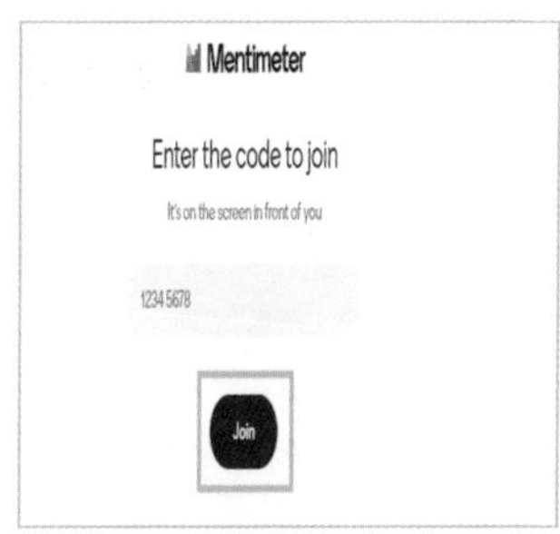
Mentimeter
Enter the code to join
It's on the screen in front of you
1234 5678
Join

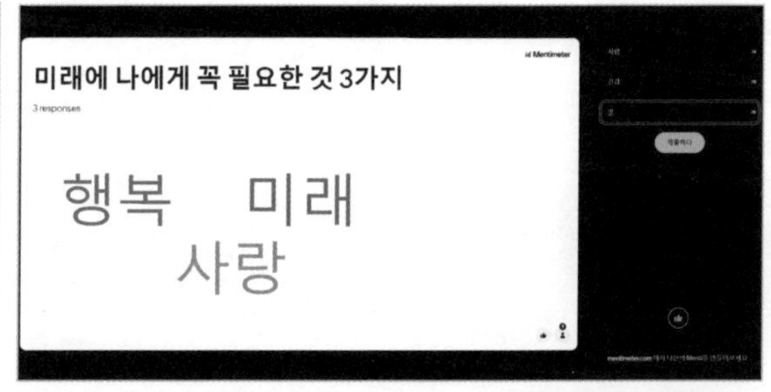
미래에 나에게 꼭 필요한 것 3가지
행복
미래
사랑

• 참여 결과

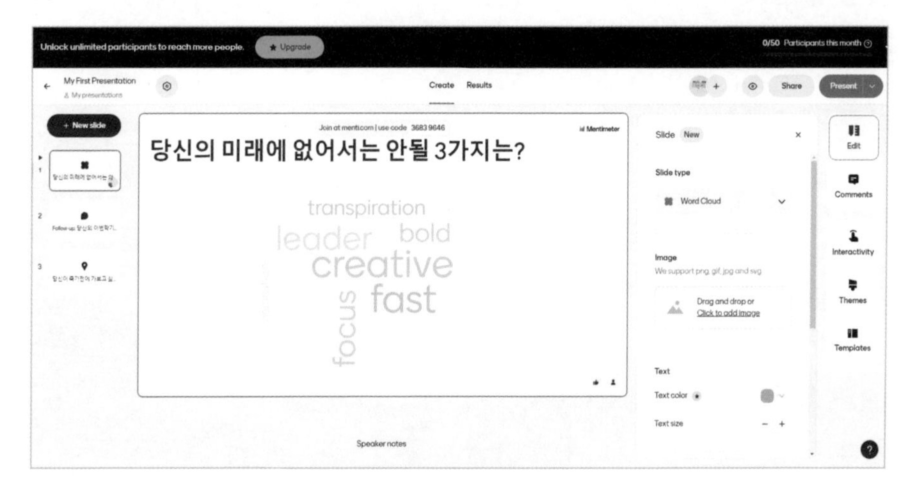
Unlock unlimited participants to reach more people.
Upgrade
0/50 Participants this month
My First Presentation
Create
Results
Share
Present
New slide
당신의 미래에 없어서는 안될 3가지는?
transpiration
leader
bold
creative
fast
focus
Slide
Slide type
Word Cloud
Image
Text
Text color
Text size
Speaker notes
Edit
Comments
Interactivity
Themes
Templates

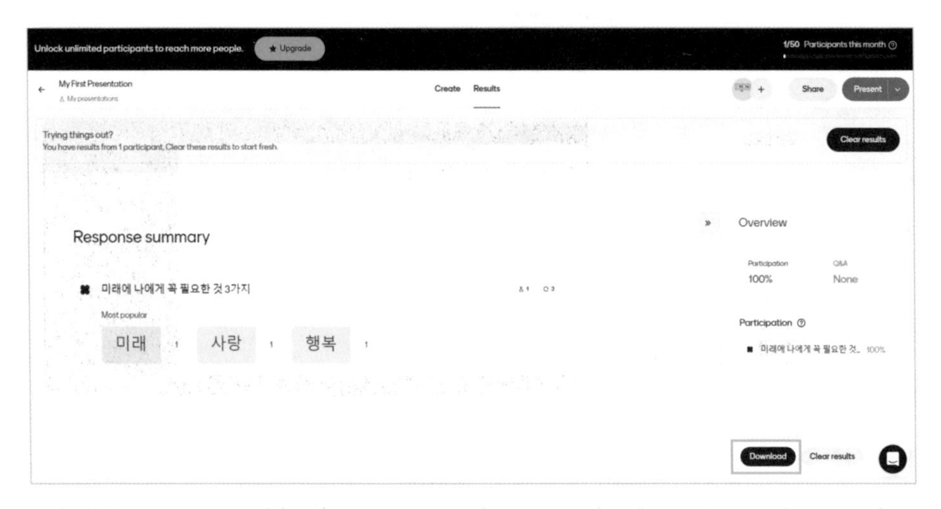

(5) 멘티미터(Mentimeter) 실습

- 참여자 개개인이 멘티미터(Mentimeter)에 가입.
- [+New Menti] 버튼을 클릭해서 프레젠테이션을 생성.
- 설문문항을 만들어 참여할 수 있도록 공유하고 참여 독려.
- 예시 질문
  - 대한민국 하면 생각나는 것은?

- 미래에 나에게 꼭 필요한 것?
- 이번 학기에 내가 이루고 싶은 것 등
- 꿈하면 무엇이 떠오르나요?

3 북크리에이터(Bookcreator)

북크리에이터

- 북크리에이터(Book Creator)는 스토리 북, 보고서, 포트폴리오, 동시집, 만화책, 자기소개서 등 다양한 유형의 책을 만들 수 있음.
- 수업 활동에서 중요한 측면 중 하나는 활동의 결과물이며 참여자들이 열심히 활동을 했다면 가능한 가시적인 결과물이 남는 것이 좋음.
- 참여자들은 자신들이 만든 작품을 보면서 성취감을 느낄 수 있음.
- 북크리에이터(https://bookcreator.com/)는 책 만들기를 온라인에서 할 수 있도록 돕는 에듀테크 도구.
- 과거 종이 위에 글을 쓰고 그림을 그리는 정도에 그치는 종이책 만들기와 달리 목소리와 영상까지 담을 수 있으며 때론 혼자, 때론 강의 참여자 전체 혹은 모둠 단위로 협업을 하면서 책을 만들 수도 있음.
- 완성된 책은 온라인에서 전자책으로 출간하여 전 세계의 사람들과 공유할 수도 있음.
- 북크리에이터로 책 만들기를 할 때 50개의 글꼴을 사용할 수 있고, 원하는 이미지 파일을 넣을 수도 있고 태블릿을 사용할 경우 바로 사진을 찍어서 책에 넣을 수 있음.

(1) 북크리에이터(Bookcreator) 시작하기

① 강의자

- 포털사이트에서 북크리에이터 검색

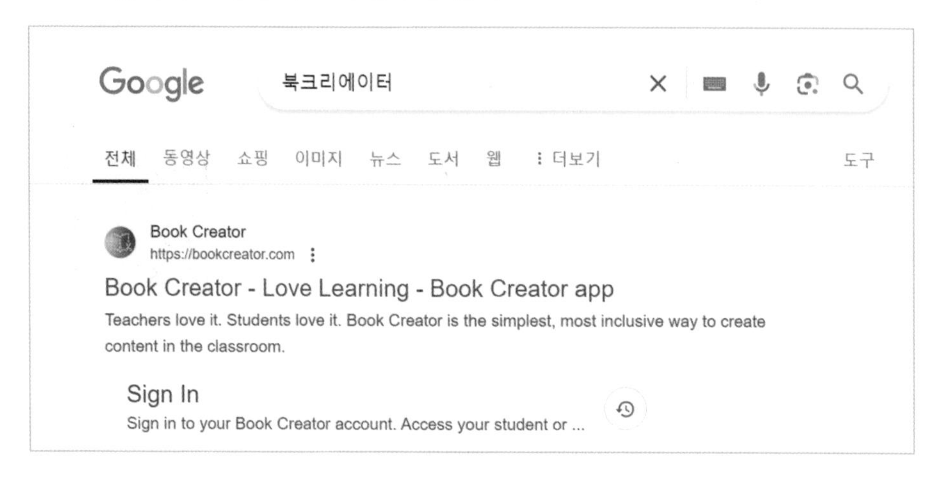

- https://bookcreator.com에 접속한 후 화면 오른쪽 상단의 'Create a free acount(무료 계정 만들기)'를 선택.

- 무료 계정 생성.
- Book Creator 무료 계정은 구글 또는 마이크로소프트 계정을 통해 생성할 수 있으며, 개인 이메일로도 생성이 가능.
- 교사 계정을 생성하기 위해 'Teacher sign in'을 선택.
- 무료 계정 생성 옵션 중에서 원하는 것을 선택.

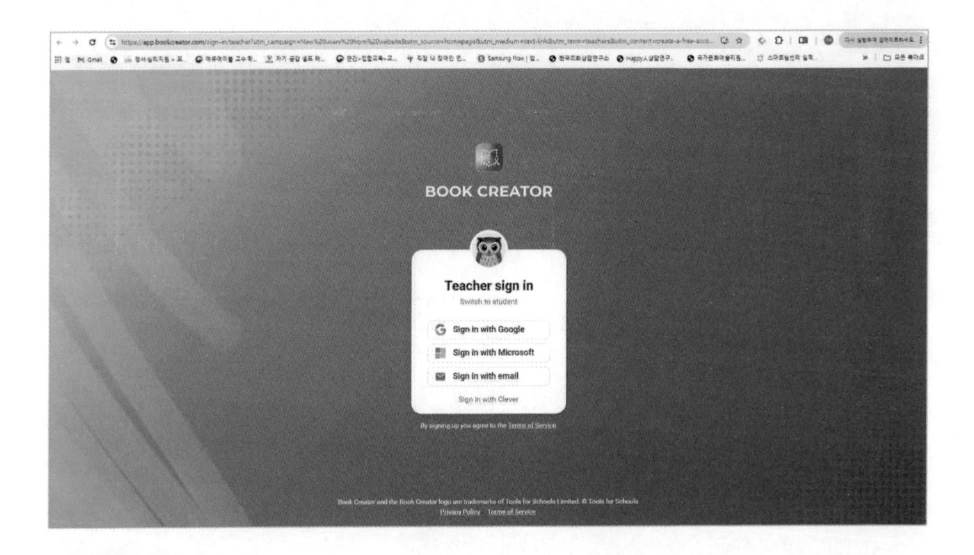

- 현재 가르치고 있는 대상, 학년, 과목을 선택한 후 'Next' 버튼을 클릭.

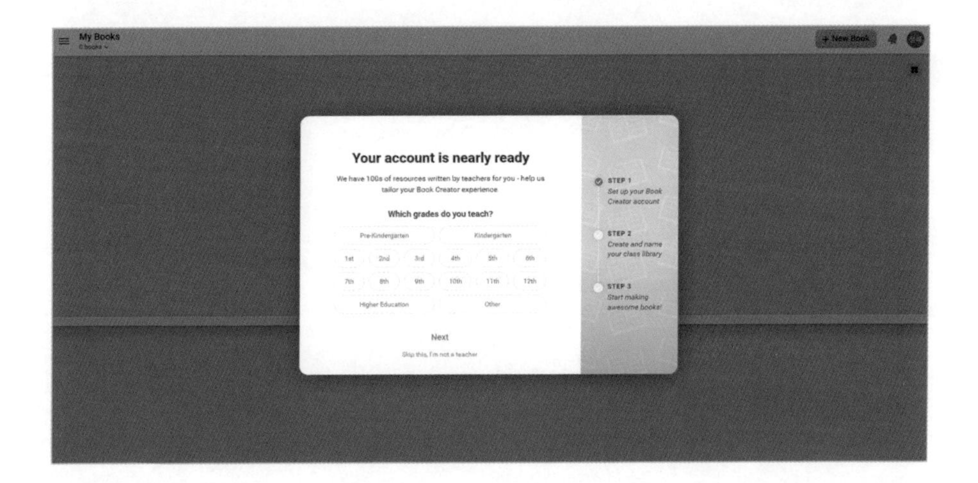

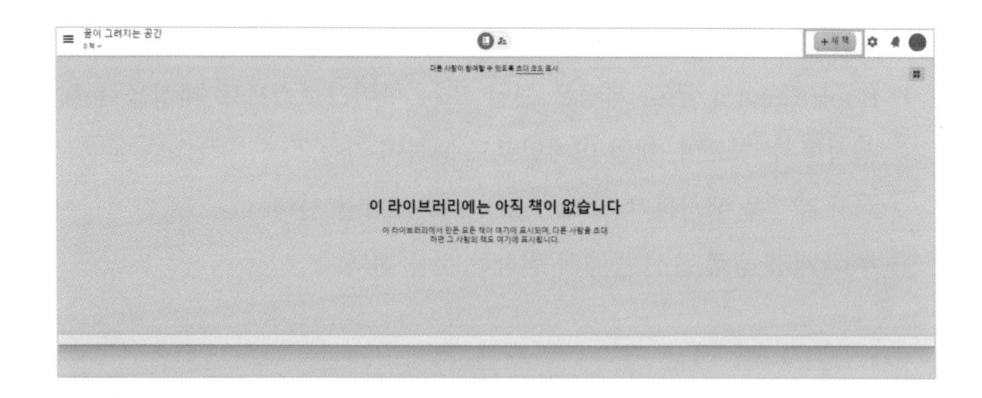

• 라이브러리 상단 Blank Books, Template이 있음. Blank Books는 비어있고 틀만 제공하며 Template은 Book Creator에서 제공하는 책 디자인으로 두 가지 중 한 가지를 선택하여 사용.

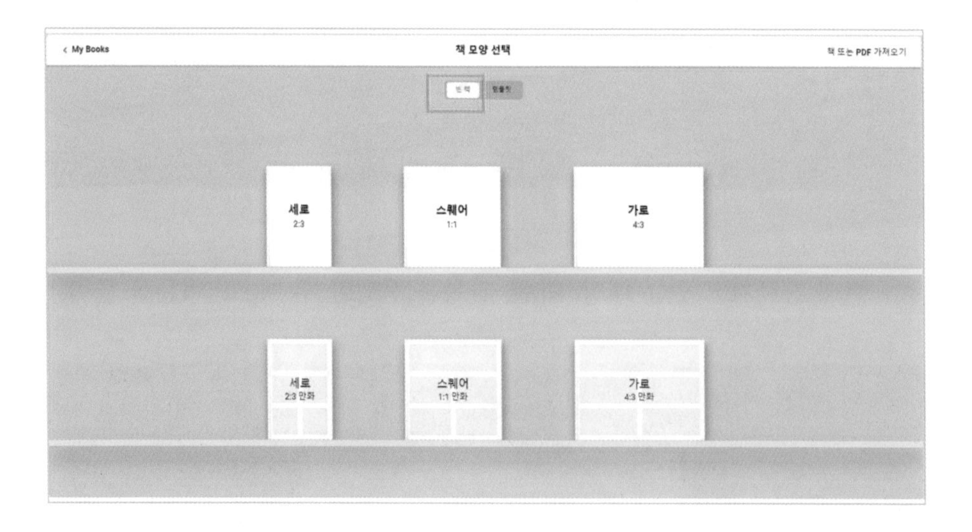

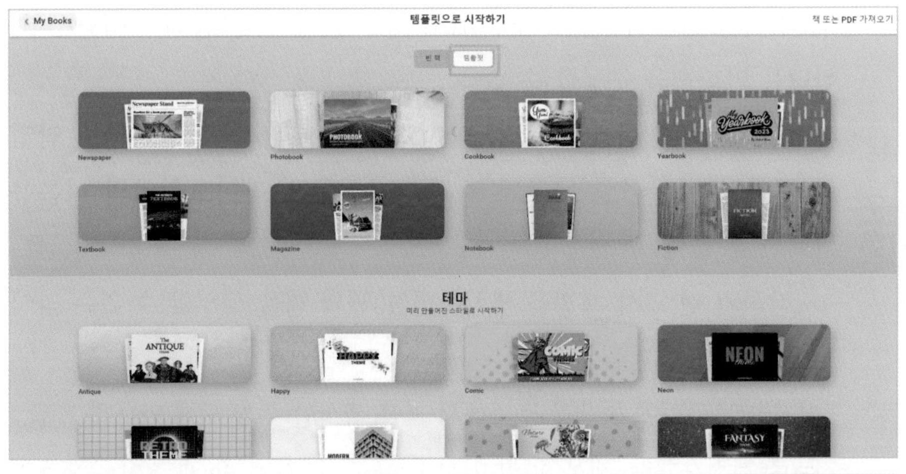
My Books
템플릿으로 시작하기
책 또는 PDF 가져오기
Newspaper
Photobook
Cookbook
Yearbook
Textbook
Magazine
Notebook
Fiction
테마
Antique
Happy
Comic
Neon

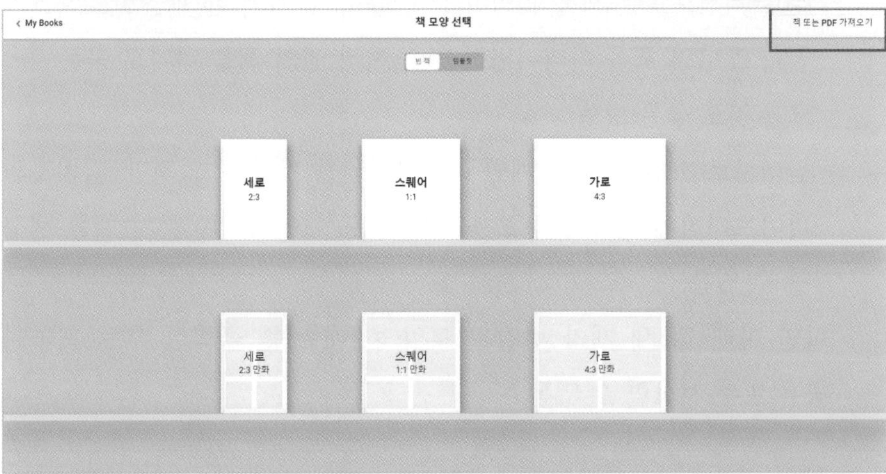
My Books
책 모양 선택
책 또는 PDF 가져오기
세로
2:3
스퀘어
1:1
가로
4:3
세로
2:3 만화
스퀘어
1:1 만화
가로
4:3 만화

My Books
템플릿으로 시작하기
책 또는 PDF 가져오기
가져오기
PDF 또는 Book Creator ePub을 드래그하여 가져오거나, 파일 찾아보기
또는 Google Drive에서 가져오기

- Blank Books는 두 가지 아래 위로 두 가지 틀이 제공되며 상단은 책 하단은 만화책을 구성할 수 있음.
- 라이브러리의 이름을 정한다. 라이브러리는 학생들과 공유하며 작업할 공간의 이름이며 나중에 수정할 수 있다. 라이브러리의 이름을 입력한 후 클릭.
  - 시작하기 전 교사 계정을 생성하면 40권의 책을 생성할 수 있는 라이브러리 1개를 만들 수 있음.
  - 이 라이브러리에 학생을 추가해서 책을 생성할 수 있도록 안내하면 됨.
  - 무료 계정으로는 책을 40권 이상 만들 수 없기에 한 개의 프로젝트가 끝나고 나면 책을 아카이빙하거나, 여러 권의 책을 하나로 묶는(combine) 것도 좋은 방법.
  - 참여자로 가입한 경우, 개인 라이브러리를 가질 수 없지만, 강의자의 라이브러리에 합류하면 교사 계정 한도 내에서 얼마든지 책을 생성할 수 있음.
- 화면 아래 점 세 개가 연결된 모양의 [메뉴]를 클릭한 후 선택하여 공유 또는 저장할 수 있음.

② **참여자**

- 참여자는 무료 가입 후 강의자의 라이브러리에 합류.
- https://bookcreator.com에 접속.
- 화면 왼쪽 상단의 'Create a free account'를 클릭.
- 참여자로 로그인하기 위해 'Student sign in'을 선택.
- 'Sign in with Google'을 선택.
- 자신의 구글 계정을 선택하면 무료 계정 생성이 완료.

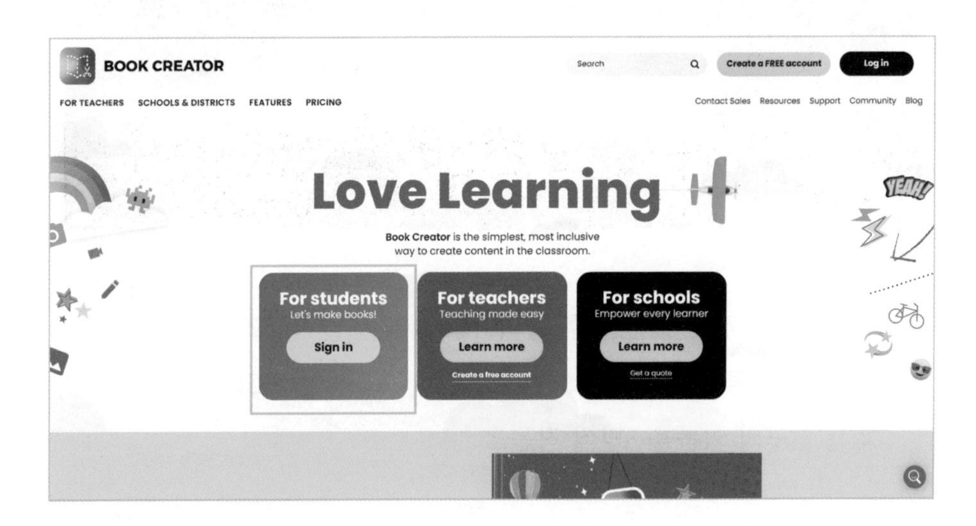

- 참여자는 무료 가입 후 강의자의 라이브러리에 합류.
- https://bookcreator.com에 접속.
- 화면 왼쪽 상단의 'Create a free account'를 클릭.
- 참여자로 로그인하기 위해 'Student sign in'을 선택.
- 'Sign in with Google'을 선택.
- 자신의 구글 계정을 선택하면 무료 계정 생성이 완료.
- 참여자로 처음 가입하면 '라이브러리 합류 코드'를 묻는 화면이 나타남.
- 참여자는 개인 라이브러리를 가질 수 없으며, 라이브러리 합류 코드를 통해 강의자의 라이브러리에 가입하여 책을 생성할 수 있음.
- 강의자로부터 받은 '라이브러리 코드'를 입력.
- 강의자의 라이브러리에 합류되었으며 아래와 같이 책을 볼 수도 있고, 화면 오른쪽 위의 '+ New Book'을 선택하여 책을 생성할 수도 있음.

- 참여자가 계정이 없는 경우 강의자의 계정을 클릭하면 Student Logins가 보이고 클릭하면 Create student logins 창이 뜨고 빈칸에 계정이 없는 친구의 이름을 3명씩 적음.

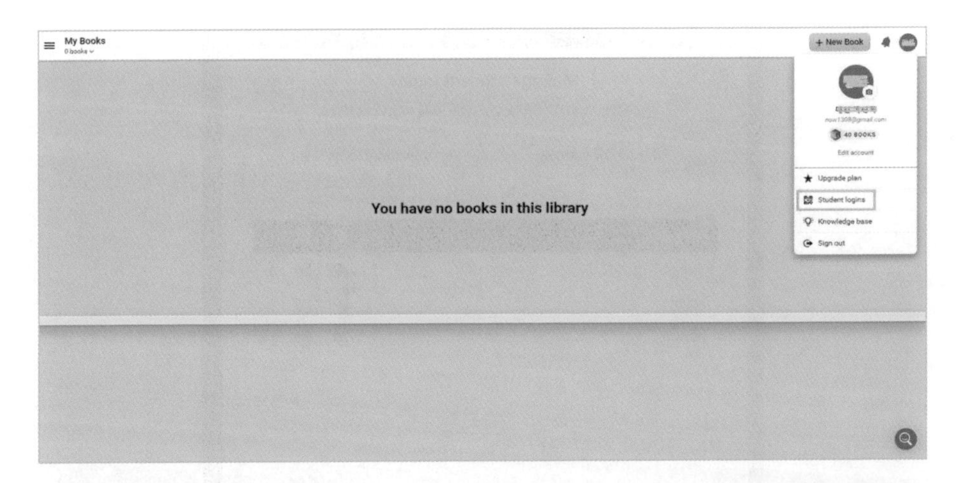
My Books
+ New Book
You have no books in this library
Upgrade plan
Student logins
Knowledge base
Sign out

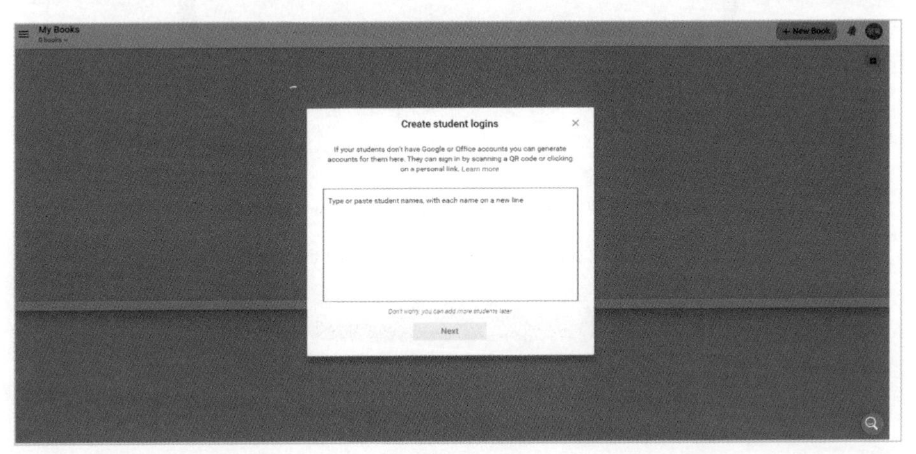
My Books
Create student logins
If your students don't have Google or Office accounts you can generate accounts for them here. They can sign in by scanning a QR code or clicking on a personal link. Learn more
Type or paste student names, with each name on a new line
Next

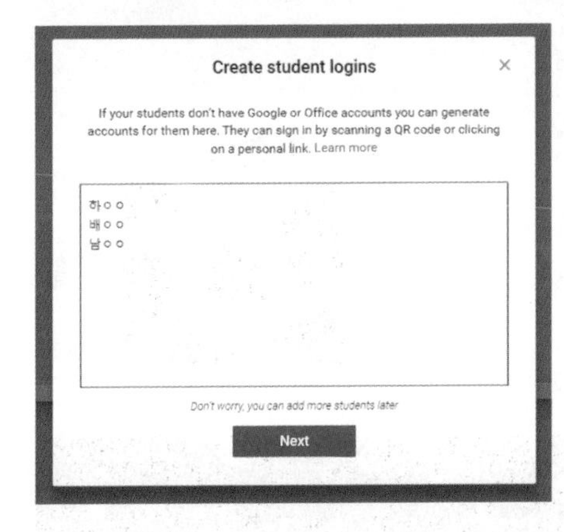
Create student logins
If your students don't have Google or Office accounts you can generate accounts for them here. They can sign in by scanning a QR code or clicking on a personal link. Learn more
하ㅇㅇ
배ㅇㅇ
남ㅇㅇ
Don't worry, you can add more students later
Next

Choose a library
Which library should these students join when they first sign in?
꿈이 그려지는 공간 (3)
They can join other libraries later using a code
Next

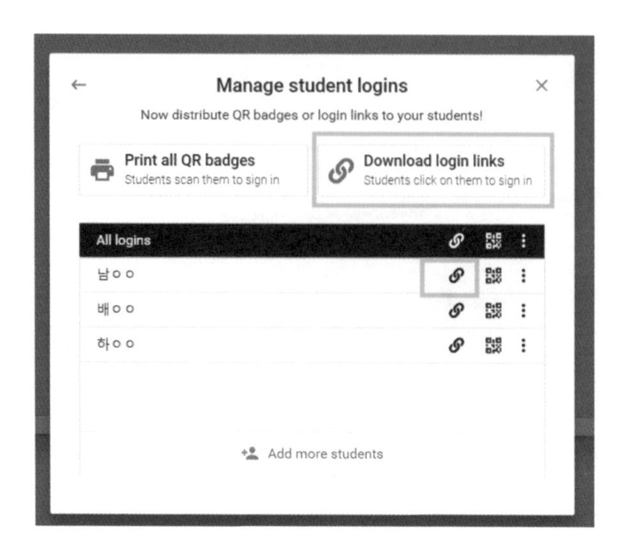

Book Creator student accounts

Send these links to your students. When they click on them they will be signed into Book Creator.

Each link gives access to the named student's work so please protect them as you would a password.

남ㅇㅇ
https://app.bookcreator.com/qr/3lJ9v-cFCJ50Fn_D/%EB%82%A8%E3%85%87%E3%85%87

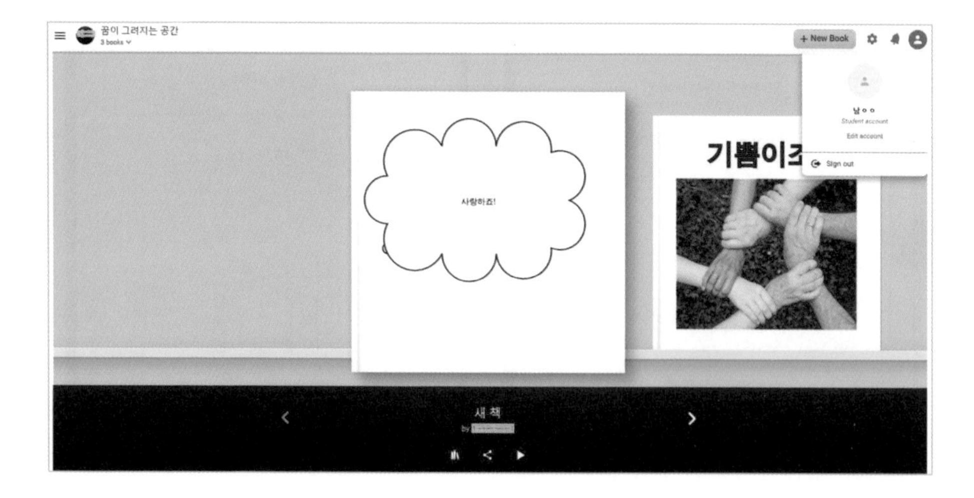

(2) 북크리에이터 활용하기

- 선택된 라이브러리에 접속하면 책을 빈 모양에서 시작할지 또는 템플릿으로부터 시작할지를 선택.

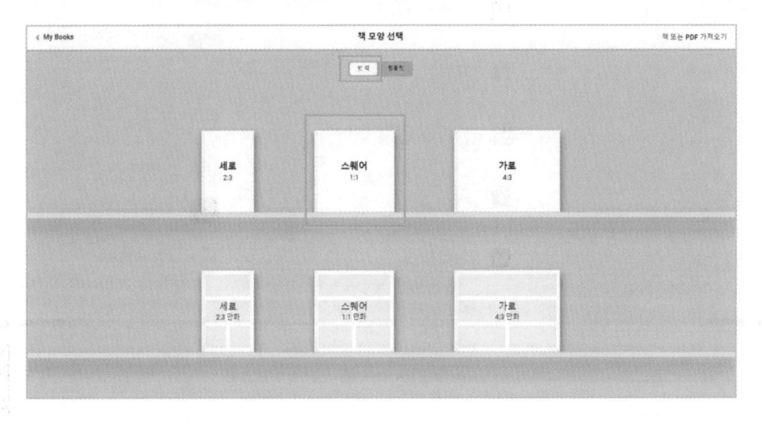

- 선택한 책모양 클릭.
- 책의 표지를 주제 만들기.

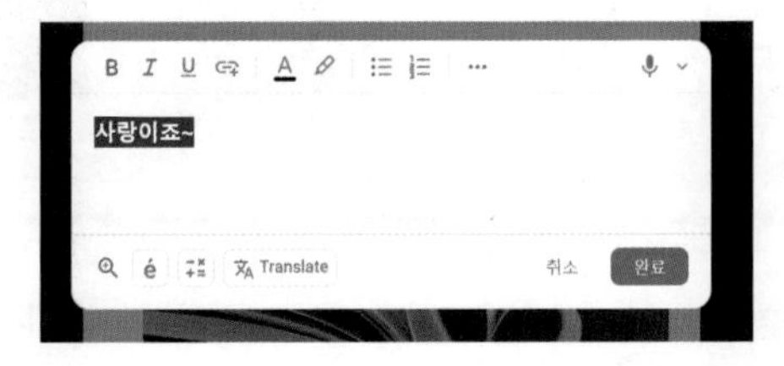

- 책의 표지 꾸미기.

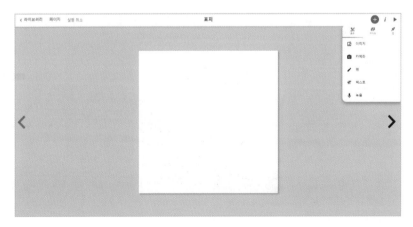

• 왼쪽 상단의 도구, 미디어, 앱 등을 활용하여 표지 꾸미기.

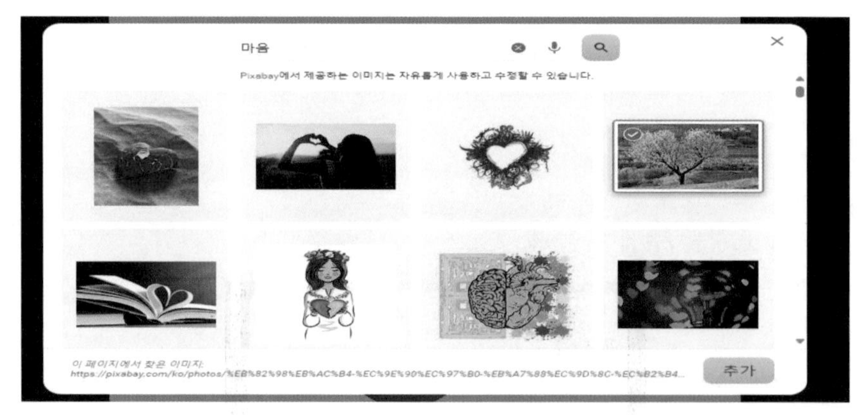

• 왼쪽 상단의 도구, 미디어, 앱 등을 활용하여 표지와 내지 꾸미기.

• 완성된 책에 댓글 달기.

(3) 북크리에이터 실습하기

• 강의자가 만든 라이브러리에 참여하기.

- 새 책을 만들고 조별 이름 만들어 표지 정하기.
- 내용은 자기소개, 좋아하는 음악이나 도서 소개하기.
- 내용은 조별로 정하거나 강의자가 제시한 것으로 함.

4 AI 디자인 및 프레젠테이션 도구

AI 디자인 및 프레젠테이션 도구는 인공지능을 활용하여 시각적으로 매력적인 디자인, 프레젠테이션 및 기타 시각 콘텐츠를 만드는 데 도움을 주는 소프트웨어나 플랫폼을 뜻함.

AI 디자인 및 프레젠테이션 도구들은 디자인, 레이아웃, 콘텐츠 생성 등을 자동화하여 사용자가 더 빠르고 효율적으로 작업할 수 있도록 도와줌.

이러한 도구들은 AI를 활용하여 디자인 과정의 일부를 자동화하고, 창의력을 향상시키며, 고품질의 시각 자료를 쉽게 제작할 수 있도록 도움.

AI 디자인 및 프레젠테이션 도구들은 디자인 경험이 적은 사람들도 전문가 수준의 프레젠테이션과 시각 콘텐츠를 쉽게 제작할 수 있게 하며, 디자인 제안 및 레이아웃 정렬, 콘텐츠 생성 등을 자동화하여 시간을 절약하고 창의력을 증대시킴.

Microsoft Copilot를 활용하여 프롬프트
"AI 디자인 및 프레젠테이션 툴"을 표현하는 이미지를 그려줘"라고 했을때 생성된 이미지

출처: Microsoft Copilot 이미지.

1 Image Creator

- Bing의 Image Creator는 마이크로소프트의 검색 엔진인 Bing에서 제공하는 이미지 생성 도구로, 사용자가 입력한 텍스트 프롬프트를 바탕으로 AI가 이미지를 만들어주는 기능.
- Image Creator는 DALL-E라는 OpenAI의 생성형 AI 모델을 기반으로 작동하며, 사용자가 원하는 이미지를 자세히 설명하면, 그 설명을 바탕으로 새로운 이미지를 생성.
- 주요 기능은 텍스트 프롬프트 기반 이미지 생성이 가능하며 사용자 맞춤형 이미지 생성을 통해 색상, 분위기, 스타일 등을 명시할 수 있음.

(1) Image Creator 시작하기

- 새 Microsoft 계정에 등록하거나 기존 Microsoft 계정으로 로그인.

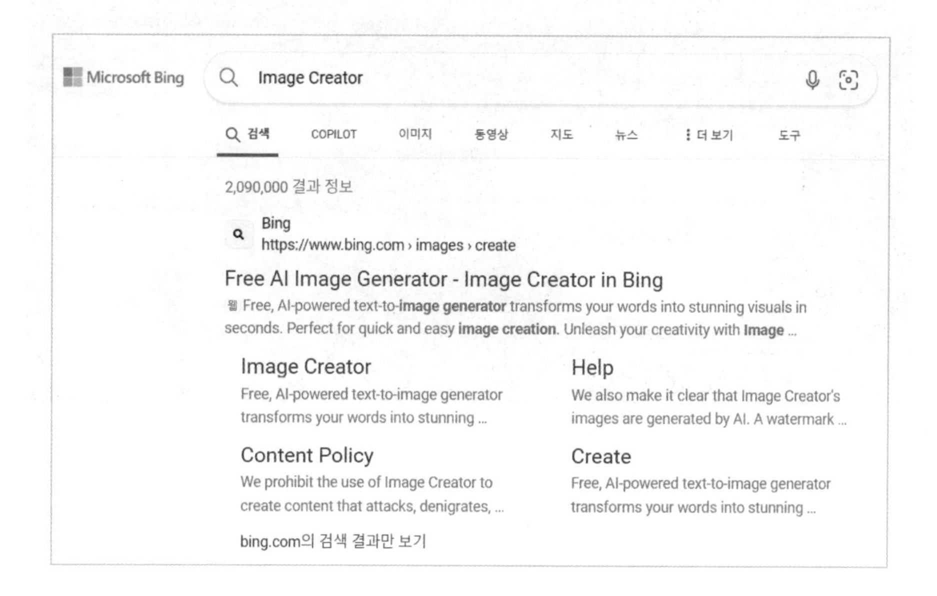

• 가입 또는 로그인으로 무료로 사용할 수 있는 크레딧을 제공

(2) Image Creator 활용하기

• 텍스트를 입력하여 AI 생성 이미지를 생성

• 생성된 이미지 확인 → 선택 → 저장 가능

Microsoft Bing
Image Creator
커피를 즐기는 여유로운 오후기산
공유
저장됨
다운로드
의견

Microsoft Bing
Image Creator
커피를 즐기는 여유로운 오후기산
공유
저장
다운로드
의견
크기 조정
공유
https://www.bing.com/images/create/ec
복사

Microsoft Bing
Image Creator
다음 위치에 저장 컬렉션
저장된 이미지
2020. 7. 29.
새 컬렉션 만들기
공유
저장
다운로드
의견
크기 조정

- 생성하고자 하는 이미지에 대한 설명이 상세할수록 더 잘 작동됨.
- 창의력을 발휘하여 형용사, 명사, 동사 "캐리커처", "디지털 아트" 및 "포토리얼리즘"과 같은 화풍, 그림체, 스타일을 함께 추가하면 더 다양한 효과를 나타냄.

(3) Image Creator 활용사례

- 생성될 미래 직업을 탐색하며 미래 직업 이미지를 생성.

폐기물 재활용기사

인공지능전문가

(4) Image Creator 실습하기

- 구글, 네이버 등 포털사이트를 통해 인공지능으로 사라지는 일자리를 알아보고 새로 생성될 미래 직업을 탐색하며 미래 직업 이미지를 생성.
- 파워포인트를 활용하여 직업카드를 완성.
- 직업카드를 각 개인 작업 시 3개 이상, 팀작업 시 15개 제작.

2 Canva(캔바)

Canva(캔바)

- 포토샵이나 디자인에 대한 전문적인 지식, 기술 없이도 클릭 몇 번으로 손쉽게 예쁜 디자인을 할 수 있으며, 문서, 프레젠테이션, 포스터에서 썸네일이나 유튜브 등 다양한 시각적 콘텐츠를 간편하게 제작 가능.
- 목적에 맞게 템플릿을 선택하고 재가공하는 쉽고 편리한 디자인 플랫폼.
- 또한 PC뿐만 아니라 모바일앱을 사용하여 다양한 디바이스에서 언제 어디서나 원하는 디자인을 간편하게 만드는 디자인 도구.

(1) Canva(캔바) 시작하기

- 검색사이트에서 Canva 검색 또는 Canva.com으로 접속.
- 홈페이지 우측 상단에 있는 '로그인하세요' 또는 '가입' 버튼을 클릭 → (새 디자인 탭 또는 창에서 열기)하여 Canva(캔바)에 로그인하거나 계정 생성 가능.

- 이메일로 계속하기를 클릭하면 아래와 같이 본인의 이메일 계정을 입력 후, 이름과 암호를 입력하여 Canva(캔바) 계정을 생성가능.
- 가입을 하지 않아도 Google 계정, Facebook 계정 또는 Apple로도 사용이 가능.
- 가장 편한 방법을 선택하여 Canva(캔바)에 로그인하면 아래와 같은 화면이 나옴.

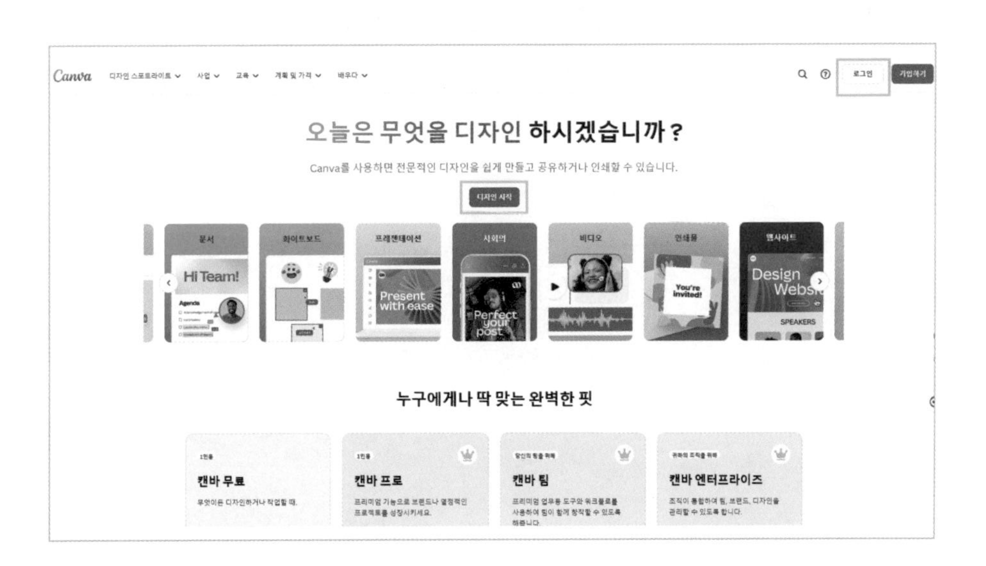

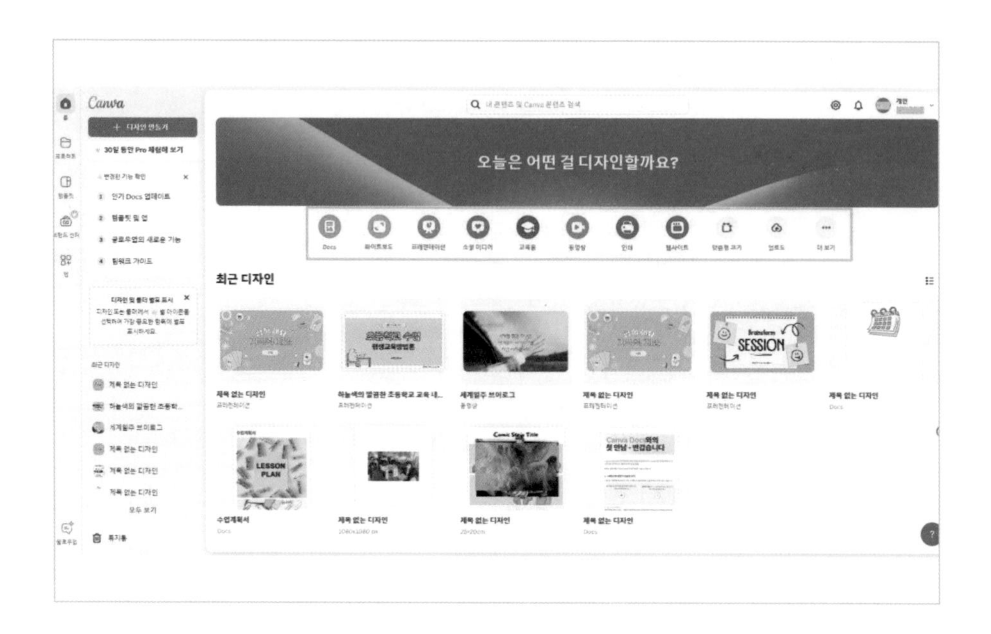

- 검색창을 클릭하여 다양한 리스트 중 원하는 유형을 선택하거나 본인이 필요한 디자인 유형을 검색.
- 원하는 디자인 템플릿(새 디자인 탭 또는 창에서 열기)을 선택하는 방법도 다양함.
- 홈페이지 우측 상단에 있는 디자인 만들기 클릭.
- 홈페이지 좌측 상단에 있는 템플릿 탭 클릭(새 디자인 탭 또는 창에서 열기).
- 템플릿 탭을 클릭하면 다양한 종류의 무료 템플릿(새 디자인 탭 또는 창에서 열기)을 확인 가능.
- 템플릿 위에 마우스 커서를 올리면 아래에 카테고리별 다양한 유형의 디자인 템플릿들이 분류되어 있어 그 중에서 원하는 유형 선택가능.

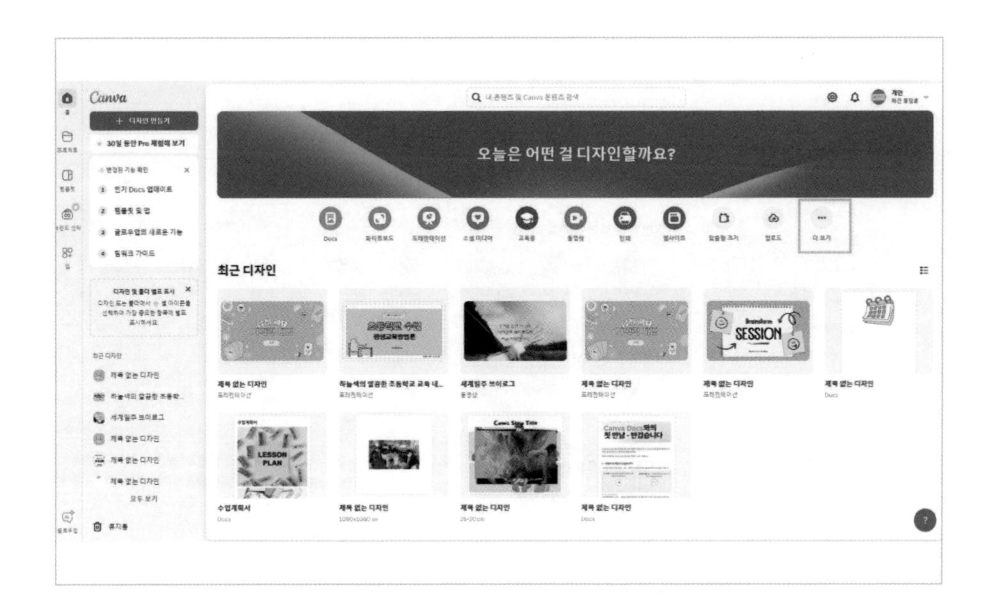

(2) Canva(캔바) 활용하기

- + 디자인 만들기 클릭: 다양한 기능과 유형을 선택하여 사용 가능

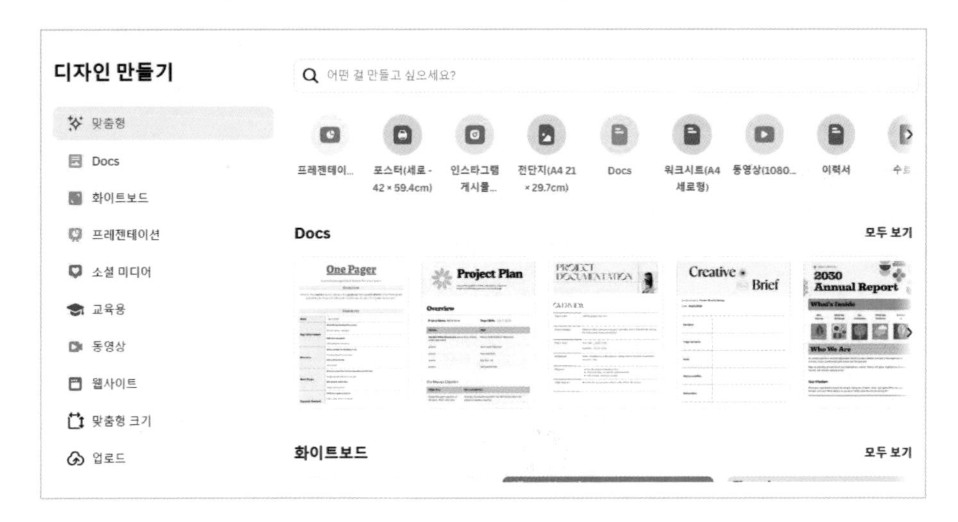

디자인 만들기

어떤 걸 만들고 싶으세요?

- 맞춤형
- Docs
- 화이트보드
- 프레젠테이션
- 소셜 미디어
- 교육용
- 동영상
- 웹사이트
- 맞춤형 크기
- 업로드
- 더 보기

인기

강좌 · 프레젠테이션(1... · 인스타그램 게시물(정사각형) · Docs · 스토리 · 로고 · 문서

일반적인 레이아웃 및 크기

포스터(세로 - 42 × 59.4cm) · 워크시트(A4 세로형) · 카드(정사각형) · 수료증 · 포스터(세로 - 42 × 59.4cm) · 이력서 · 문서

사무실 및 비즈니스

제안서(반응형) · 바탕 화면 배경 · 이력서 · ID 카드 · Zoom 가상 배경 · 이메일 서명 · 목록

마케팅 및 프로모션

책 표지 · 잡지 표지 · 배너(가로형) · 와인 라벨 · 캠페인 포스터(세로 - 42 ×... · 음식 라벨 · 의류 라벨

개인 용도 및 이벤트 계획

폰 배경화면 · 컷툰 · 가상 초대장 · 책갈피 · 티켓 · 앨범 커버 · 프로그램

사진 및 동영상

사진 콜라주(세로형) · 동영상(1080p) · LinkedIn 동영상 광고 · TikTok 스토리 · Pinterest 동영상 핀... · 애니메이션 동영상(1080p) · 교육 동영상(1080p)

- [더 보기]에 있는 다양한 기능들을 활용할 수도 있음. [더보기] 중 스타일 기능을 이용하면 다양한 색상 조합에 대한 아이디어를 얻거나 본인이 원하는 색상을 선택하여 디자인을 완성할 수 있음.

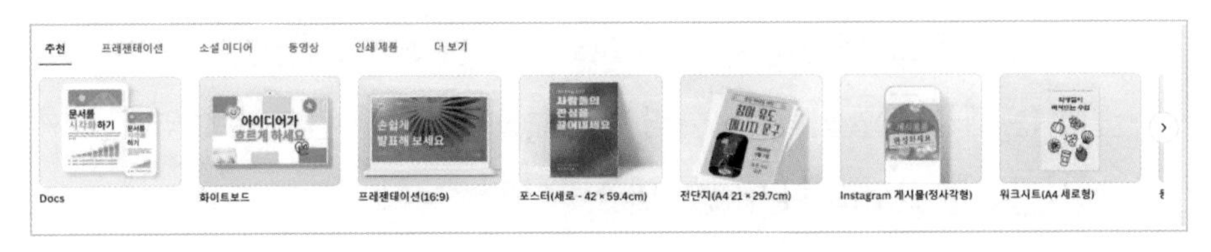

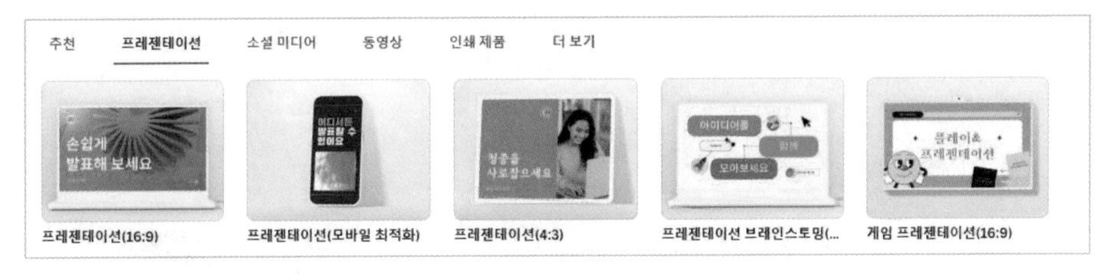

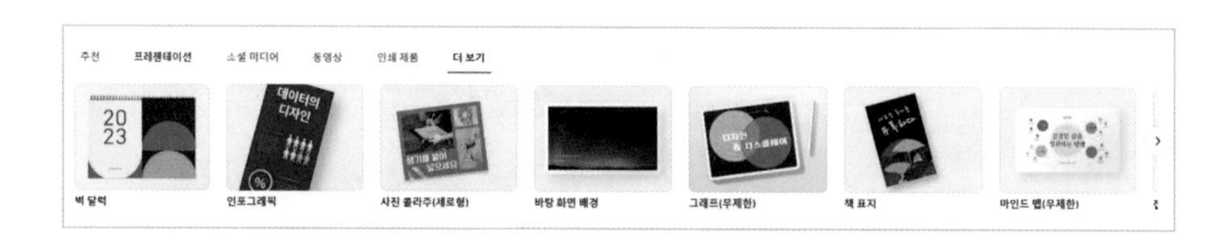

- 여러 가지 방법 중 본인이 가장 편한 방법으로 원하는 유형을 선택한 후 다양한 무료 템플릿(새 디자인 탭 또는 창에서 열기)을 확인.
- 원하는 템플릿을 선택 후 클릭 → 템플릿에 대한 간단한 설명과 함께 페이지별로 다양한 디자인의 템플릿이 나옴.

- 프레젠테이션

- 명함디자인

- 원하는 템플릿 페이지를 선택 후 필터, 조정 등을 포함한 이미지 편집, 자르기, 뒤집기, 애니메이션 만들기 등의 기능을 사용하여 원하는 디자인으로 수정이 가능.
- 이미지 편집 외에도 요소 탭을 클릭하면 선 및 도형, 그래픽, 사진, 동영상, 오디오, 차트 등 다양한 요소를 추가하여 본인만의 디자인을 손쉽게 만들 수 있음.

초대장

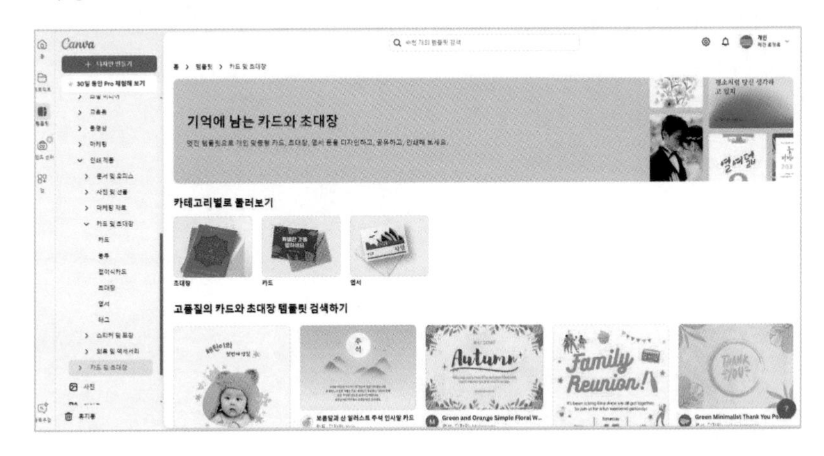

- 초대장 템플릿 선택

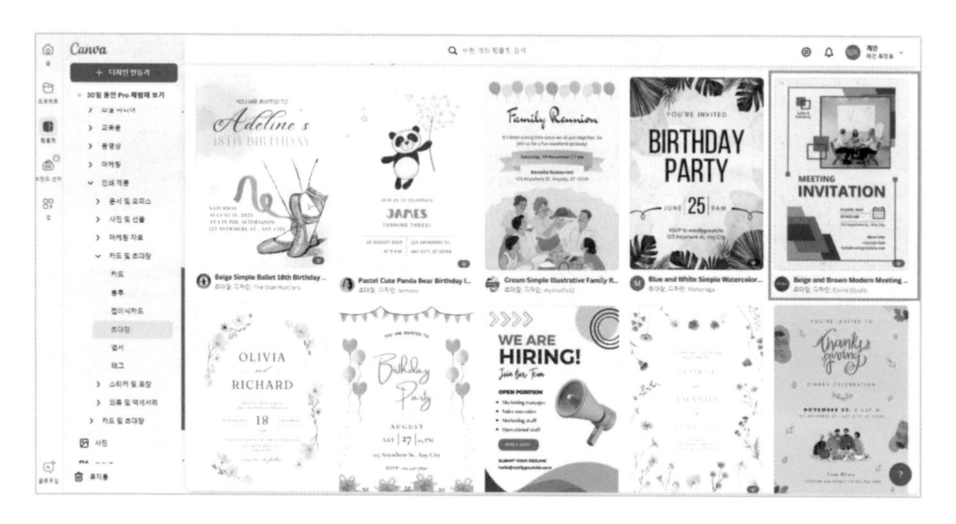

- 업로드 기능을 이용하여 이미지, 비디오, 음악을 업로드하거나 계정을 연결할 수도 있음.
- 템플릿에 있는 글꼴에 원하는 내용을 바로 적어 수정하거나 텍스트 탭에 있는 다양한 글꼴 중 본인의 스타일에 맞는 글꼴을 골라 추가하고 수정가능.
- 완성된 디자인은 다른 사람들과 공유하거나 원하는 파일 형태로 다운로드하여 저장할 수 있음.
- 완성된 디자인은 홈 화면의 [프로젝트]에서도 확인이 가능.

(3) Canva(캔바) 활용 사례

- 초대장 만들기: 구성요소 수정가능(글자, 이미지 외)

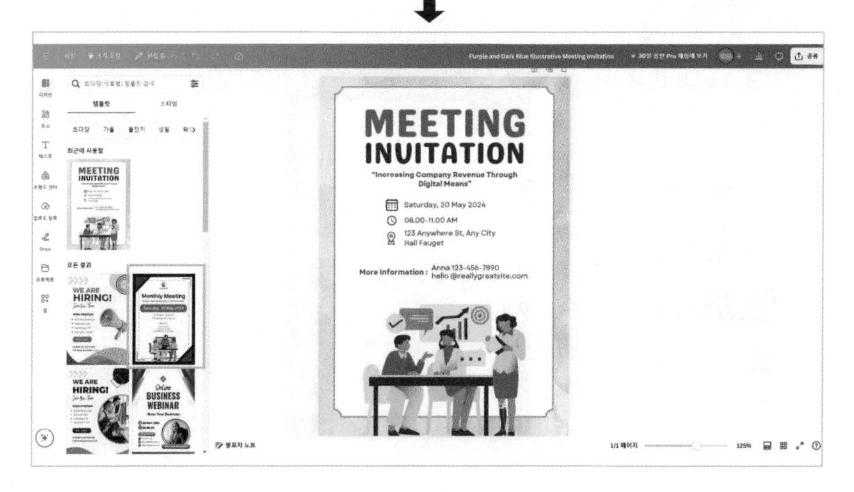

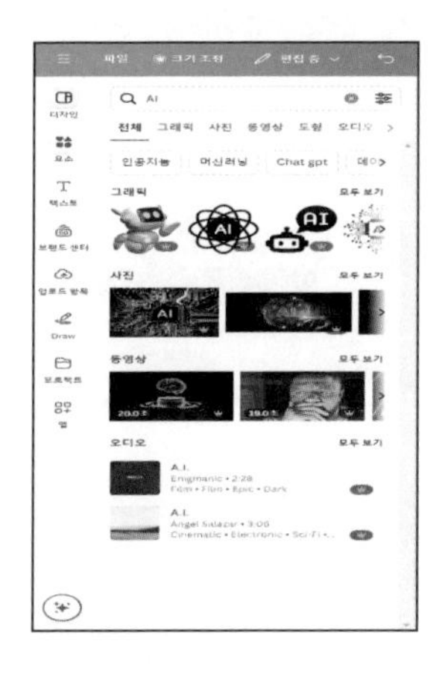

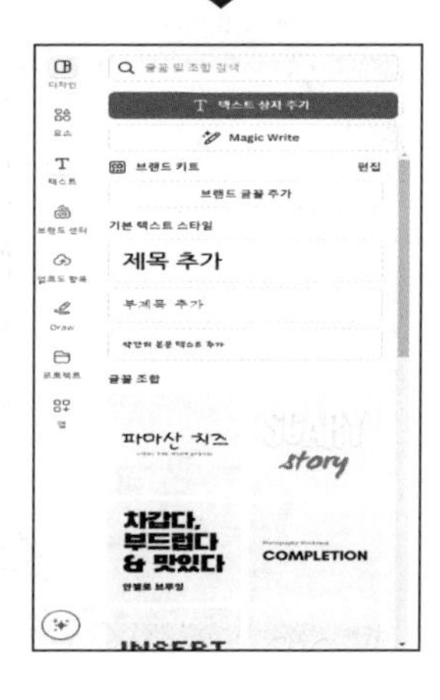

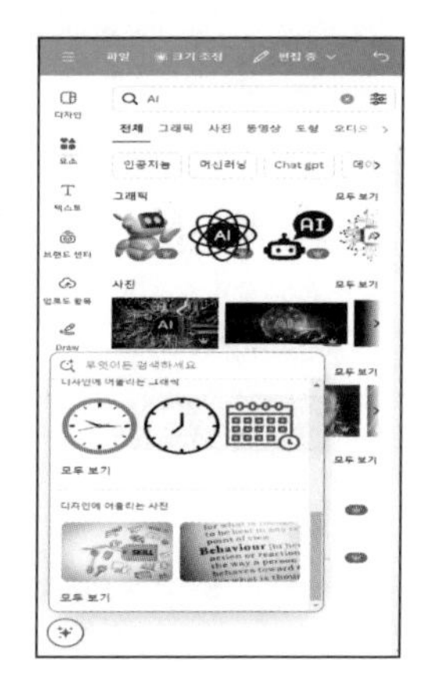

• 선택 초대장 수정하기

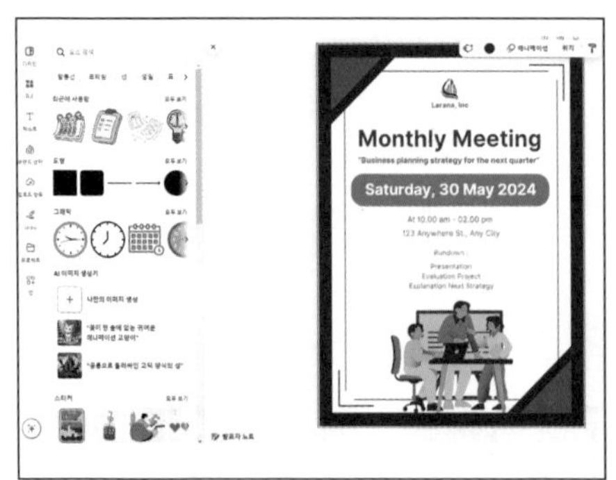

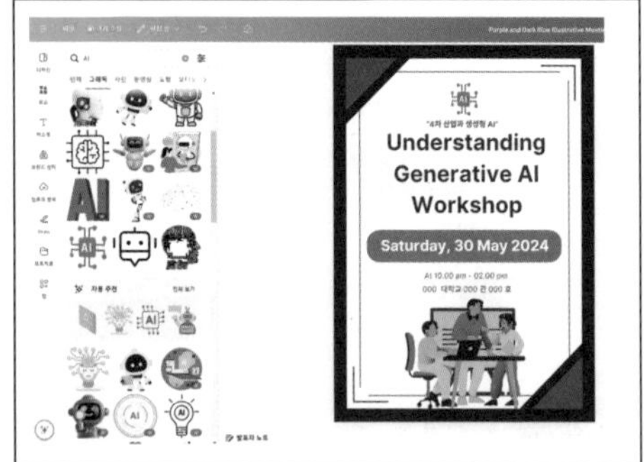

• 공유 및 저작하기

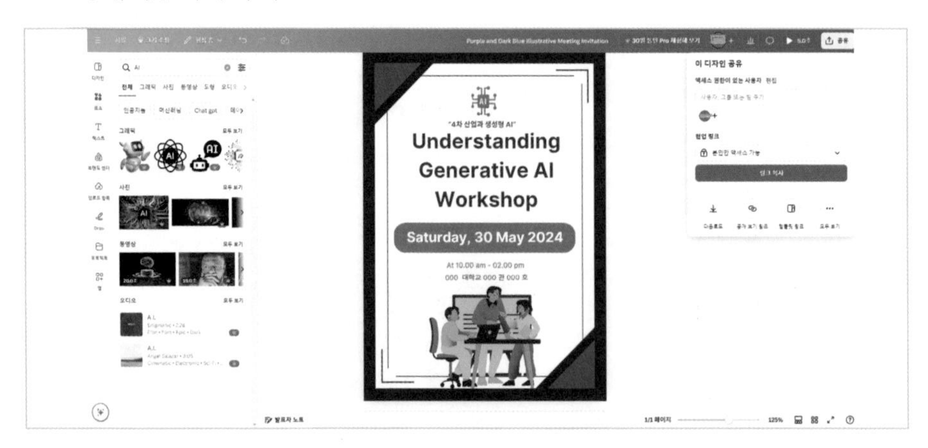

• 파워포인트로 다운로드/ MP4로 다운로드 하여 사용

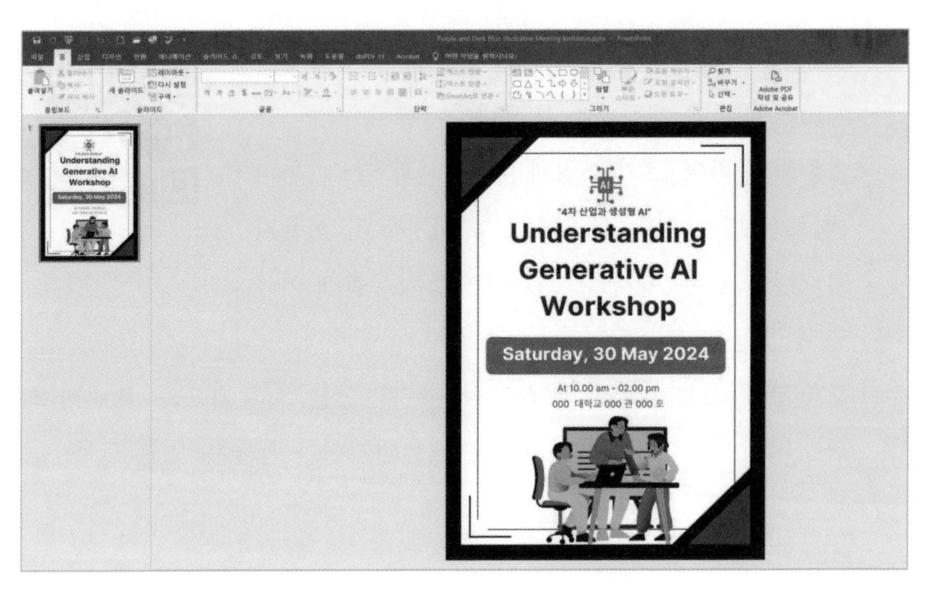

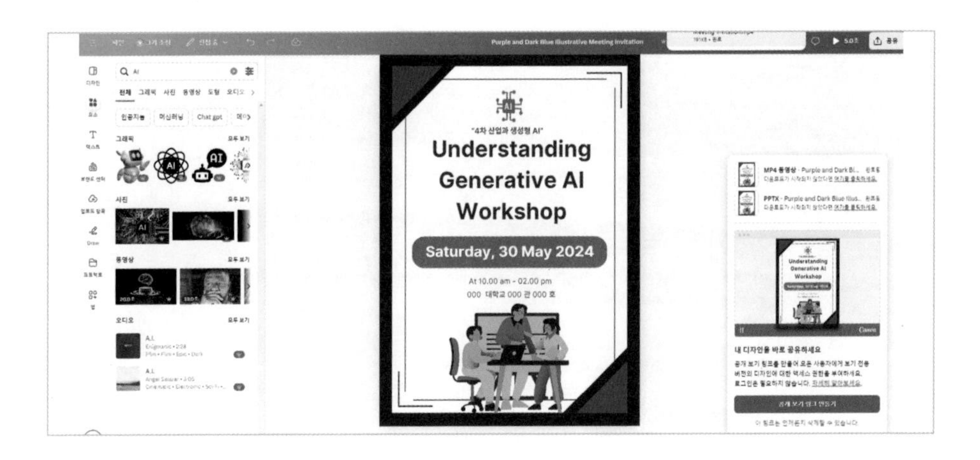

(4) Canva(캔바) 실습하기

• 템플릿 중 명함 만들기 또는 초대장 만들기, 프레젠테이션 만들기 중 선택하여 개인 또는 팀(조)별 홍보할 템플릿 만들기

• 템플릿을 생성할 때 다양한 효과, 음악 등을 사용하여 만들기

3 프레지(Prezi)

- 프레지(Prezi)는 동적 프레젠테이션 도구로 독특한 시각적 경험을 제공하는 프레젠테이션 도구.
- 기존의 슬라이드 기반 프레젠테이션과 달리, 하나의 큰 캔버스 위에 여러 요소를 배치하고, 사용자가 정한 경로에 따라 요소들 사이를 자유롭게 이동할 수 있음.
- 프레지(Prezi)는 3차원 공간에서 아이디어를 시각적으로 표현하고, 확대/축소 효과를 통해 동적인 프레젠테이션을 만들 수 있는 도구.

(1) 프레지(Prezi) 시작하기

- 검색웹사이트에서 https://prezi.com/ko/을 검색

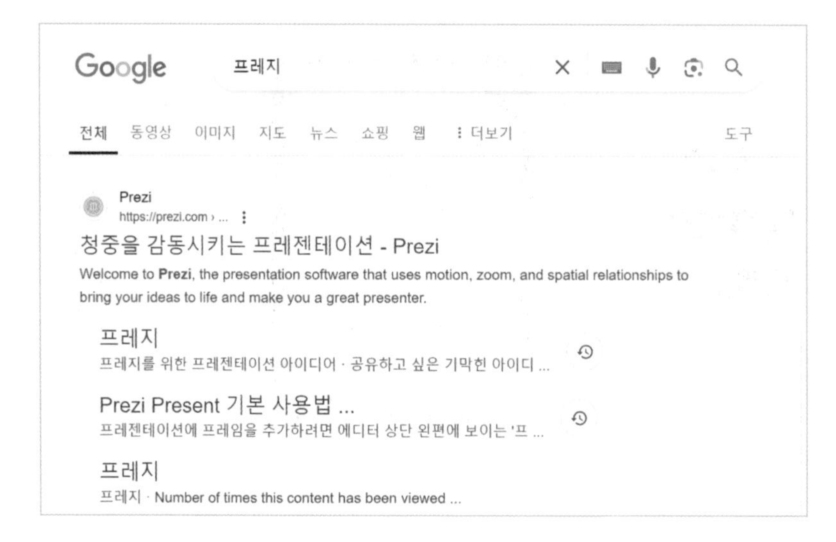

- 계정 생성 및 로그인
- 프레지 웹사이트를 방문하여 '시작하기' 버튼을 클릭하고, 이메일 주소를 이용해 계정을 생성하거나 Google, Facebook 계정 등으로 로그인.

- 요금제 선택: 무료 Basic만 사용해도 다운로드 기능을 사용하지 않고 PPT, 인포그래픽, 영상 등을 만들어 공유할 수 있음.

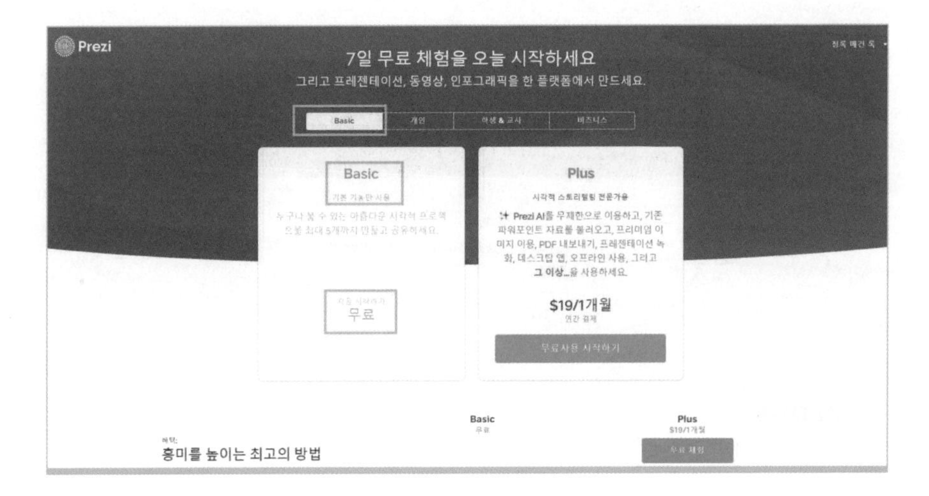

- 개인 사용자부터 교육, 비즈니스 용도까지 다양한 플랜이 제공되므로 필요에 맞는 플랜을 선택.
- 시작하기 클릭

- + 새로운 프레젠테이션
- 대시보드에서 기존 템플릿(+새로운 프레젠테이션, 새로운 인포그래픽, 새로운 동영상 만들기) 중 하나를 선택하여 시작할 수 있음.

- 기존 만들어져 있는 프레젠테이션 선택하여 클릭

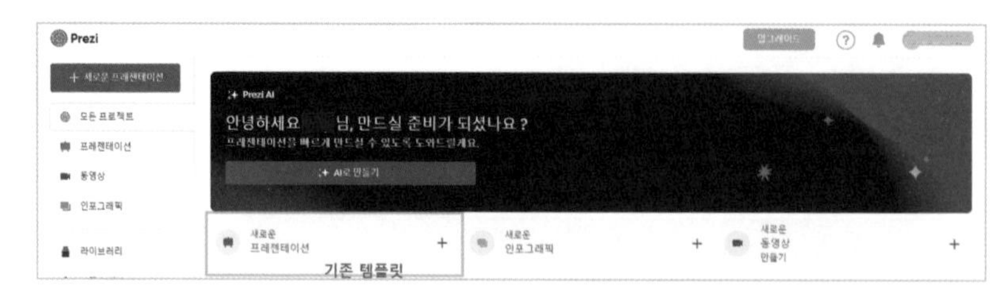

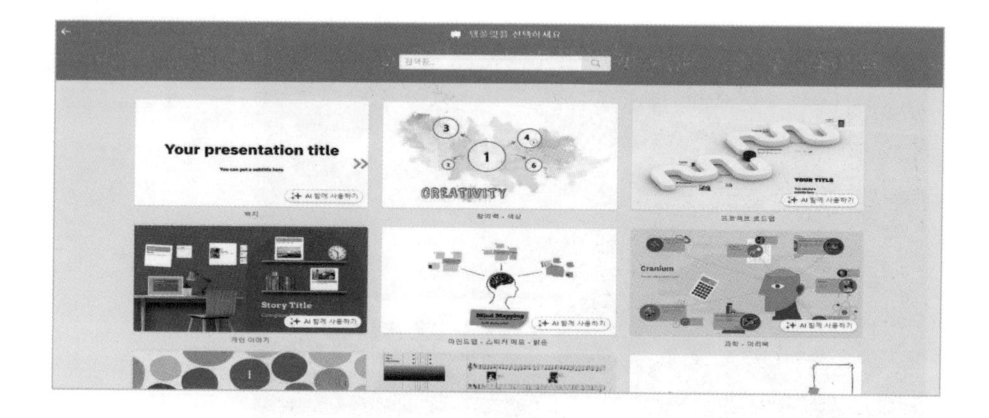

• 만들어져 있는 인포그래픽

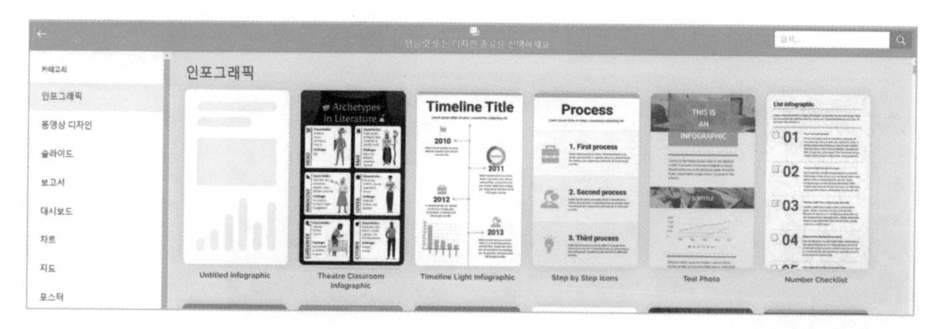

• 동영상 만들기

- 또는 대시보드에서 '새로 프레젠테이션'을 클릭하거나 AI로 만들기 중 하나를 선택하여 시작할 수 있음.

(2) 프레지(Prezi) 활용하기

• AI로 만들기를 선택

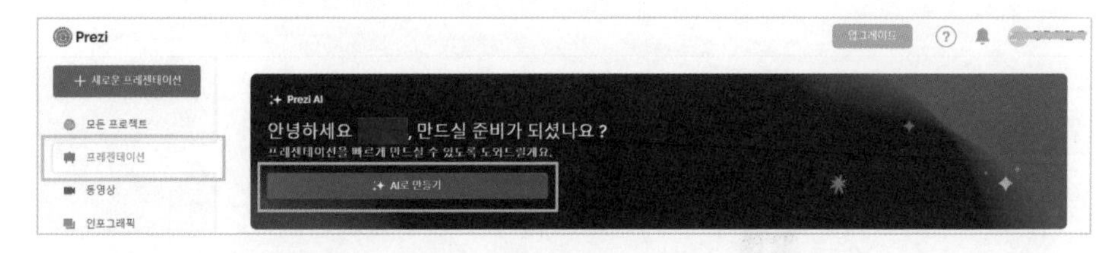

• 팝업 창에 만들고 싶은 프레젠테이션 제목을 작성.

• 예시: "느린 학습자(경계선 지능인)에 대한 이해"에 대한 주제와 간략한 내용을 작성하고 만들기를 클릭.

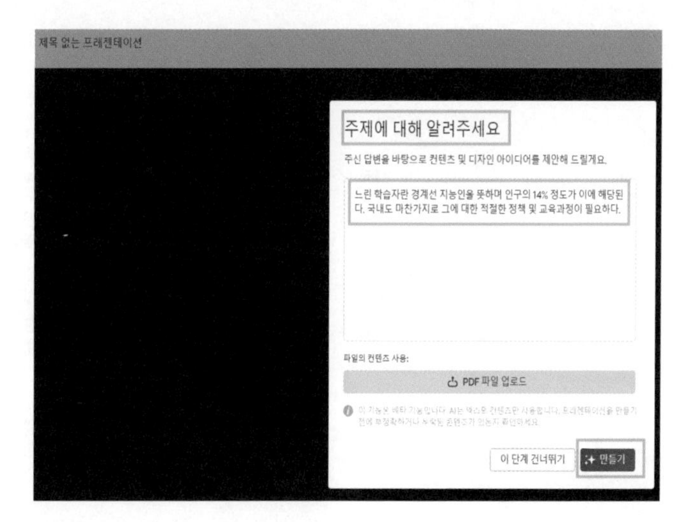

- AI가 자동으로 생성 중.

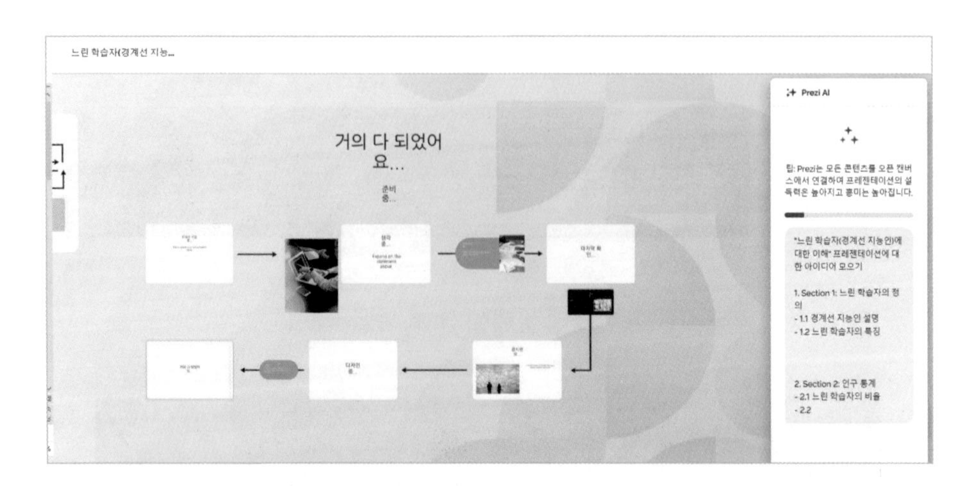

- 생성된 프레젠테이션의 나만의 디자인 요소 적용하기.
- 에디터로 가기 클릭.
- 오른쪽 상단을 클릭 → 색상팔레트, 배경, 디자인 등을 클릭 → AI 기능이 자동으로 설정을 변경함.

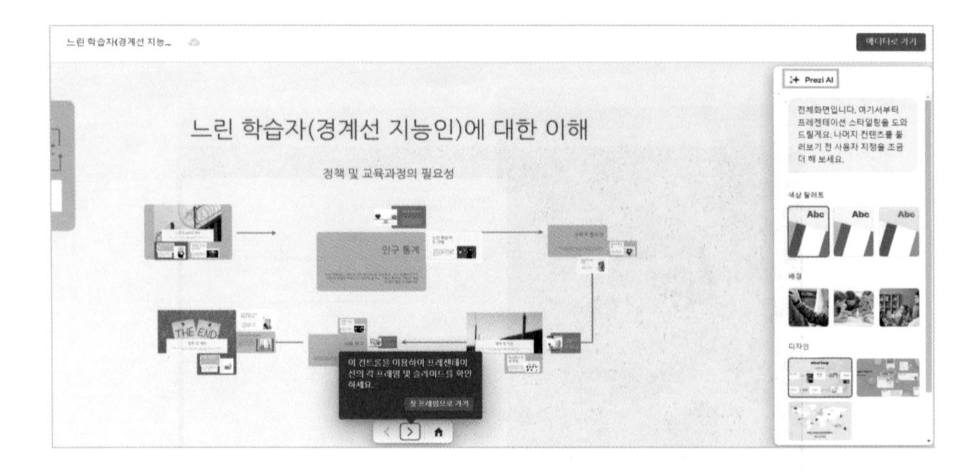

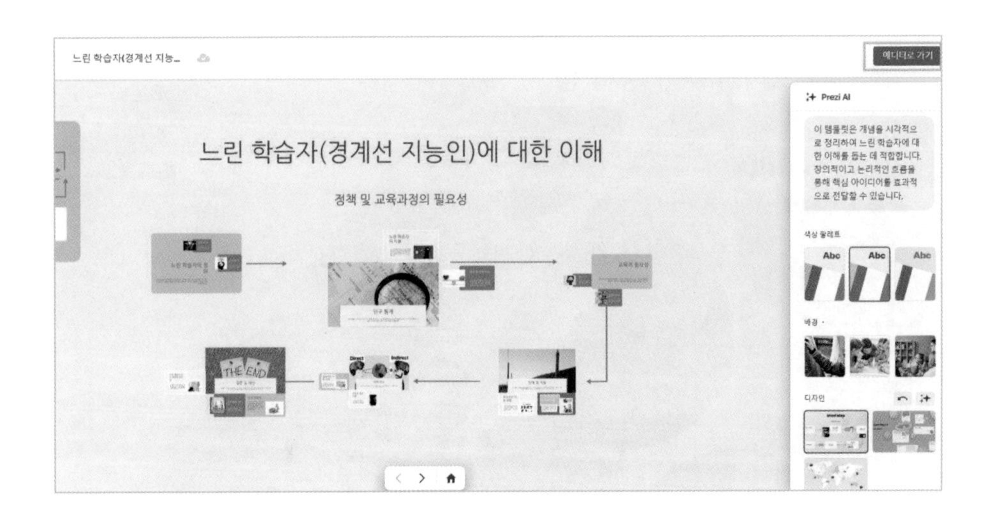

• 활용을 위한 다양한 툴이 있어 자유롭게 디자인 변경이 가능함.

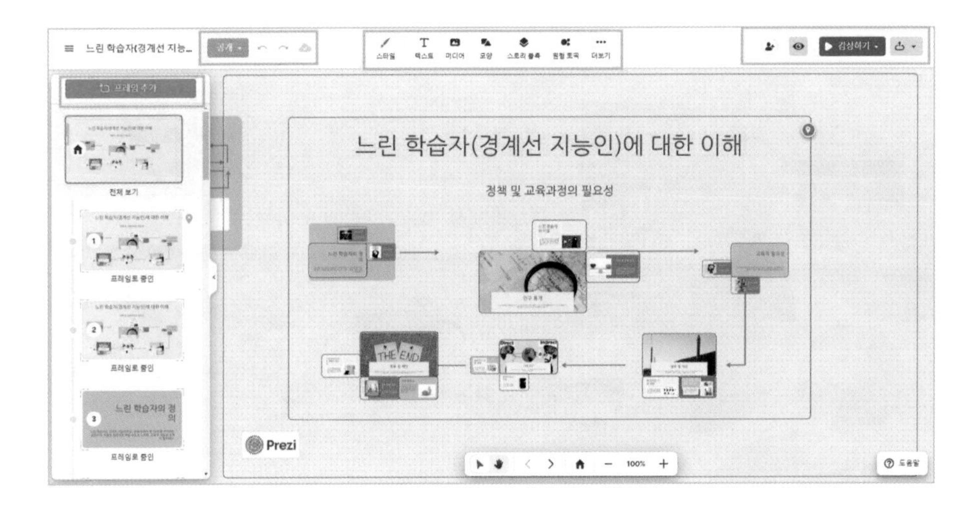

• 프레임 추가에서 … 를 누르면 사운드 편집, 시작점 삭제, 발표자 노트, 삭제나 프레임 추가 창이 뜸.

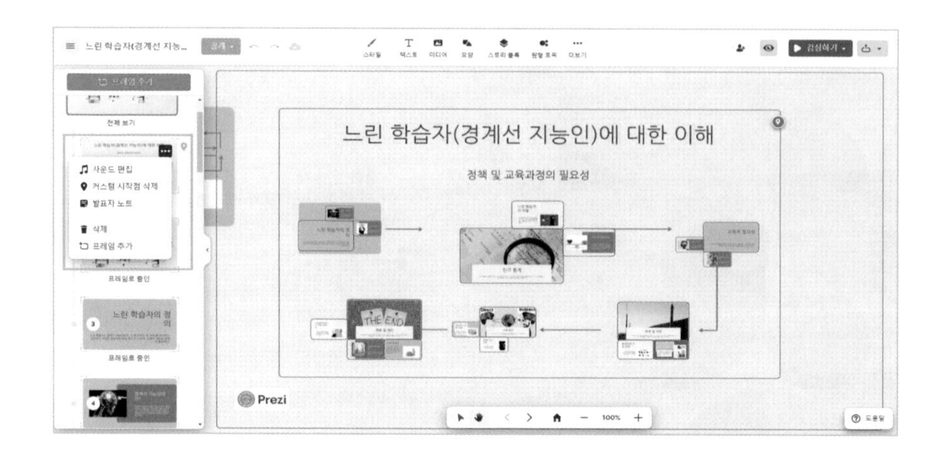

• 스타일, 텍스트, 미디어, 모양, 스토리 블록, 원형 토픽, 더보기를 통해 프레임에 대한 수정이 가능함.

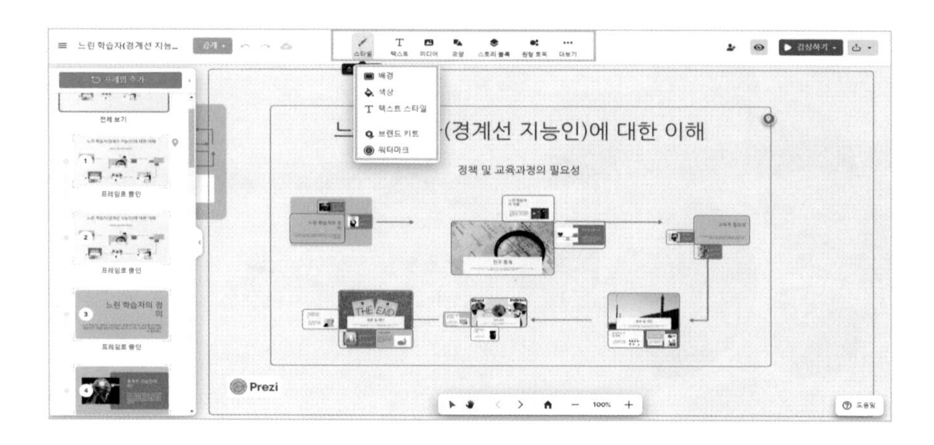

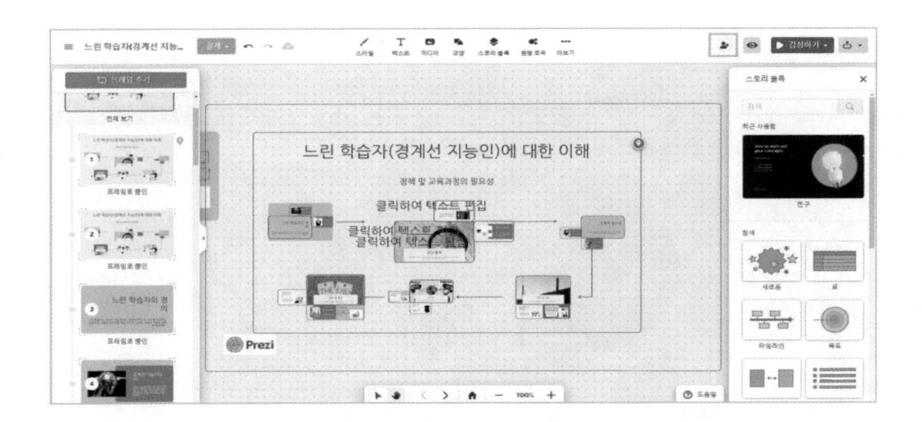

• 상단에 사람모양 아이콘 + 모양을 클릭하면 공동작업자 초대도 가능.

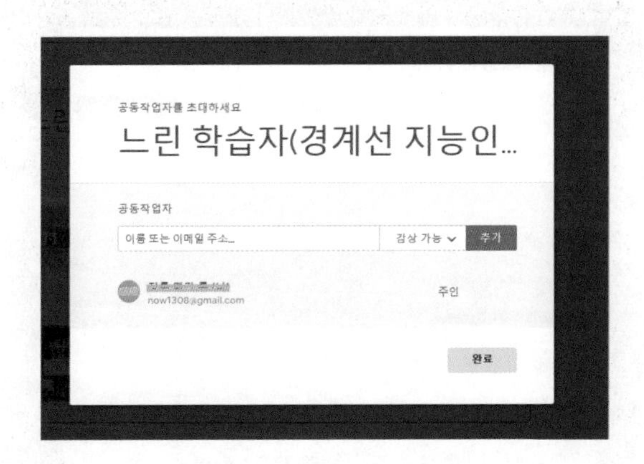

• 미리보기 및 공유: 감상하기를 클릭하면 작업한 프레젠테이션을 미리보기로 확인할 수 있으며, '공유' 버튼을 클릭하여 다른 사람들과 공유할 수 있음. 링크를 통해 공유하여 감상(무료버전).

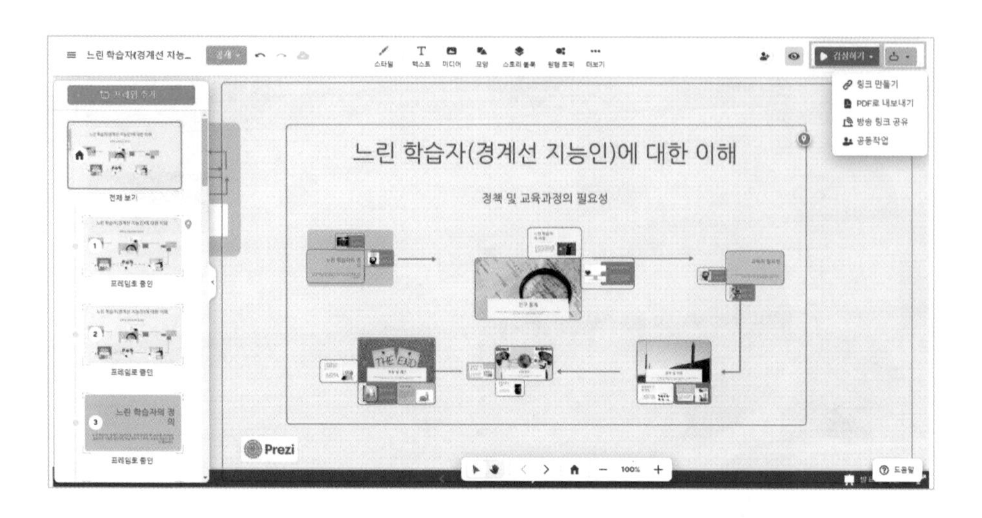

• 새로운 것을 자신이 만들고 싶다면 프레젠테이션, 동영상, 인포그래픽 순으로 이용자가 만들고 싶은 것을 선택하여 클릭

Prezi
업그레이드
+ 새로운 프레젠테이션
모든 프로젝트
프레젠테이션
동영상
인포그래픽
라이브러리
브랜드 키트
휴지통
새로운 폴더
데스크탑 앱으로 모든 기능을 이용하세요.
다운로드 Prezi 앱
Prezi AI
안녕하세요 , 만드실 준비가 되셨나요?
프레젠테이션을 빠르게 만드실 수 있도록 도와드릴게요.
AI로 만들기
템플릿으로 만들기
빈 여백으로 시작하기
파워포인트 전환하기
모든 프레젠테이션
모두 보기

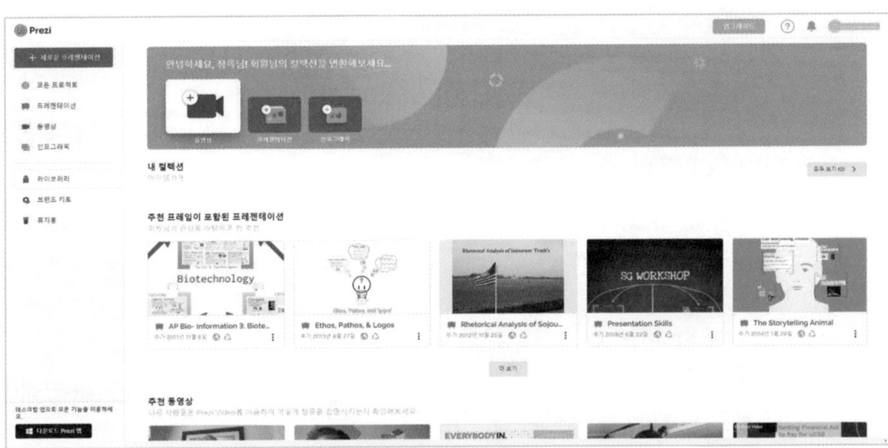
Prezi
+ 새로운 프레젠테이션
모든 프로젝트
프레젠테이션
동영상
인포그래픽
라이브러리
브랜드 키트
휴지통
내 컬렉션
추천 프레임이 포함된 프레젠테이션
Biotechnology
AP Bio- Information 3: Biote...
Ethos, Pathos, & Logos
Rhetorical Analysis of Sojou...
SG WORKSHOP
Presentation Skills
The Storytelling Animal
더 보기
추천 동영상
EVERYBODYIN.

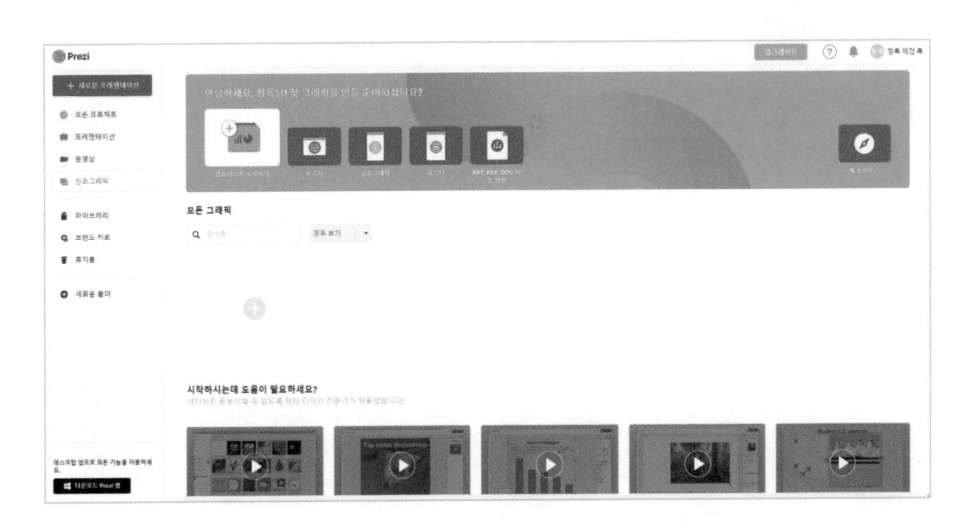
Prezi
+ 새로운 프레젠테이션
모든 프로젝트
프레젠테이션
동영상
인포그래픽
라이브러리
브랜드 키트
휴지통
새로운 폴더
모든 그래픽
모두 보기
시작하시는데 도움이 필요하세요?

(3) 프레지 실습하기

- 네이버 랭킹뉴스 https://news.naver.com/main/ranking/popularDay.naver 접속.
- 다양한 랭킹 이슈를 검색해서 관심영역에 대한 정의나 개념을 찾고, 관련한 내용을 2-3줄로 정리한 후 프레지 AI 만들기를 통해 프레젠테이션 만들기.

5 영상 및 음악 제작 도구

비디오 및 음악 제작 도구 중 인공지능을 활용하는 도구들은 다양한 편집, 작곡, 그리고 비디오나 오디오 콘텐츠 생성의 여러 부분을 자동화하여 창작자들을 돕는 플랫폼.

비디오 및 음악 제작 도구들은 AI를 통해 비디오 편집, 사운드 디자인, 음악 작곡 및 특수 효과 생성 작업을 빠르고 쉽게 할 수 있게 해줌.

비디오 및 음악 제작 AI 도구들은 사용하기 쉽게 설계되어, 기술적인 배경이 없는 초보자들도 비디오와 음악 제작을 쉽게 시작할 수 있도록 도움을 줌.

비디오 및 음악 제작 AI 도구들은 고품질 콘텐츠를 보다 빠르고 효율적으로 제작할 수 있도록 도와주며, 초보자부터 전문가까지 누구나 자신만의 매력적인 미디어 콘텐츠를 제작할 수 있도록 지원.

뤼튼을 활용하여 프롬프트
"인공지능을 활용한 영상 및 음악 제작 툴 이미지를 그려줘"라고 했을때 생성된 이미지

출처: 뤼튼.

1 브루(Vrew)

- 브루(Vrew)는 인공지능(AI)을 활용한 동영상 편집 프로그램으로, 문서 편집처럼 쉽고 빠르게 영상을 편집할 수 있도록 도와줌. 주요 기능으로는 음성 인식을 통한 자동 자막 생성, 간편한 컷 편집, 다양한 AI 목소리 사용 등이 가능함.
- 브루(Vrew)는 맥, 윈도우, 우분투 등 다양한 운영체제에서 사용할 수 있으며, 유튜브 영상, 숏폼 콘텐츠, 기업 홍보 영상 등 다양한 용도로 활용할 수 있음.
- 영상의 주제만 입력하면 AI가 사람 대신 대본을 쓰고, 이 대본을 음성으로 변환하고(텍스트음성), 영상에 알맞은 이미지를 자동으로 생성한 후, 배경 음악까지 만들기 가능.
- 주요 기능으로 자동 자막 생성, 컷 편집, ai 더빙, 상업적으로 사용가능한 이미지, 비디오, 배경 음악 등을 제공.

(1) 브루(Vrew) 시작하기

- 검색 사이트에서 브루 또는 https://vrew.ai/ko/를 검색하기.

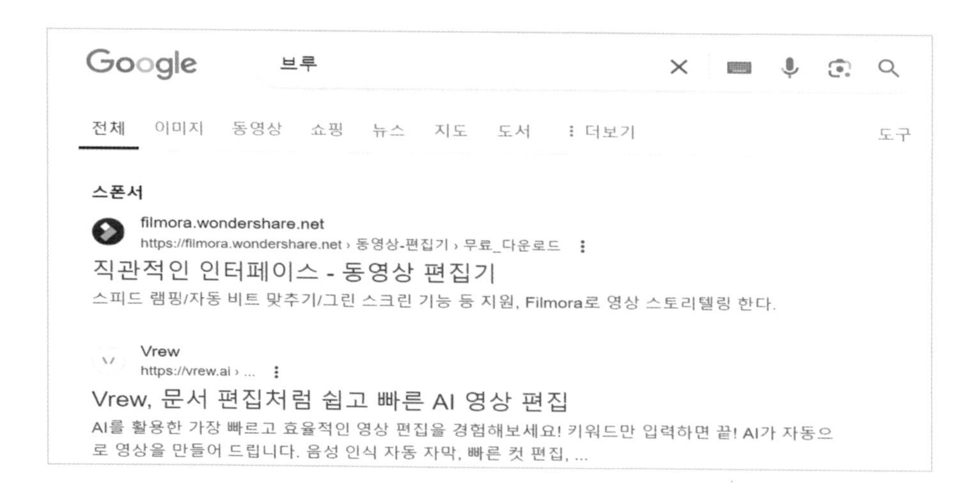

• 가입 및 Vrew 다운로드 하고 시작하기.

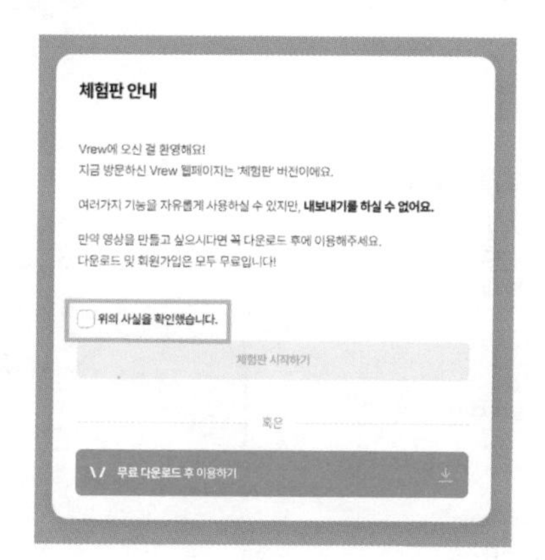

• 상단 메뉴창에서 파일을 클릭 후, +새로 만들기를 클릭.

(2) 브루(Vrew) 활용하기

• 화면(창)이 열리면 텍스트로 비디오 만들기를 눌러주고 만들 영상의 종류도 선택.

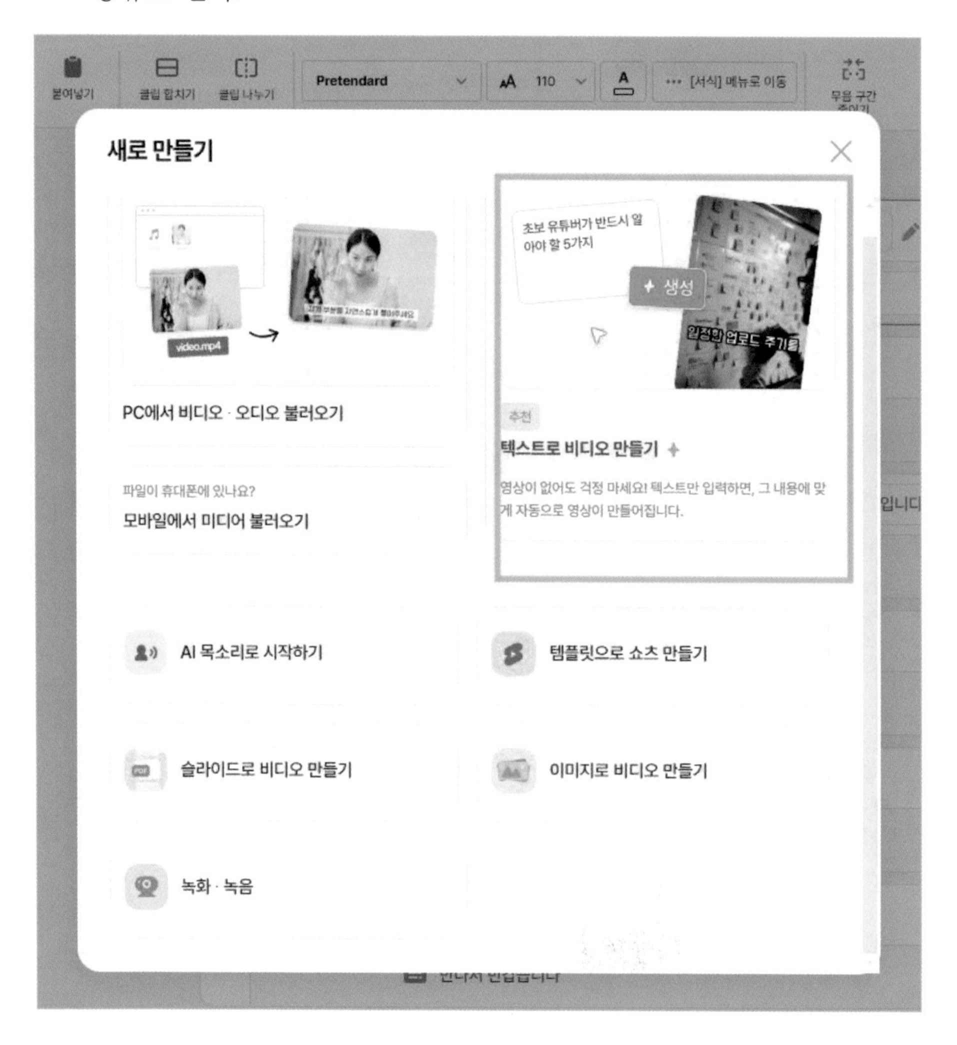

1 화면 비율 정하기
2 비디오 스타일 선택
3 영상 만들기
닫기 ×
유튜브 16:9
쇼츠 9:16
인스타그램 4:5
정방형 1:1
클래식 4:3
BETA
우리가 아직
자막 길이
짧게
길게
자막 위치
위
중간
아래
자동 애니메이션
이전
다음

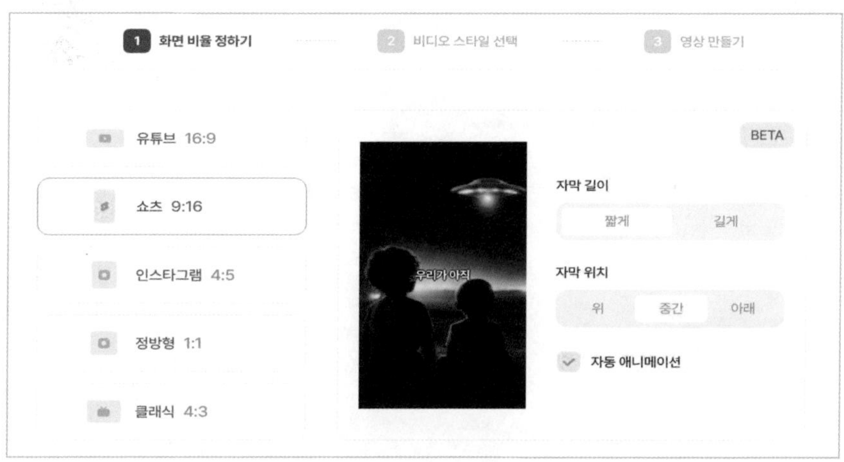
1 화면 비율 정하기
2 비디오 스타일 선택
3 영상 만들기
유튜브 16:9
쇼츠 9:16
인스타그램 4:5
정방형 1:1
클래식 4:3
BETA
우리가 아직
자막 길이
짧게
길게
자막 위치
위
중간
아래
자동 애니메이션

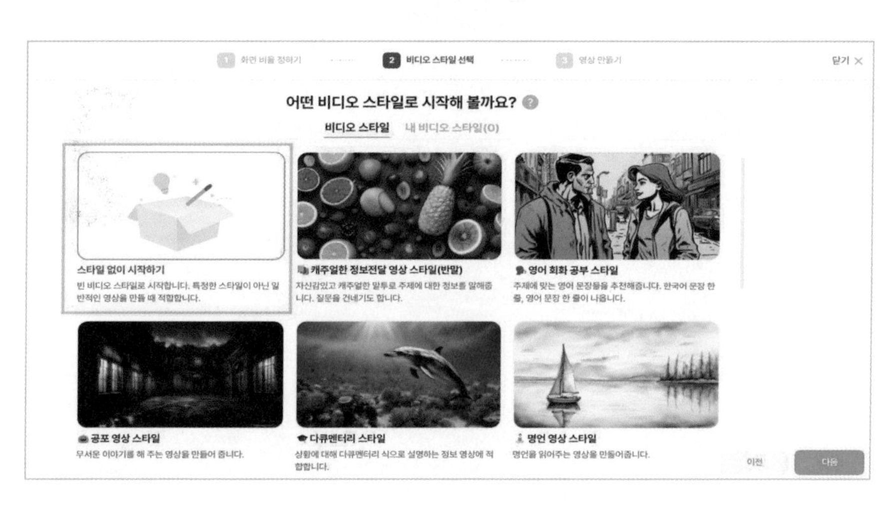
1 화면 비율 정하기
2 비디오 스타일 선택
3 영상 만들기
닫기 ×
어떤 비디오 스타일로 시작해 볼까요?
비디오 스타일
내 비디오 스타일(0)
스타일 없이 시작하기
빈 비디오 스타일로 시작합니다. 특정한 스타일이 아닌 일반적인 영상을 만들 때 적합합니다.
캐주얼한 정보전달 영상 스타일(반말)
자신감있고 캐주얼한 말투로 주제에 대한 정보를 말해줍니다. 질문을 건네기도 합니다.
영어 회화 공부 스타일
주제에 맞는 영어 문장들을 추천해줍니다. 한국어 문장 한 줄, 영어 문장 한 줄이 나옵니다.
공포 영상 스타일
무서운 이야기를 해 주는 영상을 만들어 줍니다.
다큐멘터리 스타일
상황에 대해 다큐멘터리 식으로 설명하는 정보 영상에 적합합니다.
명언 영상 스타일
명언을 읽어주는 영상을 만들어줍니다.
이전
다음

- 대본을 작성할 수 있는 창이 열리면 주제 요약, 영상 유형, 화면 비율 항목을 채움.
- 여기에서는 “미래 직업의 변화: 사라질 직업, 새롭게 만들어질 직업”을 주제로 영상을 제작하기로 함.
- 주제를 입력 후 클릭.

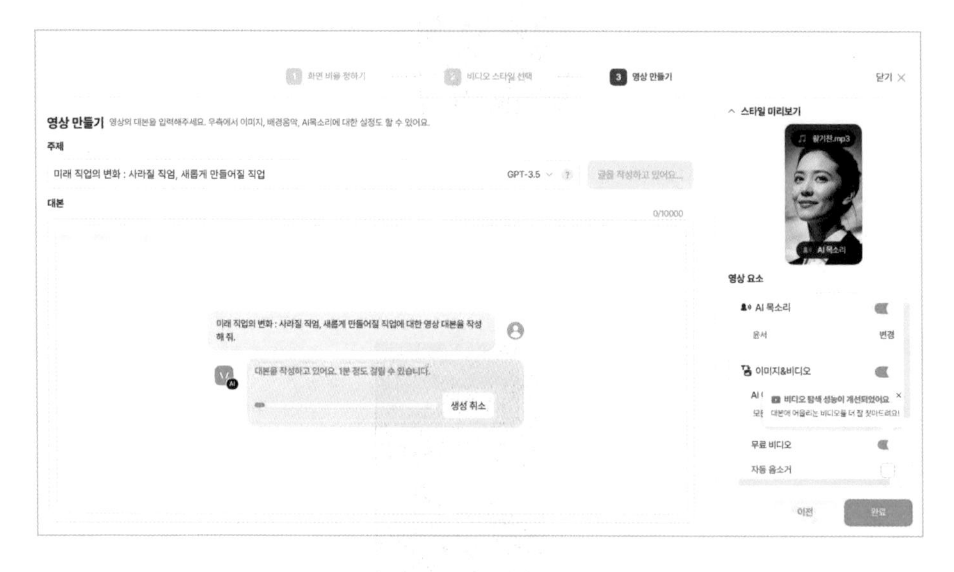

- 대본이 완성되었다면 무료 성우 목소리도 설정 후 완료 클릭.

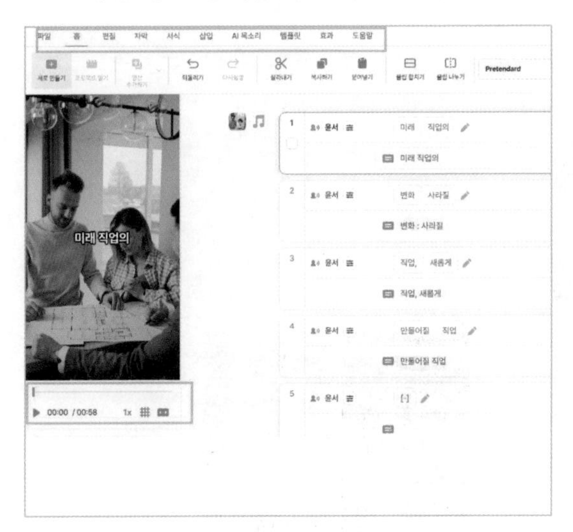

- 편집창을 확인하고 내용 수정, 이미지 수정 등 원하는 요소에 대해 클릭하고 수정 후 저장.

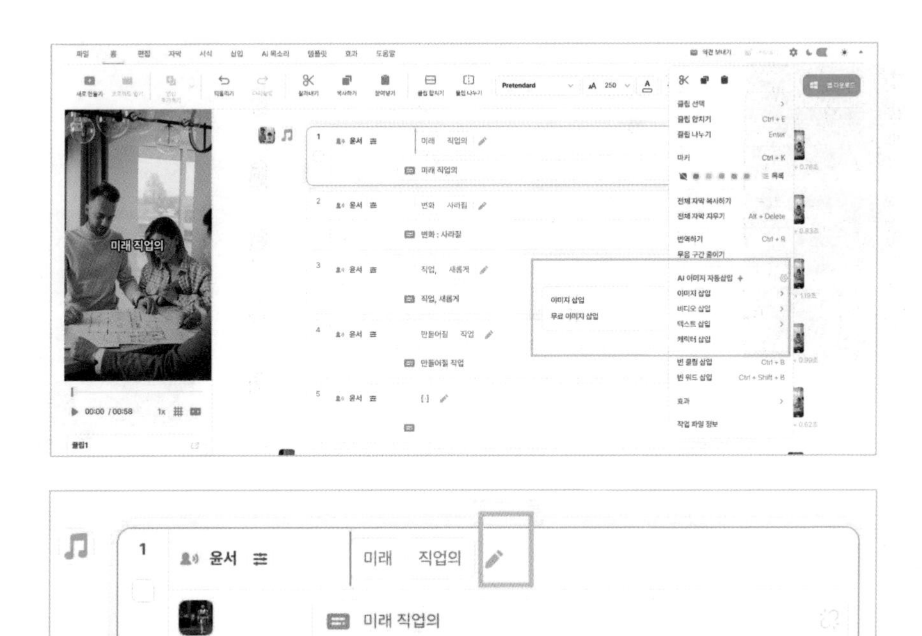

의견 보내기
250
··· [서식] 메뉴로 이동
무음 구간 줄이기
앱 다운로드
무료 애셋
미래직업
직업 미래 3 4 루티인더스 직업들
전체 이미지 비디오 도형 GIPHY
배경이 투명한 이미지만 보기
00:00 + 0.78초
00:00 + 0.83초
00:01 + 1.19초
00:02 + 0.99초
JOB SEARCH

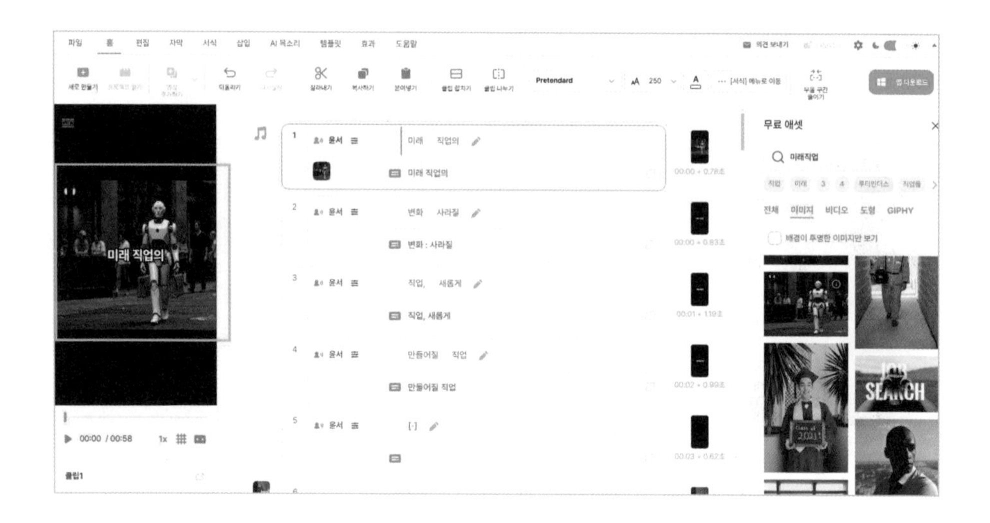
파일 홈 편집 자막 서식 삽입 AI 목소리 템플릿 효과 도움말
Pretendard
무료 애셋
미래직업
전체 이미지 비디오 도형 GIPHY
배경이 투명한 이미지만 보기
미래 직업의
변화 : 사라질
직업, 새롭게
만들어질 직업
00:00 / 00:58
클립1
JOB SEARCH

- 완성되었다면 내보내기를 통해 저장 및 공유.

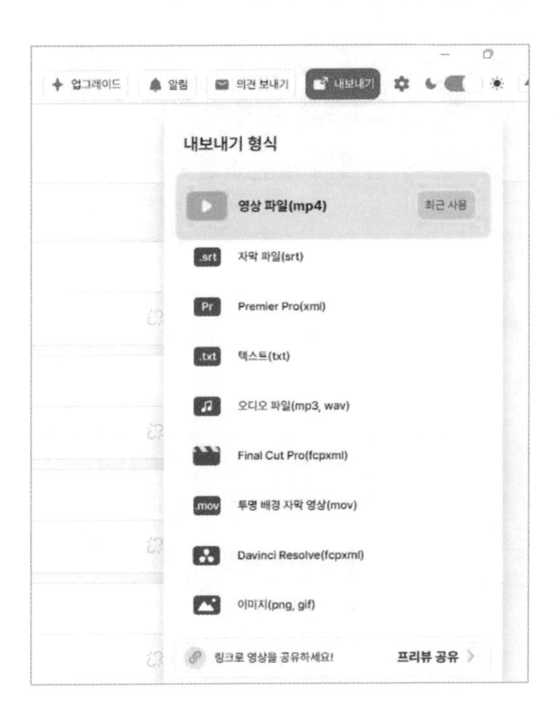

(3) 브루(Vrew) 실습하기

- 자기만의 주제나 강의자에 의한 주제를 통해 영상 만들기.
- 쇼츠 크기와 릴스 크기의 양식으로 만들어 공유하기.
- 유튜브, 인스타에 적용.

2 SUNO(수노)

- 노래 생성 AI SUNO(수노) AI.
- 미국 스타트업 SUNO가 개발한 음악 생성 AI SUNO는 최근 마이크로소프와 협력을 통해 MS Copilot과 Bing AI에 플러그인으로 탑재.
- Suno AI란 Text to Music, 영어 번역 그대로 글자를 입력하여 음악, 노래 등을 자동으로 만드는 AI툴.
- SUNO AI는 텍스트 프롬프트를 활용해 다양한 장르, 스타일의 음악을 생성하고, 가사도 함께 입력되어 완벽한 노래를 만들 수 있음.

(1) SUNO(수노) 시작하기

- 검색사이트에서 수노 또는 https://suno.com/ 검색

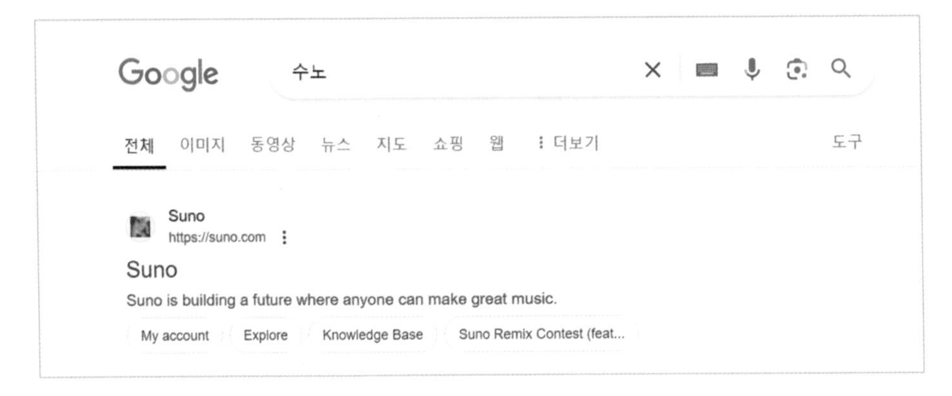

- 사용하기 위해 로그인.
- 무료 사용가능하며 매일 50credit이 지급되며, 하루 10개의 음악을 생성할 수 있음.

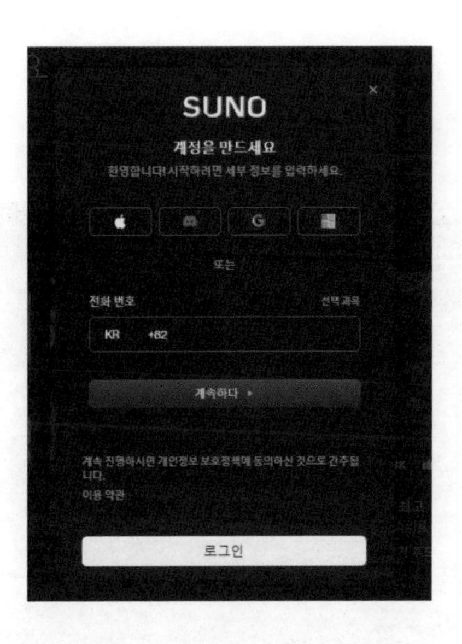
SUNO
계정을 만드세요
환영합니다! 시작하려면 세부 정보를 입력하세요.
또는
전화 번호
선택 과목
KR +82
계속하다
계속 진행하시면 개인정보 보호정책에 동의하신 것으로 간주됩니다.
이용 약관
로그인

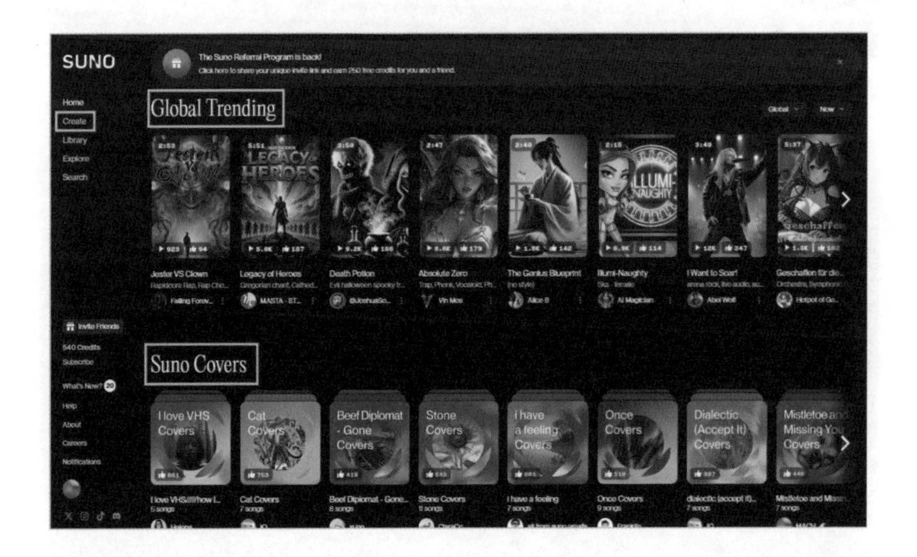
SUNO
The Suno Referral Program is back!
Home
Create
Library
Explore
Search
Global Trending
Jester VS Clown
Legacy of Heroes
Death Potion
Absolute Zero
The Genius Blueprint
Illumi-Naughty
I Want to Soar!
Suno Covers
I love VHS Covers
Cat Covers
Beef Diplomat - Gone Covers
Stone Covers
I have a feeling Covers
Once Covers
Dialectic (Accept It) Covers
Mistletoe and Missing You Covers

(2) SUNO(수노) 활용하기

- 홈화면에서 Create를 클릭.

- Song Description에 프롬프트를 입력 → 가사 있는 노래 생성(만들기).

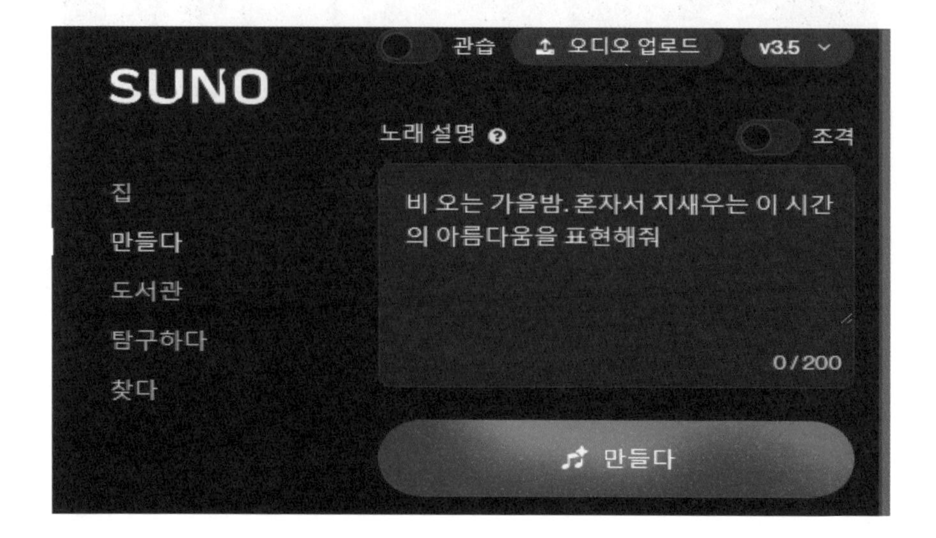

• 자동 노래 생성.

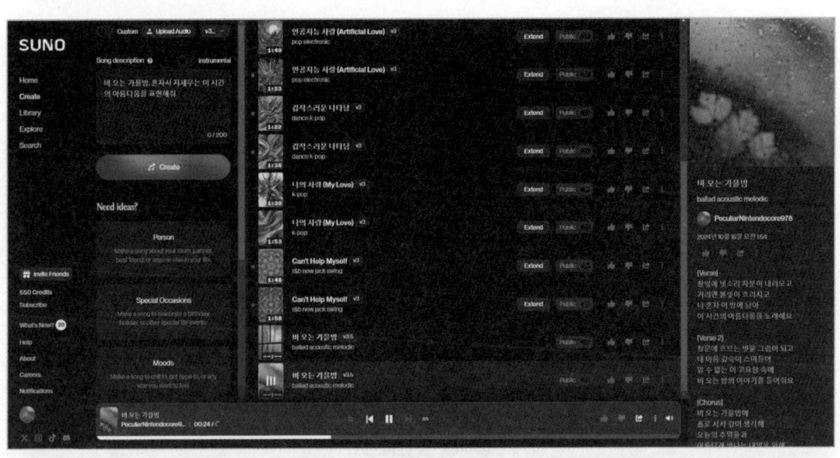
SUNO
Home
Create
Library
Explore
Search
Song description
Instrumental
비 오는 가을밤, 혼자서 지새우는 이 시간의 아름다움을 표현해줘
Create
Need ideas?
Person
Special Occasions
Moods
인공지능 사랑 (Artificial Love)
갑작스러운 나타남
나의 사랑 (My Love)
Can't Help Myself
비 오는 가을밤
ballad acoustic melodic
PeculiarNintendocore978

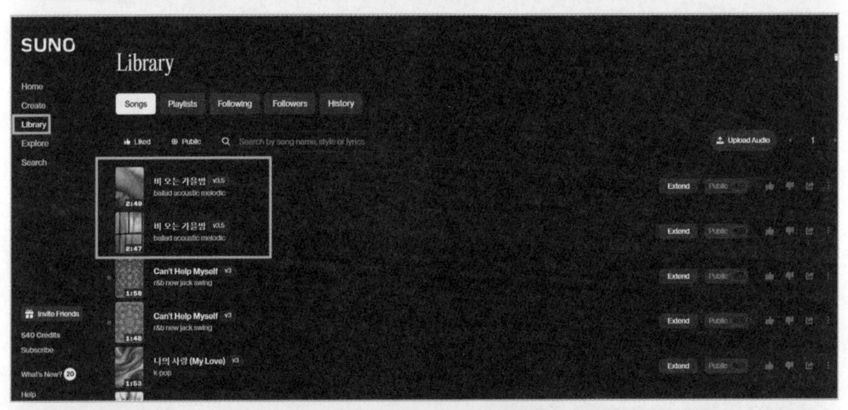
SUNO
Library
Songs
Playlists
Following
Followers
History
Upload Audio
비 오는 가을밤
ballad acoustic melodic
Can't Help Myself
r&b new jack swing
나의 사랑 (My Love)
k pop
Invite Friends
540 Credits
Subscribe
What's New?
Help

SUNO
Home
Create
Library
Explore
Search
비 오는 가을밤
ballad acoustic melodic
PeculiarNintendocore978
2024년 10월 15일 오전 1:54 v3.5
[Verse]
창밖에 빗소리 차분히 내려오고
거리엔 불빛이 흐려지고
나 혼자 이 방에 남아
이 시간의 아름다움을 노래해요
[Verse 2]
창문에 흐르는 빗물 그림이 되고
내 마음 깊숙이 스며들어
알 수 없는 이 고요함 속에
비 오는 밤의 이야기를 들어줘요
[Chorus]
비 오는 가을밤에
홀로 서서 깊이 생각해
오늘의 추억들과
아름답게 빛나는 내일을 위해
[Bridge]
시간은 멈추지 않고 흘러가지만
이 순간은 영원할 것만 같아
비가 그치면 다시 걸어가야겠지
하지만 지금은 여기에 머물러줘
Invite Friends
540 Credits
Subscribe
What's New?
Help
About
Careers
Notifications
비 오는 가을밤
00:00 / 02:47

- 자기만의 개성 있는 곡을 만들고 싶다면 한글 입력도 가능, 장르와 스타일을 넣어주고, 대략적인 가사를 입력하면 Custom Mode에는 가사를 직접 입력할 수 있음.

(3) Gpts의 Song Maker 설치를 통한 SUNO(수노) 작사 도움주기

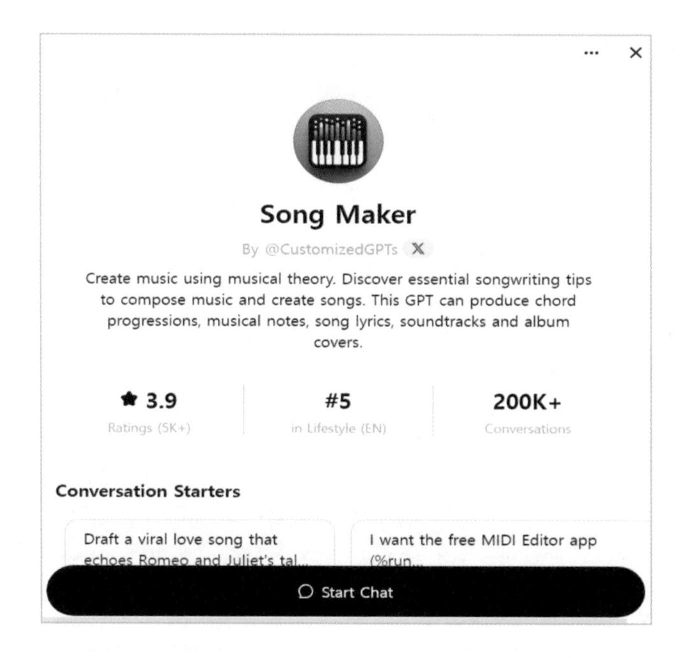

- 수노 AI에서 가사를 바로 생성할 수 있지만 한글가사가 부자연스럽기 때문에, Gpts의 Song Maker로 노래의 가사와 스타일, 제목을 설정해서 생성.
- open AI chat Gpt에 접속하기(chat GPT 무료회원은 사용 제한이 됨).
- Song Maker에게 프롬프트를 입력해 노래의 가사와 스타일, 제목을 생성.
- 대답을 보고 가사를 자신이 원하는 대로 수정하기.
- 가사 스타일과 제목 요청하기.
- 수노에 가사 입력 후 수정하며 음악 생성하기.

(4) SUNO(수노) 실습하기

- 자기에게 의미있는 노래나 누군가에게 선물하고 싶은 노래 만들기.
- 먼저 AI가 만들어주는 노래 만들기.
- 두 번째는 챗GPT나 뤼튼을 통해 가사를 작성해 만들기.
- 공유하기.

6 가상 모임 플랫폼 도구

가상 모임 활용 도구는 시간과 공간의 제약 없이 온라인 상에서 사람들이 모여 소통하고 협업할 수 있도록 돕는 다양한 종류의 프로그램이나 서비스를 의미함. 가상 모임 활용 도구를 잘 활용하면 시간과 공간의 제약 없이 효과적으로 소통하고 협업할 수 있음.

- 가상 모임 활용 도구의 주요 기능
  - 실시간 화상 회의: 얼굴을 보며 대화하고, 화면을 공유하며 함께 작업할 수 있음.
  - 채팅: 텍스트 기반의 실시간 채팅으로 빠르게 의견을 교환할 수 있음.
  - 파일 공유: 문서, 이미지, 영상 등 다양한 파일을 공유하고 함께 편집할 수 있음.
  - 화이트보드: 아이디어를 자유롭게 기록하고 공유하며 협업할 수 있음.
  - 녹음 및 녹화: 회의 내용을 녹음하거나 녹화하여 나중에 다시 확인할 수 있음.
  - 투표 및 설문 조사: 의견을 수렴하고 의사 결정을 효율적으로 할 수 있음.

뤼튼을 활용하여 프롬프트 "가상회의 이미지를 그려줘"라고 했을때 생성된 이미지

출처: 뤼튼.

온라인 모임의 이점은 무엇인가?

▲ 거의 모든 곳에서 팀 모임에 참가 가능
집에 있든 학교나 사무실에 있든 외출 중이든, 가상 모임은 실제로 참석할 수 없는 경우라도 중요한 모임을 놓치지 않을 수 있도록 도와준다.

▲ 더욱 강력한 동료 관계
하이브리드 또는 완전 원격 상황일 경우, 얼굴을 마주하는 시간과 학교에서 자연스럽게 형성되는 관계 구축이 더 어려울 수 있다. 그러나 화상 회의에서는 동료와 얼굴을 마주하면서 상호 작용할 수 있으므로 더 자연스러운 대화, 공동 작업, 신뢰로 이어질 수 있다.

▲ 여러 참여 방법
완벽한 가상 모임 소프트웨어에서 오디오 및 비디오와 같은 일반적인 온라인 모임 기능을 실행 중인 채팅 로그, 손들기 기능, 발표하는 동료를 응원하기 위한 다양한 가상 반응과 같은 추가 기능과 결합한다.

출처: 마이크로소프트 팀즈.

가상 모임 플랫폼의 주요 기능

▲ 모바일 앱과 데스크톱 앱

대부분의 온라인 모임 플랫폼에는 컴퓨터용 앱이 있지만, 모바일 디바이스용 앱이 추가되면 책상에 있지 않은 경우에도 연결 상태를 더욱 폭넓게 유지할 수 있다.

▲ 화면 공유

모임 참가자들과 화면을 공유하는 것은 종종 논의 중인 내용을 모두에게 정확하게 보여 주고 생산성을 극대화할 수 있는 가장 쉽고 빠른 방법이다.

▲ 채팅

실행 중인 채팅 패널은 가상 모임을 위한 강력한 도구이다. 발표자를 방해하지 않으면서 생각과 댓글을 추가하는 것은 물론 관련 링크, 파일, 사진, GIF를 공유한다. 플랫폼이 향후 참조 및 모임 참가자들과의 지속적인 커뮤니케이션을 위해 채팅 기록을 유지하는 것이 이상적이다.

▲ 손들기 기능

가상 모임에 참석한 사람이라면 대면 모임에 비해 누군가가 언제 말을 마치는지를 가늠하는 것이 더 어렵다는 것을 알고 있다. 손들기 기능을 사용하면 사람의 말을 끊거나 대화 흐름에서 적절한 중단점을 찾으려고 노력하지 않고도 말하고 싶은 것이 있음을 다른 사람들에게 알릴 수 있다.

▲ 녹음/녹화 기능

팀 모임의 녹음/녹화는 병가 또는 휴가로 참석하지 못한 사람들에게 그들이 놓친 내용을 따라잡을 수 있는 간편한 방법을 제공하기 때문에 중요하다. 모임의 녹음/녹화는 다루었던 세부 사항에 대한 기억을 되살려야 할 때에도 유용하다.

▲ 창의적인 상호작용 방법

때때로 대규모 그룹을 대상으로 하는 가상 발표는 대면 모임에서 사용할 만한 보디랭귀지 없이는 어려울 수 있다. 예를 들어, 누군가가 비록 비디오에 있더라도 동의한다는 의미로 고개를 끄덕이는 것을 알아채지 못할 수 있고, 사람들이 자신의 말을 어떻게 받아들이고 있는지 궁금할 수 있다. 이럴 때 기본 제공되는 참여 기능을 사용할 수 있다. 동료들이 빠른 엄지척 또는 박수 이모지를 보내면 발표를 이어가는 동안 화면에 살며시 표시된다.

▲ 가상 배경

종종 재미로 사용되지만 가상 배경 또는 흐린 배경에 대한 몇 가지 옵션을 사용하면 원격 근무자의 프라이버시 보호에 도움이 된다.

출처: 마이크로소프트 팀즈.

(1) 줌 zoom.us

zoom

줌은 사무실 없는 사무환경을 위한 비대면 화상 회의 플랫폼으로 온라인 화상 수업에 유용한 기능이 많고 안정적으로 운영되어 많은 사람들이 사용하고 있다. 접근성을 낮추어 사용하기 쉬운 프로그램 구성 덕분에 시스코의 웹엑스, 마이크로소프트의 스카이프, 구글 행아웃이 점유하던 화상 회의 소프트웨어 시장에서 주목받는 화상 회의 솔루션.

교육용 Zoom 관련 질문에 대한 답변

교육 업계를 연결하는 데 있어 Zoom 플랫폼의 모든 이점을 살펴보는 데 도움이 되는 리소스를 찾아보세요.

고등 교육용 Zoom

고등 교육용 Zoom 사용 방법 가이드

데이터시트 다운로드 >

연결된 교실: 하이브리드 학습 가이드

미래의 교실과 캠퍼스는 여러분이 있는 곳 어디에나 있을 수 있습니다. 하이브리드 방식은 지속될 것입니다.

보고서 읽기 >

교육용 Zoom: 가상 학습 하드웨어 가이드

미래의 교실과 캠퍼스는 여러분이 있는 곳 어디에나 있을 수 있습니다. 하이브리드 방식은 지속될 것입니다.

보고서 읽기 >

교육용 Zoom 플레이북

유치원 및 초중고 학교 교육용 Zoom 사용 방법 가이드

가이드 받기 >

구글과 마이크로소프트의 화상 회의 솔루션은 교사와 학생이 모두 가입하고 기관에서 조직적으로 관리해야 하는 부담이 있으나 줌은 교사 회원 가입(이메일, 구글, 페이스북 계정 이용)만으로 제한 없이 수업을 진행할 수 있어 많은 학교에서 사용하며, 교실 수업 이외에 방과후 보충 수업, 학원 수업에도 많이 사용되고 있다. 또한 친구나 가족 모임까지 줌 회의에 쉽게 접근할 수 있다는 장점도 있다. 교사가 무료 가입 후 방을 개설하면 학생은 가입 없이 100명이 40분간 수업을 진행할 수 있다.

코로나19로 교육기관이나 학교 이메일로 가입 시 40분 시간제한을 한시적으로 면제해 주고 있다. 화면 공유 및 웹 및 구글 드라이브 파일 공유도 편리하고, 모바일 및 데스크톱에서 그룹 텍스트, 이미지 및 오디오를 보내 수업에 활용할 수 있다.

Zoom 글로벌 서비스

Zoom 전문가팀이 리소스가 되어 상담, 구현 및 지원을 통해 도와주고 있다.

전문 서비스

Zoom 전문 서비스 팀은 Zoom Phone 또는 Zoom Rooms를 성공적으로 구현하기 위한 알맞은 설계 및 전략을 제공하고 있습니다.

자세히 알아보기 >

고급 서비스

Zoom의 고급 기능을 더 빠르게 구현하고 복잡한 배포를 지원할 수 있도록 고급 서비스 상담이 제공됩니다.

브로셔 다운로드 >

이벤트 서비스

Zoom 이벤트 서비스 팀은 여러분이 Zoom에서 다음 하이브리드 가상 이벤트를 실행하고 만드는 데 도움을 드릴 수 있습니다.

자세히 알아보기 >

Premier Support

우선 순위 응답 및 전담 기술 계정 관리를 제공하는 요금제를 통해 필요한 도움을 빠르고 쉽게 받으세요.

자세히 알아보기 >

관리형 서비스

Zoom의 관리형 서비스는 UCaaS 시스템을 선제적으로 모니터링하여, 문의와 문제 사항을 해결합니다. 문제가 도달한 순간부터 해결될 때까지 주인의식을 갖고 접근합니다.

브로셔 다운로드 >

표 4-1 줌 화상 수업 서비스 분석

구분	세부 기능	기능 구현
화상 수업 그룹 토의	1:1 및 1: 다수(최대 인원수)	100명(유료 1000명)
	화상 회의 지속시간(제한 시간)	40분(유료 무제한)
	웹 회의(전용 프로그램 없이 접속)	○
	수업녹화	○
	영상 화면 분할/학생 화면 배치	○
	학생 참여 트래킹(출석 학생 참여 데이터 저장)	X
	전체 회의 - 그룹 회의(소모임 전환)	○
	보안(접속 비밀번호)	○

교육 서비스 평가	기능 보완 업데이트	네트워크 접속 관리
A 안정적인 수업 진행	A 수시로 기능 보완	A 100명 이상 접속 시 끊김 화질 저하 거의 없음

출처: 최재학 외(2021). 온라인 수업 완벽가이드. p.181.

(2) 구글 미트 meet.google.com

구글 미트는 구글 계정만 있으면 사용가능한 화상 회의 솔루션으로 구글 G Suite for Education과 함께 사용할 수 있는 온라인 서비스. 무료 Gmail 계정으로 학생 가입 없이 100명까지 60분 수업이 가능하다(그 이상은 유료). 크롬 브라우저로 접속하면 바로 회의를 개설하거나 참여할 수 있으며, 크롬과 파이어폭스에서 브라우저 확장 앱(애드온)을 설치해 사용할 수도 있다. 화면 공유 및 웹 및 구글 드라이브 파일 공유도 편리하고, 모바일 및 데스크톱에서 그룹 텍스트, 이미지 및 오디오를 보내 수업에 활용할 수 있다. 구글 플레이 스토어나 애플 앱스토어에서 앱을 다운로드하면 모바일로도 활용할 수 있다.

사용 순서

① Gmail 계정으로 구글 미트에 접속한 후 회의를 개설한다.

② 회의 주소를 다른 사람들에게 공유하면 참여자들은 데스크톱이나 스마트 기기를 통해 회의에 입장할 수 있다.

모든 사용자를 위한 영상 통화 및 화상 회의

Google Meet로 어디서나 연결하고 공동작업하고 기념일을 축하할 수 있습니다.

나중에 진행할 회의 만들기

즉석 회의 시작

Google Calendar에서 일정 예약

참여

구글 미트의 기능

- 일반 및 Individual 사용자의 경우 통화당 최대 100명의 구성원, Enterprise 사용자의 경우 최대 250명.
- 전화 접속 번호로 회의에 전화.
- Enterprise 사용자를 위한 비밀번호로 보호된 전화 접속 번호.
- 원클릭 회의 통화를 위해 구글 캘린더와 통합.
- 구글 문서 또는 스프레드시트, 프레젠테이션을 표시하기 위한 화면 공유.
- 모든 사용자 간의 암호화된 통화.
- 음성 인식 기반 실시간 자막.
- 일반 사용자에게는 일부 제한 사항이 존재.
- 회의는 60분으로 제한.
- 모든 참가자는 구글 계정이 있어야 한다.

구글 미트의 주요 특징

- 통화 중에 Jamboard를 통해 화이트보드 기능을 활용할 수 있다.
- 호스트는 통화를 종료하고 참석자의 채팅, 화면 공유, 카메라, 마이크를 끌 수 있다.

표 4-2 구글 미트 화상 수업 서비스 분석

구분	세부 기능	기능 구현
화상 수업 그룹 토의	1:1 및 1: 다수(최대 인원수)	100명(유료 250명)
	화상 회의 지속 시간(제한 시간)	60분(유료 무제한)
	웹 회의(전용 프로그램 없이 접속)	○
	수업녹화	○(유료만 가능)
	영상 화면 분할/ 학생 화면 배치	X(별도 웹 앱 사용)
	학생 참여 트래킹(출석 학생 참여 데이터 저장)	X
	전체 회의 - 그룹 회의(소모임 전환)	X(확장 앱 사용으로 가능)
	보안(접속 비밀번호)	○

교육 서비스 평가	기능 보완 업데이트	네트워크 접속 관리
A 안정적인 수업 진행	A 수시로 기능 보완	A 100명 이상 접속 시 끊김 화질 저하 거의 없음

출처: 최재학 외(2021). 온라인 수업 완벽가이드. p.182.

(3) 마이크로소프트 팀즈

www.microsoft.com/ko-kr/microsoft-teams/

온라인 모임을 통해 유연한 하이브리드 근무 가능

Microsoft Teams와 같은 가상 모임 소프트웨어를 사용하여 언제 어디서나 함께 더 큰 성과를 달성할 수 있습니다.

화상 회의

온라인 모임에서 대면 커뮤니케이션하여 팀워크를 더 개인적으로 느껴지도록 하세요.

자세한 정보 >

가상 이벤트

최대 1,000명의 참석자를 위한 안전한 웹 회의 및 웨비나와 최대 10,000개의 브로드캐스트를 주최할 수 있습니다.[1]

자세한 정보 >

오디오 회의

모바일 디바이스, 전화 접속 번호 또는 Teams와 같은 온라인 모임 앱을 통해 모임에 참가하세요.[2]

자세한 정보 >

가상 모임 디바이스

화상 모임용으로 특별히 디자인된 스피커폰이나 룸 시스템과 같은 디바이스의 추가 기능을 이용하세요.

자세한 정보 >

마이크로소프트 팀즈의 미팅 기능은 화상 수업에도 유용하다. 마이크로소프트 계정에 가입해야 모임 개설이 가능하다. 마이크로소프트에 가입하지 않은 외부 게스트 초대 및 모임 노트, 녹음, 녹화, 채팅 등 콘텐츠 공유 및 공동 작업이 가능하다. 잡음 억제, 손 흔들기, 화이트보드 등 수업 관련 세부 기능을 제공하며, 가상 배경 및 갤러리, 투게더 모드로 색다른 수업 환경을 꾸밀 수 있다. 마이크로소프트 프로그램(원드라이브, 원노트, 워드, 파워포인트, 엑셀)과 연동할 수 있는 장점도 있다. 접속자 300명에 시간제한 없이 외부 링크로 초대해서 화상 수업 진행이 가능하다. 교육기관, 중소기업, 스타트업에는 무료로 제공되지만 기관 도메인 인증이 필요하다.

화면 공유

모임 중에 화면을 공유하여 브레인스토밍, 공동 작업, 교육을 편리하게 진행하세요.

화면 공유 소프트웨어를 통해 어디서나 공동 작업

Microsoft Teams 통화 또는 모임 중에 원하는 디바이스에서 화면을 공유하여 함께 있지 않을 때도 콘텐츠를 함께 살펴보세요.

공유할 콘텐츠 선택
다른 사용자에게 전체 데스크톱이나 브라우저 창, 앱, 프레젠테이션 등의 특정 항목 하나를 보여 줄 수 있습니다.

커뮤니케이션 개선
모든 사용자가 같은 콘텐츠를 볼 수 있도록 화면을 공유하여 질문에 답변하거나 요점을 명확하게 할 수 있습니다.

더 효과적으로 공동 작업
원하는 참가자가 화면을 공유할 수 있도록 하여 Microsoft Teams 모임 중에 공동 작업, 포용성, 이해도를 개선하세요.

원하는 디바이스에서 화면 공유
어디서나 컴퓨터, 태블릿 또는 휴대폰을 사용하여 화면을 공유할 수 있습니다.

Microsoft Teams의 채팅

▲ 일대일 채팅

새 채팅 Teams의 채팅 아이콘 선택하고 사용자의 이름을 입력한 후 텍스트 상자에 메시지를 작성한 다음, 메시지 보내기, 아이콘을 보내기를 선택하거나 Enter 키를 누른다. 그러면 채팅이 시작된다.

▲ 자신과 채팅

메시지 초안을 작성하거나, 한 장치에서 다른 장치로 파일을 보내거나, 기능을 좀 더 잘 알고 싶은 경우, 직접 채팅을 시작할 수 있다. 일반 채팅에서 수행하는 모든 작업은 자신과의 채팅에서도 수행할 수 있다. 기본적으로 채팅 목록의 맨 위에 고정된 것을 볼 수 있다.

▲ 그룹 채팅

소규모 사용자 그룹과 대화해야 하는 경우 그룹 채팅을 사용한다. 1:1 및 채팅을 시작한 것과 같은 방법으로 채팅 목록 맨 위에서 새 채팅 버튼을 선택하여 시작하면 된다. 받는 사람 필드의 맨 오른쪽에 있는 아래쪽 화살표를 선택하고 그룹 이름 필드에 채팅 이름을 입력한다. 그런 다음 추가할 사용자의 이름을 받는 사람 필드에 입력한다.

표 4-3 마이크로소프트 팀즈 미팅 화상 수업 서비스 분석

구분	세부 기능	기능 구현
화상 수업 그룹 토의	1:1 및 1: 다수(최대 인원수)	300명
	화상 회의 지속 시간(제한 시간)	제한 없음
	웹 회의(전용 프로그램 없이 접속)	○
	수업녹화	○
	영상 화면 분할/ 학생 화면 배치	X
	학생 참여 트래킹(출석 학생 참여 데이터 저장)	X
	전체 회의 - 그룹 회의(소모임 전환)	○
	보안(접속 비밀번호)	○

교육 서비스 평가	기능 보완 업데이트	네트워크 접속 관리
A 안정적인 수업 진행	A 수시로 기능 보완	A 100명 이상 접속 시 끊김 화질 저하 거의 없음

출처: 최재학 외(2021). 온라인 수업 완벽가이드. p.183.

(4) 온더라이브 onthe.live

우리나라 스타트업이 2020년 5월부터 서비스 중인 교사 관리형 원격 수업 클라우드 서비스. PC, 모바일 통합 웹브라우저 기반으로 별도의 프로그램을 설치할 필요 없이 화상수업을 개설하고 접속하는 실시간 영상 커뮤니케이션을 지원한다. 5개 화면 사용화면 공유, 필기, 발표, 질문, 투표, 평가, 통계 등 우리나라에 맞는 다양한 교육 기능이 있지만 사용자 접속이 많으면 화질을 줄여 속도를 유지하는 약점이 있다.

사용 순서

① 회원가입한 후 수업을 개설한다. 등록한 참여자에게 접속 정보를 전달한다.

② 참여자가 수업에 접속에 온라인 화상 서비스를 이용한다.

주요 서비스

▲ 스터디라이브
몰입도와 학습력을 높이는 스터디라이브 화상교육에 최적화된 플랫폼 스마트펜으로 학습에 집중력을 높인다.

▲ 삼성 홈 피트니스
각 분야 전문 트레이너들의 체계적인 커리큘럼으로 구성된 온라인 화상 서비스이다. 바디웨이트, 댄스, 필라테스, 요가 등 운동 종목이 다양한 것이 특징이다.
이 밖에 운동 시간, 운동 효과, 소모 칼로리 등 각종 운동 정보를 아이콘, 그래프, 차트 등으로 제공해 수강자가 원하는 정보를 쉽고 빠르게 파악할 수 있다.

▲ 지니로봇 LIMS
KAIST 과학영재교육 전문가가 만든 놀이를 통한 창의사고력 중심의 대한민국 진짜 SW 코딩교육 콘텐츠를 제공한다. 초등 SW 교과과정의 핵심 성취기준을 만족하는 '지니로봇'은 언플러그드 및 앱 활동, 블록 프로그래밍까지 체계화된 활동 콘텐츠로 스스로 설계하고 활용하는 창의적이고 융합적인 사고 향상을 도와준다. 지니봇의 주요 기능으로 장애 학생들이 손쉽게 SW 교육을 받을 수 있도록 설계되어 있다.

▲ 노이스트
오롯이 말하는 사람의 목소리만 남게 되는 Noiist 기술을 제공한다. 깨끗하고 선명한 음성으로 빠른 소통과 효율적인 협업이 가능하다.

표 4-4 온더라이브 화상 수업 서비스 분석

구분	세부 기능	기능 구현
화상 수업 그룹 토의	1:1 및 1: 다수(최대 인원수)	제한 없음
	화상 회의 지속 시간(제한 시간)	시간 제한 없음
	웹 회의(전용 프로그램 없이 접속)	○
	수업녹화	○
	영상 화면 분할/ 학생 화면 배치	X
	학생 참여 트래킹(출석 학생 참여 데이터 저장)	○
	전체 회의 - 그룹 회의(소모임 전환)	X
	보안(접속 비밀번호)	○

교육 서비스 평가	기능 보완 업데이트	네트워크 접속 관리
A 안정적인 수업 진행	A 수시로 기능 보완	A 100명 이상 접속 시 끊김 화질 저하 거의 없음

출처: 최재학 외(2021). 온라인 수업 완벽가이드. p.185.

◐ 실시간 화상 수업 플랫폼 서비스 비교

실시간 화상 수업 플랫폼을 비교한 결과, 여러 옵션 중 줌(Zoom)이 안정성과 성능 면에서 가장 우수한 것으로 나타났다. 줌은 실제로 40명에서 100명 이상의 사용자가 동시에 접속해 장시간 수업을 진행해도 화질 저하나 연결 끊김 현상이 거의 발생하지 않는다. 반면, 구글 미트(Google Meet)와 마이크로소프트 팀즈(Microsoft Teams)는 많은 사용자가 접속하면 끊김 현상이 나타날 수 있다. 온더라이브(OnTheLive)는 접속자가 증가하면 연결 상태를 유지하기 위해 화질을 낮추는데, 이는 수업에 부정적인 영향을 미친다. 줌이 전 세계적으로 널리 사용되는 이유는 명확하다. 한때 보안 취약성 문제가 논란이 되었으나, 많은 교육기관에서는 수업 방해 외의 보안 문제에 크게 신경 쓰지 않기 때문에 여전히 안심하고 사용된다. 또한, 줌은 계속해서 발전 중이다. 줌 앱(Zapps)과 교육용 서비스인 'Class for Zoom'이 출시되면, 화상 수업과 학급 및 수업 관리를 통합하는 다양한 기능이 제공될 예정이다. 이로 인해 향후 더 효율적인 수업 환경이 구축될 것으로 기대된다.

표 4-5 실시간 화상 수업 온라인 수업 서비스 비교

구분	세부 기능	줌	구글 미트	마이크로 소프트팀즈	온더 라이브
화상 수업 그룹 토의	1:1 및 1: 다수(최대 인원수)	100명 (유료 1000명)	100명 (유료 250명)	300명	제한 없음
	화상 회의 지속 시간(제한 시간)	40분 (유료 무제한)	60분 (유료 무제한)	제한 없음	제한 없음
	웹 회의(전용 프로그램 없이 접속)	○	○	○	○
	수업녹화	○	○	○	○
	영상 화면 분할/ 학생 화면 배치	○	X	X	X
	학생 참여 트래킹 (출석 학생 참여 데이터 저장)	X	X	X	○
	전체 회의 - 그룹 회의 (소모임 전환)	○	X	○	X
	보안(접속 비밀번호)	○	○	○	○
운영 안전성	서비스 이용 안정성	A	B	B	A
	기능 보완 개선 빈도	A	A	A	B
	네트워크 접속 관리	A	A	A	C

출처: 최재학 외(2021). 온라인 수업 완벽가이드. p.186.

7 공유자료

1 공유마당

공유마당

- 공유마당이란 한국저작권위원회에서 누구나 이용할 수 있는 저작물들을 모아놓은 사이트.
- 원래는 자유이용사이트라고 해서 저작권심의조정위원회에서 운영하던 저작권 만료 저작물을 올려주는 사이트가 존재했다. 그런데 어느새 '퍼브'라는 이름으로 바꾸고 현재 공유마당이라는 이름으로 운영 중.
- '공유 마당'을 살펴보면 이미지 자료뿐만 아니라 문서작성 소스, 아이콘 소스, 폰트, 디자인 소스, 영상 소스, 배경음악 소스, 산업디자인, 배경화면 등의 카테고리로 추천 저작물이 분류되어 있고, 매우 다양한 종류의 저작물이 공유.
- 공유저작물이란?

  저작권 보호기간이 만료된 저작물, 저작권(2차적 저작물 작성권을 포함)이 기증된 저작물, 일정한 조건으로 이용할 수 있는 자유이용 허락 표시 저작물(CCL), 공공기관이 창작하거나 취득하여 관리하고 있는 공공저작물 자유이용 허락 표시 저작물(KOGL)을 의미.

(1) 공유마당 시작하기

- 공유마당에 접속하기 위해서는 인터넷 주소창에 http://gongu.copyright.or.kr를 입력하거나 인터넷 포털사이트에서 한글로 공유마당을 검색.

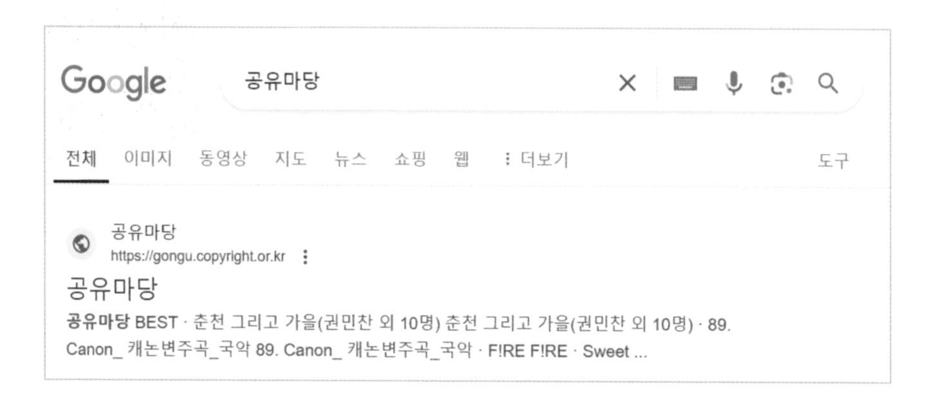

- 로그인 없이 다양한 무료 콘텐츠를 사용할 수 있음.

- 검색을 통해 선택도 상세검색도 가능함.

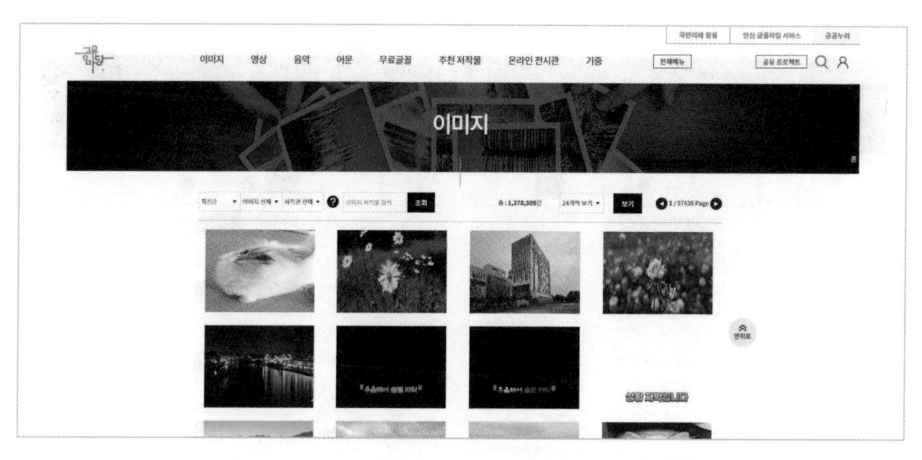
이미지
영상
음악
어문
무료글꼴
추천 저작물
온라인 전시관
기증
이미지

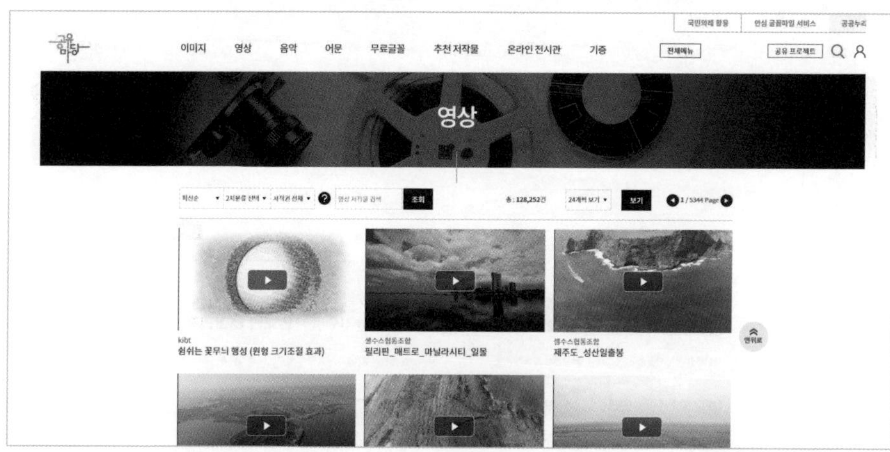
이미지
영상
음악
어문
무료글꼴
추천 저작물
온라인 전시관
기증
영상
쉬쉬는 꽃무늬 행성 (원형 크기조절 효과)
필리핀_매트로_마닐라시티_일몰
제주도_성산일출봉

이미지
영상
음악
어문
무료글꼴
추천 저작물
온라인 전시관
기증
음악
STRONGER MR
00:00 / 00:00

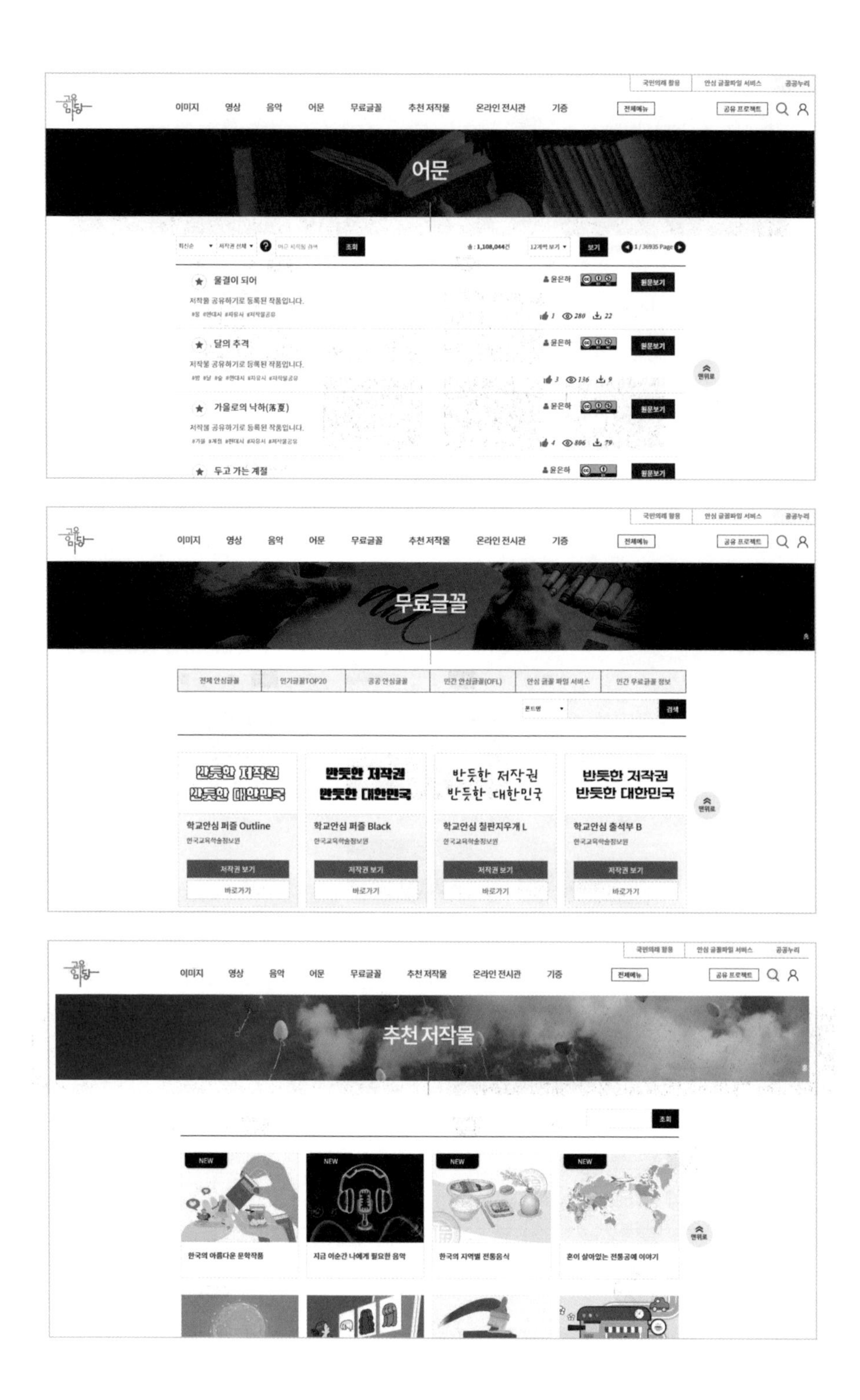
국민의례 활용
안심 글꼴파일 서비스
공공누리
이미지
영상
음악
어문
무료글꼴
추천 저작물
온라인 전시관
기증
전체메뉴
공유 프로젝트
어문
조회
보기
물결이 되어
저작물 공유하기로 등록된 작품입니다.
원문보기
달의 추격
저작물 공유하기로 등록된 작품입니다.
원문보기
가을로의 낙하(落夏)
저작물 공유하기로 등록된 작품입니다.
원문보기
두고 가는 계절
원문보기
무료글꼴
전체 안심글꼴
인기글꼴TOP20
공공 안심글꼴
민간 안심글꼴(OFL)
안심 글꼴 파일 서비스
민간 무료글꼴 정보
검색
반듯한 저작권
반듯한 대한민국
학교안심 퍼즐 Outline
학교안심 퍼즐 Black
학교안심 칠판지우개 L
학교안심 출석부 B
저작권 보기
바로가기
추천 저작물
조회
NEW
한국의 아름다운 문학작품
지금 이순간 나에게 필요한 음악
한국의 지역별 전통음식
혼이 살아있는 전통공예 이야기

2 공공누리

- 공공저작물 자유이용 허락 표시제도(Korea Open Government License) 공공누리는 국가, 지방자치단체, 공공기관이 네 가지 공공누리 유형마크를 통해 개방한 공공저작물 정보를 통합 제공하는 서비스.
- 공공누리는 저작물별로 적용된 유형별 이용조건에 따라 저작권 침해의 부담 없이, 무료로 자유롭게 이용가능.

(1) 공공누리 시작하기

- 검색사이트에서 공공누리 또는 https://www.kogl.or.kr/ 검색

• 개인회원은 문화포털 회원가입

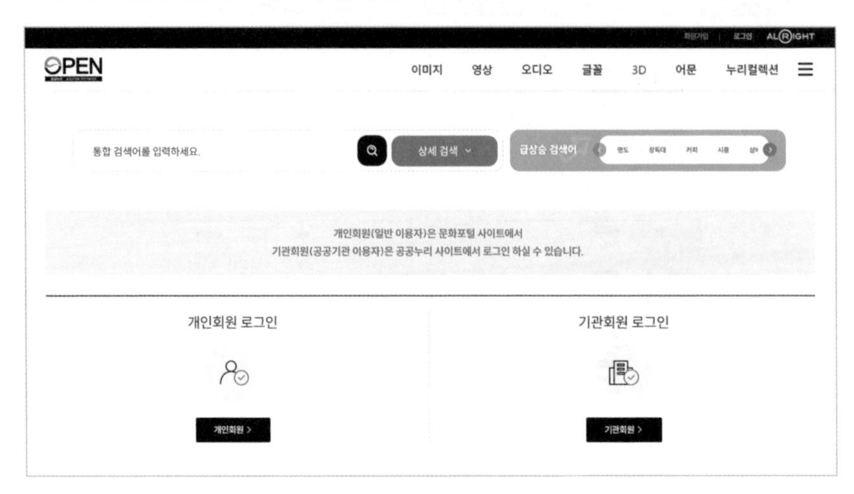

• 문화포털 회원가입 절차를 이용하거나 네이버계정, 카카오톡계정 연동을 통해 회원가입을 할 수 있음.

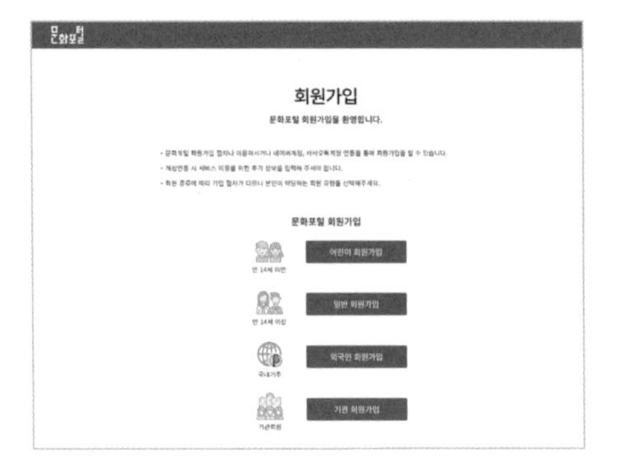

• 공공누리 저작물 검색

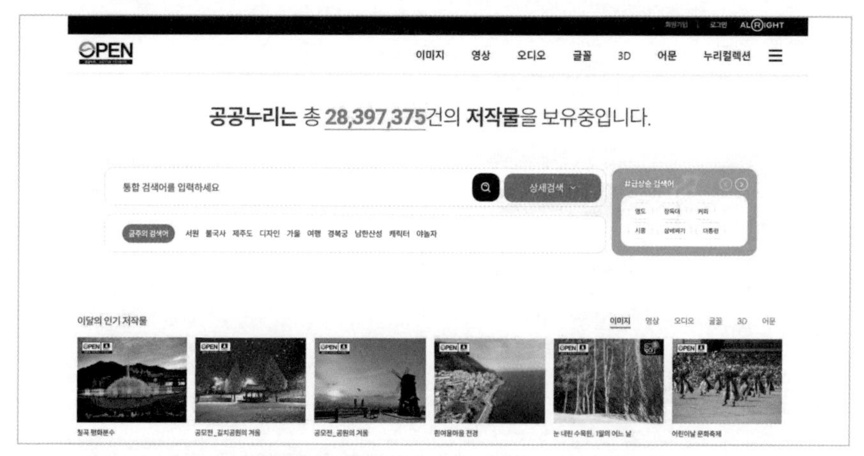

- 해당 저작물 링크를 통해 저작물 확인

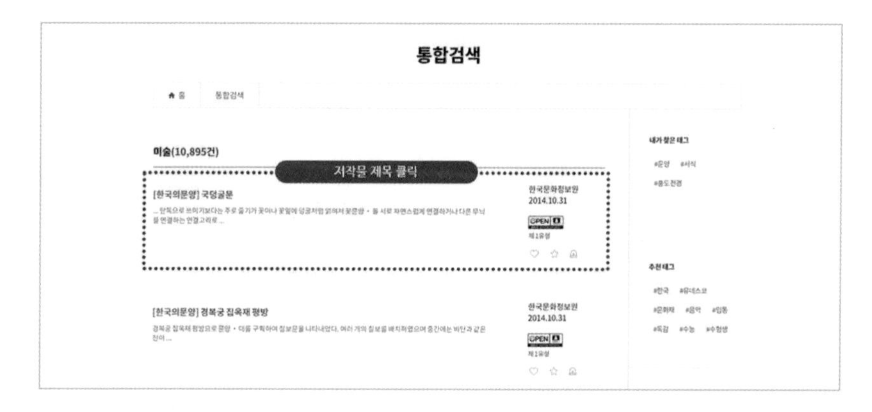

• 저작물에 적용된 공공누리 유형 및 이용조건 확인

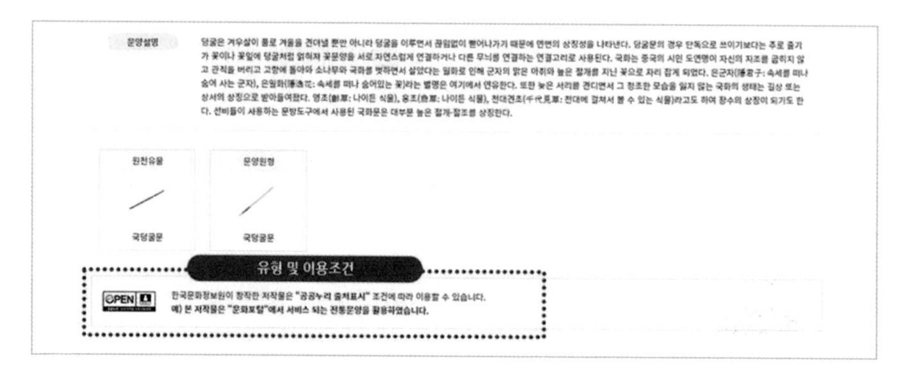

• 저작물 확인 후 내려받기

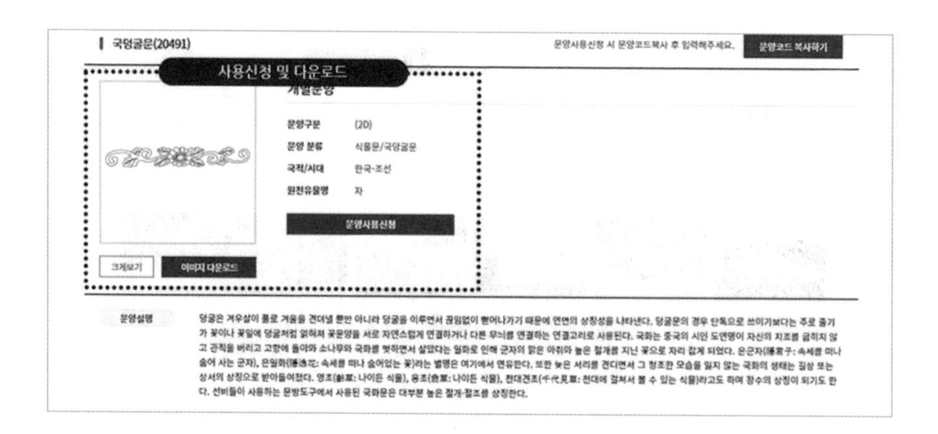

참고문헌

강정묵, 송효진, 김현성(2014). 스마트 시대의 디지털 리터러시 측정을 위한 진단도구의 개발과 적용. 한국지역정보화학회지, 17(3), 143-173.

공영일(2020), 에듀테크 산업 동향 및 시사점. https://spri.kr/posts/view/22938?code=data_all&study_type=industry_trend

과학기술정보통신부(2020). 사람이 중심이 되는 「인공지능(AI) 윤리기준」 마련. 보도자료.

교육부 티스토리(2022). https://if-blog.tistory.com/13288

교육부(2023). 에듀테크 진흥방안. 교육부 09-18 보도자료.

구영덕(2022). 에듀테크 산업 동향 및 전망. https://repository.kisti.re.kr/handle/10580/18021

권성호, 현승혜(2014). 중 · 장년층 직장인의 디지털 리터러시에 대한 연구. 학습과학연구, 8(1), 120-140.

김민하, 안미리(2003). 디지털 리터러시 능력 확인을 위한 문항개발 및 능력 평가. 교육정보미디어연구, 9(1), 159-192.

김지율(2024). 에듀테크 활용 수업을 기반으로 한 미래교육 활성화 방안 : 2022 개정교육과정을 중심으로. 석사학위논문, 중앙대학교.

디지털리터러시교육협회(2023). sites.google.com〉cdledu.org

문영환, 홍아름, 황준석(2017). 이용자의 성격특성과 접근성이 디지털 리터러시에 미치는 영향에 관한 연구. 정보사회와 미디어, 18(2), 33-64.

박휴용(2023). 인공지능 기반 교육의 원리와 실제. 경기 파주: 양서원.

삼일PwC경영연구원(2024). 초개인화 학습의 혁명이 시작된다: 에듀테크. www.pwc.com

서울특별시교육청(2022). 디벗 지원자료, 디지털 윤리 문제와 해결 방안.
양미석, 김정겸(2016). 이러닝 디지털 리터러시 측정도구 개발. 교육정보미디어연구, 22(3), 485-507.
양지훈, 윤상혁(2023). ChatGPT를 넘어 생성형(Generative) AI 시대로: 미디어 · 콘텐츠 생성형 AI 서비스 사례와 경쟁력 확보 방안. 미디어 이슈 & 트렌드, 55(3), 62-70.
염명배(2018). 4차산업혁명 시대, 경제패러다임의 전환과 새로운 경제정책 방향. 경제연구, 36(4), 23-61.
위키백과(2024). https://ko.wikipedia.org/wiki/디지털_리터러시
유영만(2001). elearning과 디지털 리터러시: 디지털 시대의 새로운 학습 능력. 사업교육연구, 8, 83-107.
이문형, 김재웅(2020). AI시대의 청소년 디지털 리터러시 교육 연구: Berkman Klein Center 교육을 중심으로. 만화애니메이션연구, 59, 533-555.
이현숙, 김수환, 김한성, 이운지, 임선아, 박세진(2019). 2018년 국가수준 초 · 중학생 디지털 리터러시 수준 측정 연구. 한국교육학술정보원 연구보고 KR 2019-1.
이현청(2019). 4차 산업혁명과 대학의 미래. 서울: 학지사.
임수종, 김현기(2019). 자연어처리를 위한 딥러닝 사전 학습 현황 및 한국어 적용 방안: 구글 BERT 사례를 중심으로, 디지털문화아카이브지, 2(2), 111-118.
전지윤(2023). 대학교육에서 디지털 리터러시 함양을 위한 보편적 학습설계 기반 수업 설계원리 개발. 박사학위논문, 동아대학교.
정명미(2018). 미국 공공도서관의 성인을 위한 디지털 리터러시 교육에 관한 연구. 한국문헌정보학회지, 52(1), 359-380.
최숙영(2018). 제 4 차 산업혁명 시대의 디지털 역량에 관한 고찰. 컴퓨터교육학회 논문지, 21(5), 25-35.
최재학, 조주한, 최경일(2021). 온라인수업 완벽가이드. 경기 파주: 제이펍.
한국과학기술기획평가원(2020). 4차 산업혁명 시대 새로운 초 · 중등 교육시스템 방향. 과학기술인재정책 동향브리프, 2020-11.

한국교육학술정보원(2020). 포스트 COVID-19 대응 미래교육 체제 전환을 위한 에듀테크 동향 분석 교육자료.
한국교육학술정보원(2022). 에듀테크 수업활용 가이드북.
한국교육학술정보원(2023). 에듀테크 소프트랩 우수 실증사례 공모전 우수사례집.
한정선, 오정숙(2006). 21세기 지식 정보 역량 활성화를 위한 디지털 리터러시의 조작적 정의 및 하위 영역 규명. 대구: 한국교육학술정보원.
홍주연(2023. 12. 26) K-에듀테크, 해외에서 通했다. 조선일보. https://it.chosun.com/news/articleView.html?idxno=2023092107056

Dyck, H. (2021). Applying Universal Design for Learning and the BC Digital Literacy Framework to Science Inquiry Projects.
Hunt, E. (2016). What is fake news? How to spot it and what you can do to stop it. The Guardian, 17(12), 15-16.
KOTRA(2020). 에듀테크 해외 유망 시장 동향 및 진출전략. https://dl.kotra.or.kr/pyxis-api/2/digital-öles/c16960f0-0a96-018a-e053-b46464899664
Livingstone, S. (2008). Internet literacy: Young people's negotiation of new online opportunities (pp. 101-121). MIT Press.
Pariser, E. (2011). The filter bubble: What the Internet is hiding from you. penguin UK.
Schwab, K. (2016). 클라우스 슈밥의 제4차 산업혁명, 송경진 역. 새로운 현재.
Sunstein, C. R. (2001). Echo chambers: Bush v. Gore, impeachment, and beyond. Princeton, NJ: Princeton University Press.
University of Tampere (2005). Digital literacy foundation skills. Tampere: Department of Transition Studies.

디지털배움터.kr
디지털윤리.kr

http://meet.google.com
http://microsoft.com/ko-kr/microsoft-teams/
http://www.askedtech.com
https://aihub.or.kr
https://askedtech.com/
https://askedtech.com/weblink/14267
https://bookcreator.com/
https://chatgpt.com/
https://datalab.naver.com
https://dtbook.edunet.net
https://gemini.google.com
https://gongu.copyright.or.kr
https://padlet.com/
https://play.google.com
https://prezi.com/ko/
https://suno.com/
https://vrew.ai/ko/
https://wrtn.ai/
https://www.bing.com/images/create?FORM=GDPGLP
https://www.canva.com/
https://www.data.go.kr
https://www.kogl.or.kr/
https://www.mentimeter.com
https://www.me-qr.com/
https://www.onthe.li
https://www.privacy.go.kr/
https://www.slido.com/
https://www.tinkercad.com
https://www.tooning.io
https://zoom.us

찾아보기

국문

ㄹ

ㅁ

ㅂ

ㅅ

ㅇ

ㅈ

ㅊ

ㅋ

ㅌ

ㅍ

ㅎ

영문

A

C

E

G

I

J

K

L

M

O

S

T

V

X

저자약력

한천우

The University of Texas at Austin 교육심리(학습과학 전공) 박사

現) 계명대학교 교육학과 교수

前) The University of Texas at Tyler 교육심리학과 교수

하정혜

계명대학교 교육학(교육심리 및 공학) 박사

現) 계명대학교 사범대학 교수

유정록

경북대학교 교육학(교육사회 및 평생교육) 박사

現) 계명대학교 평생교육 및 인재개발전공 겸임교수

現) 라이크미상담심리교육연구소 대표

AI 시대 대학생의 에듀테크 활용전략

초판발행 2025년 2월 20일

지은이 한천우·하정혜·유정록
펴낸이 노 현

편 집 배근하
기획/마케팅 허승훈
표지디자인 BEN STORY
제 작 고철민·김원표

펴낸곳 (주) 피와이메이트
서울특별시 금천구 가산디지털2로 53, 210호(가산동, 한라시그마밸리)
등록 2014. 2. 12. 제2018-000080호
전 화 02)733-6771
f a x 02)736-4818
e-mail pys@pybook.co.kr
homepage www.pybook.co.kr
ISBN 979-11-7279-060-8 93370

정 가 20,000원